システム論からみた
援助組織の協働
組織のメタ・アセスメント

吉川 悟【編】

金剛出版

はじめに

　臨床実践，特に家族療法やシステムズアプローチと呼ばれている援助方法による臨床実践では，面前のクライエントの多様な困難感と，あれもこれもしてもらいたいという期待や要請がよく見える気がする。それは，この立場の援助方法における目標設定が「クライエントの希望する目的に沿ってのみ，専門性を提供するべき」との限定がなされているからかもしれない。また，立場の異なる理論や方法論が存在する中では，それぞれの立場や役割ごとに専門性が異なり，それぞれの専門性の獲得には多くの時間が費やされ，そこには経験的蓄積も必要不可欠である。いわば，それぞれ多様に存在する心理臨床の専門性は，一朝一夕には臨床実践に「使える専門性」にはならないものである。

　一方，近年多様な困難感や援助要請をかかえたクライエントが，援助組織をどのように活用するかを意図して来談する。その多様な要請に対して，「何とかやってみましょう」と拙い知識や経験で，結果的にいい加減な対応をするよりも，より誠実な対応として「私では対応できません」と無碍に断ることも必要ではあろう。しかし，それ以上に適切な対応がないだろうか。そこから生まれた援助実践の一つが「即時的な援助組織の構築」である。

　このような対応について，これまでに使われてきた用語は，「チーム医療」「リエゾン精神医学」「共働的援助」などであろう。しかし，これらの用語やその実践は，合い言葉だけに留まり，ごくごく稀にしか機能的な結果が示されていないのではないだろうか。多様な実践のための啓蒙書がありながらも，それが行われてこなかったのは，何かの視点が欠けているからではないかと考える。

　また，心理臨床家は面接室という閉鎖空間だけに留まっていることを「密室カウンセリング」と称され，他の専門性との協調性を欠くという特徴を「蛸壺的な専門性」，「井の中の蛙」と揶揄されてきた。このような誤解を生むような実践が見られることが多かったのは，どうしてであろうか。それはその方法や実践がけっして無効だったからではなく，他の専門性との接点を前提とした「説明責任」を果たしてこなかったことの弊害であるかもしれないと考える。

心理臨床の専門性は，それほど「閉鎖的」なものではないはずである。むしろ，多様で広範な専門性のすべてを一人の心理臨床家が網羅できない以上，それを協働的に提供するべきであるという議論は，生まれて当然のことであろう。そして，その実践のためには，「敵を知り，己を知れば，百戦危うからず」という格言にあるように，互いの専門性を知り，相手にとってその専門性がもっとも発揮できるような組織的な接点を作れるならば，深大で広範な対人援助の専門性は，より効果的に機能できるものになると考える。

　こうした視点に基づいて，本書では聞き慣れない「メタ・アセスメント」という造語を用いた。この言葉の「メタ」も「アセスメント」もそれぞれは独立した意味を持つものであるが，「アセスメントを俯瞰する」という意味だけではなく，「俯瞰してアセスメントを活用する」という意味を含み，クライエントの要請に応じて「アセスメントを俯瞰した立場から，協働的に活用できるようにする」という意味を含む言葉として活用している。そして，社会的な援助組織の接点のあり方には，「自分が苦労しても，相手にとって楽に振る舞えるようにする」という協働的援助のための基本姿勢が必要なことは言うまでもない。

　これまで25年以上の臨床実践を通じて，多くのクライエントや家族との面接を行ってきた。そして，できる限りクライエントや家族の要請に応じた対応をするため，その半数以上は医師や心理士を含む近接領域の専門家とできる限り接点を維持した中での援助であった。結果的に得た最大の知識は，他の専門家との「考え方」「立場」「社会的要請」「方法」「社会的期待」などの違いである。そして，その違いこそが，クライエントや家族が持ち込む多様な要請に対応できる専門性であることに気がついたのである。

　本書は，クライエントに対するアセスメントについて，ごく僅かな基本的な視点と，クライエントや家族への応用的なアセスメントを示しているに過ぎない。むしろ，組織の特性を把握するためのお手軽なガイドラインとして活用していただくことが有効であろう。そして，それらの組織との協働的で即時的な援助組織を構築するための一つの指標として活用されることを期待して編集したものである。

　このような視点を発展させた実践が，近接領域での対人援助職にとって一石を投じるものになると共に，読者の一部からこのような「メタ・アセスメント」を用いた臨床実践が広がることを期待したい。

吉川　悟

<small>システム論からみた</small>
援助組織の協働
<small>組織のメタ・アセスメント</small>

●

【目　次】

はじめに ………………………………………………… 吉川　悟　3

第1部　臨床現場の違いをアセスメントする
　第1章　現場の違いと求められているもの ………… 吉川　悟　9
　第2章　システムズアプローチによるアセスメント ………… 吉川　悟　21
　第3章　臨床現場をアセスメントする ……………… 唐津尚子　36

第2部　いろいろな現場で求められるアセスメント
　　　　　［医療分野］
　第1章　法と社会と当事者・家族の間で考慮すべきこと
　　　　　●精神科病棟 ……………………………………… 三輪健一　53
　第2章　診断と見立てをめぐって
　　　　　●精神科クリニック ……………………………… 中野善行　69
　第3章　多方面からのアセスメントが大切な心身症という病態
　　　　　●心療内科クリニック …………………………… 町田英世　77
　第4章　システミックなコンサルテーション
　　　　　●総合病院 ………………………………………… 渡辺俊之　86
　第5章　認知症患者本人の声をアセスメントする
　　　　　●高齢者クリニック ………………… 藤本直規・奥村典子　93
　　　　　［精神保健福祉分野］
　第6章　市町村におけるこれからの子ども相談とは？
　　　　　●福祉事務所（家庭児童相談） ………………… 志村浩二　104
　第7章　施設全体へのアプローチ
　　　　　●児童養護施設 …………………………………… 井上博晶　111
　第8章　個人・社会システムをアセスメントする
　　　　　●児童福祉施設 …………………………………… 辻　亨　117
　第9章　メタポジションに立ったアセスメントおよび支援
　　　　　●児童相談所 ……………………………………… 衣斐哲臣　128
　第10章　医療？　保健？　福祉？
　　　　　●精神保健福祉センター ………………………… 冨岡拓身　137

[教育分野]
第11章　ホケカン臨床における支援の基準
　　　　●大学保健管理センター ……………………… 大西　勝・兒山志保美　145
第12章　臨床実践プラス育成のアセスメント
　　　　●大学附属臨床心理相談室 ……………………………… 小正浩徳　154
[司法分野]
第13章　家庭裁判所におけるメタ・アセスメントの活用
　　　　●家庭裁判所調査官 ……………………………………… 岡本吉生　160
第14章　少年鑑別所における収容鑑別
　　　　●法務技官（心理技官） ………………………… 生島　浩・岩﨑陽子　167
[産業分野]
第15章　会社組織・職場を見立てることの大切さ
　　　　●事業所内心理相談員 …………………………………… 和田憲明　175

第3部　立場の違いからみたアセスメント

[経験値の違いから]
第1章　多様な現場に参入していく学生の混乱とそのアセスメント
　　　　◇学生 ……………………………………………………… 伊東秀章　183
第2章　初学者の分かれ道
　　　　◇現場が一つの常勤職・かけもち現場の非常勤職の違い …… 赤津玲子　192
[いくつかの立場から]
第3章　さまざまな教育相談研修が及ぼす影響
　　　　◇学校教員 ………………………………………………… 村田武司　202
第4章　方法論の不明確なアセスメント
　　　　◇ソーシャルワーカー …………………………………… 川畑　隆　212
第5章　医療的拘束とアセスメント
　　　　◇医師 ……………………………………………………… 本田　徹　222
第6章　看護職による家族アセスメントの実際と直面するジレンマ
　　　　◇看護師 …………………………………………………… 渡辺裕子　233

第4部　臨床行為とアセスメント

第1章　心理〈相談〉に固有のアセスメントは存在するか？ …… 兒島達美　243
第2章　ミクロとしてのアセスメント ……………………… 滋野井一博　251
第3章　マクロとしてのアセスメント ……………………… 吉川　悟　264
第4章　マクロとミクロを使いこなす　メタ・アセスメントを活用した事例を通して
　　　　　　……………………………………………………………… 吉川　悟　285

おわりにかえて ……………………………………………………… 吉川　悟　309

第1部

臨床現場の違いをアセスメントする

　社会には，援助組織が多様に存在するが，それぞれが援助の「対象」「目的」「方法」「範囲」などを特定することで，より有効な援助を実践しようとしている。これらの社会的援助組織の特徴については，その詳細があまり知られているとは言い難い。そのため，個々の援助者もその特徴を充分に把握できておらず，面前のクライエントにとってもっとも適切で有効な援助のあり方を選択することも難しくなっている。これは，結果的に面前の個々のクライエントの福祉的・医療的・心理的なサービスを受ける利益を制限していることになると考える。

　これまでも社会的援助組織のつながりの必要性は，わずかに議論されてきた。しかし，それは「連携」「チーム」「協同」「共働」などと呼ばれ，その必要性が叫ばれながらも，実質的にはその前提となるそれぞれの社会的援助組織の特徴を把握しきれないことにより，うまく機能していないのが実情である。加えて，複数の援助組織の実態を共有するための場や書物がほとんどなく，何かの機会に近接職種の研究会で言葉を交わす程度に留まっているため，その内実を把握することも困難であった。

　まず第1部では，それぞれの社会的援助組織がクライエントのために共働的に機能できるための前提となる考え方であるシステム論の考えを紹介し，そして，社会的援助組織の概要について把握することからはじめたい。詳細については，第2部にその実態を示すこととする。

　こうした視点は，臨床現場そのものの実態に即したアセスメントを行い，それぞれの現場の違いを把握し，共働的な即時的援助組織を作るための前提となる概要について触れることである。

第1部 臨床現場の違いをアセスメントする────第1章
現場の違いと求められているもの

吉川 悟

I 臨床現場のメタ・アセスメントの必要性

　「臨床現場の違いをアセスメントする」という言い回し自体，あまり耳にされたことがないと思われる。当然ではあるが，このような視点の研究は，これまで存在していない。「アセスメント」という用語が臨床心理学で使用される言語で，「狭義には心身の不調を訴えるクライエント，もしくは社会的，行動的不適応を示す人を対象として，その原因，要因等を明らかにし，精神的健康と社会適応を回復するための手立てを求める手続である」と定義されている通りである〔中島編，2005〕。この定義で述べられている臨床心理学における「アセスメント」は，狭義の「心理査定」を示しており，この用語であれば，多くの人が既知のものだと思われる。本書で取り上げようとしている広義のアセスメントは，臨床家が職能的に活動をする現場が病院，学校，福祉など多様にあり，そこで行われる専門性をできるだけ正確に把握しておくこと（アセスメントすること）を示している。

　このような「臨床現場をアセスメントすること」は，それぞれの臨床現場での個別の面接や対応のあり方によって大きな影響を受けており，そこで要請される臨床家のあり方についても，多様な視点があると考えるからである。たとえば，ある心理士の立場で考えるならば，病院臨床の現場では，医師からの要請によって心理テストを行っている立場であり，そこでは医師の診療に有益な心理的特性を提示できることを求められている。そして，翌日には学校臨床の現場で，病院を紹介すべきかどうかについて早急なアセスメントを要求される場合がある。それは，学校という臨床現場で対応しきれないとの判断があれば，医療的援助の場へのつなぎをすることが職能として，専門性の提供になるからである。また，開業医のもとにやってきたクライエントと面接をする場合と，児童相談所に呼び出されたケースの面接では，臨床現場のニーズが異なるために，その要請に応じた対応が求められることも当然のことである。

　このようなそれぞれの臨床現場の要請や限界，特性などに準じた対応ができる

ことは，臨床家としては最低限の職能であると考える。しかし，それぞれの専門機関の目的，特性や対応の違いを理解するためには，多様な臨床現場が負っている要請を事前にアセスメントできていなければならないことになる。いわば，「自分では対応できないことはわかるから，どこかに勝手に相談して下さい」というのは，あまりにも身勝手な専門性である。

　さらに，それぞれの組織で行われるアセスメントそのものは，それぞれの臨床家の依って立つ方法論的な違いだけに留まらず，その組織の目的や要請，特性などの影響を受ける。たとえば，異なる援助の方法論に依って立つ場合，ある種の「偏った情報収集やアセスメント」が行われることになる。たとえば，行動療法の立場と来談者中心療法の立場では，アセスメントのために必要としている情報がまったく異なる。これはそれぞれのアプローチに有効なアセスメントが存在するからである。そして，それらはその組織の目的性に準じているがゆえに，その組織にとって有益なアセスメントとして成立しているのであって，他の組織でも同様であるとは言い難い。同様に，面接や臨床現場での振る舞いが言語的なやりとりを基本としている以上，援助者側がどのような方法論に依って立ち，その視点やポイントをどこに定めるかによって，基本的なアセスメントさえも異なるものとなるのである。

　こうした考え方の必要性は，いろいろな場での臨床活動を経験した，いわば非常勤をいくつかかけ持ちで仕事をした中堅の心理士であれば，理解しやすいかもしれない。それは，毎日それぞれの組織で要求されていることが異なり，それぞれの組織で要求されている多様な心理職としての職能に大きな違いがある，ということを体験によって自覚しているからである。しかし，多くの心理士は，一定の職場で仕事をする中で，その組織にとって必要不可欠なアセスメントを習得していくことになる。そこでは，時間をかけて自らの組織の目的性や機能性を理解し，それに応じたアセスメントが何であるかを先輩心理士や職場内の近接領域の専門家の要請から読み解いていくからである。

　しかし，組織ごとの職能に関する「違い」は，個別のクライエントの援助に際して生じる「他の組織との接点」によって気づくことである。その違いを意識できないままの初学者の心理士であれば，自らの技能を普遍的なものであると思い込み，不必要に知識を振り回すことで，職場不適応であるかのような気分に陥ってしまうことも少なくないと考える。また，クライエントにとっても，自分が求めている援助がどのような場で提供されるものであるのかは，近年いくつかのガイドブックが出版されるようになって，少しずつ知られるようになってきた。しかし，それでもクライエントにとっての援助の場を選択するという負担は大きな

ものであり，援助を求めて来談したクライエントに対して，より適切な紹介ルートを提供したり，機能的なチームとしての援助を提案したり，統合的な医療や福祉，教育などとの連携を図れるようにネットワークを構築することも，臨床心理学的援助の大きな部分を占めていると考える。

　本書では，このような多様な援助組織の特性，特に自らの援助組織の目的性や要請，特性などを俯瞰し，他の援助組織との違いを把握できようになることを「メタ・アセスメント」とし，臨床家にとってこの視点を持つことの必要性・活用方法・連携のあり方について具体的にし，組織的な援助の可能性について述べることを目的とする。

II　臨床現場のメタ・アセスメントの活用

　心理療法の実践を行うにあたっては，少なくとも多様な職種が存在し，専門家の側の職能の違いを俯瞰した視点を持つことは，個別のクライエントに対する援助を行うために，複数の専門性を統合的に活用する場合には不可欠な視点である。つまり，ある治療者がその面接場面の中だけで面前のクライエントへの援助方法を構築しようとするのは，社会的な資源を有効に活用していることにはならないからである。また，心理療法の立場ごとに多少の違いはあるが，面前のクライエントの要請に応じることが第一義となる。これまでの援助方法のように専門家の側がその組織の専門性に準じてクライエントの要請を評価すること，つまり，提示されているクライエントの要請を「読み換える」ことをもって「クライエントの要請に応じる」という，いわば要請の書き換えをできる限りしないようにすることが必要だと考える。

　しかし，このような「読み換え」をした中で行われる援助であっても，クライエントとの合意ができ，治療が継続され，結果的に合意した目標となる要請に応じられていればよいが，多くの事例で見られるクライエントの失望は，「自分たちの希望を読み違えて受け取られた」という思いや，「適切に自分たちの要請を受け取ってもらえなかった」という期待外れによる失望である。これをもっとも示している例は，アンダーソンの摂食障害の事例の母親が「私のストーリーがもし何らかの役に立つのなら……」と事後に述べている以下の手紙であろう。

　　アノレキシアには心理面と身体面の両面があり，二つを同時に治す必要があります。多く食べさせようとするここでの治療は，娘たちにとって間違った指導や助言であったことが多く，時には意地悪なものでさえありました。そのため，幾度となく症状は悪化し，その結果としてフラストレーション，絶望，諦めそ

して苦痛を味わったのです。でも治療はこれらの問題だけを採りあげて，他のことは後回しという状態でした。

　娘たちが感じていたのは，彼女らが意見を言っても受け取ってもらえないし，誰一人話を聞いてくれないということです。また，私たち親を通してでなく，彼女らに直接働きかけようとすることが大事です。もし娘たちにモチベーションをもたせ，病気の危険性を，曖昧ではなく具体的に言ってもらえれば，娘や私たちにとって苦痛ははるかに小さかったと思います。彼女らの中の健康な部分に働きかけ，誉めてやって下さい。傷つくようなことを言ったり，バカにしないで下さい。厳格にお願いします。それが冷酷でなければ，娘たちは感謝すると思います。彼女らにもプライドが持てるようにして下さい。回復したいという強い気持ちがなければ，治らないと思います。

　私たち家族に対しても，もっと柔軟な姿勢で臨んでもらえればよかったと思います。家族全員に話す場合や，誰か一人だけと話す場合があってもいいでしょうし，そうする方がずっと適していたと思います。

　ふたりの娘が同時にこの病気になったことは，どちらか一人だけがなったのと比べ，その何倍も私たちを困難な状況に置きました。このためセラピストをはじめ医療スタッフは，彼らの治療法が私たち家族に本当にいいものかどうか，何度も考えねばならなかったはずです。私はその点，医療スタッフに謙虚さに合わせて創意と工夫が合ったらよかったと思います。私たちが感じたのは，彼らは一つの学説を持っていて，それがどうであれ私たちに当てはめようとしたことです。そんなわけで，少しだけやり方を変えて大方同じことをしても，それは失敗の連続でした。

　つまり，娘たちの声に耳を傾けてみて下さい。話し合うことは不可能ではありません。話が通じにくいときは確かにあります。でも，試してみるべきで，苦労は報いられると思います。うまくいけば，彼女らの信頼を勝ち得て，治療は成功するのです。

　娘たちは信頼できる人と話す必要があると思います。それは，彼女らを人間らしく扱ってくれる人です。誇りと正義感をもち，正直で品性のある人です。

　親の私たちの言葉も聞いてほしいと思います。医療スタッフは話を聴くのを拒否はしませんでしたが，ただしそれは娘が18歳になるまでのことです。それ以降はずっと黙ったままでした。医者は自分が聞きたいことだけを聞き，それ以外は無視するといった風情でした。良くて，せいぜい，触れないで済ますといったところです。なぜかと言えば，私たちの言うことは，面白くなく，ありえなく，くだらないからです。私たち親は無能力で娘たちとその病気にコントロールされてしまっているので，言うことも疑わしいとされるからです。でも，娘たち

第1章　現場の違いと求められているもの

のことは，他の誰よりも私たちが一番よく知っています。何に反応し，どう感じているか，看護婦や医者より信用できるときがあるのです。
　私なりに努力してきました。ほとんど失敗でした。他の人もいろいろやってくれましたが，うまくいきませんでした。でも私は，少なくとも失敗から学びたいと思ってきました。しかし，医者やセラピストからそういうのは見ることはできません。
[Anderson, 1997=2001, pp.30-32]

　このようなクライエント，家族や関係者にとって援助を受けることそのものが心理的負担を増やしてしまうということは，どのような援助者であっても望んでいるものではないはずである。しかし，実際には多くの被援助者が語ることは，「援助を求めたが，自らの要望に合った対応をしてもらえず，余計に負担が大きくなった」という印象である。私的な印象の範囲でしか述べられないが，ある高校のスクールカウンセラーを十数年続けてきた中で感じていることの一つに，「カウンセリングを受けてみませんか」という学校側からの生徒と保護者に対しての依頼に対する応答の違いがある。十数年前であれば，「カウンセリングがどれほどの効果があるかわからないが，とりあえず学校からの依頼だから，様子見のために会うだけ会ってみるか」という印象を語る保護者が多く見られた。しかし，最近の保護者や生徒からは，即座に「カウンセリングはもう結構です」という言葉が返ってくる。これはどのような事態が社会的に起こっているのであろうか。
　あれこれの手続きによって保護者や生徒と会うことができるようにした結果，そこに共通していたのは，「中学の時に受けたカウンセリングとの違い」である。中学のとき生徒や保護者が学校からの要請で前述のような「カウンセリングというものがよくわからない」気持ちのままで来談したところ，そこでのカウンセリングが相当違和感のある「指導」であったり，多様にあるカウンセリングの方法論の特性を知らずに，「ただ話を聞いてもらっただけにすぎない」という，ある種の専門性の提供を強引に押しつけているかのような援助者の姿勢であったり，即座に保護者に対して「対応を変えなさい。親が変化しなければ子どもは変わらない」的な強引とも言える親教育がなされていたなどの話題であった。
　これらがすべてではないことは当然であるが，ここ十数年の間に「カウンセリング」という対人援助の方法があること，その存在は社会に周知されるようになった。しかし，その実態として初学者のスクールカウンセラーが，経験則ではなく，狭い知識の専門性を強引に押しつけていることによる被害の増加として見なすことさえできると考える。
　このような出来事は，スクールカウンセラーの活動が社会的に理解されはじめ，

その必要性に対する社会的コンセンサスが作られている反面,「カウンセリング」や対人援助の専門性に対する誤解を生み出すことに繋がっていると思われる。これを医療の現場に置き換えれば,「医療不信」「医者嫌い」といった言葉は,よく知られている。そもそも医学的な場では,科学的実証主義や科学的同一性や再現性を前提としているため,一部の人たちから「非人間的な対応をされた」と受け取られることも少なくない。乳幼児期から学童期に,重篤な疾患によって入院や通院を余儀なくされた体験が,自分の日常の場から医療の場へ強制的に移動させられ,行動制限を加えられ,心理的苦痛を体験したという事例も,その中では少なくないかもしれない。他にも多様な可能性はあるものの,多くは医療の場で必要とされている専門性を「強引」に強要されたり,「意向を無視して」処置がなされたり,「同意なく」治療が行われたりしたことの弊害である。

　こうした医療で見られるような誤解と同様の事態が,心理的援助の現場でも少なからず語られるようになっている。そうした誤解を生み出している一部の「間違った専門性の強要」が行われる背景には,初学者や専門家の多くが,多様に社会に存在する援助機関の目的性,要請や特性などを十分に理解していないことがあるのではないかと考える。したがって,それぞれの「臨床の場にあった援助のあり方」がそれぞれの現場に存在し,その違いを客観的に理解し,専門性の違いを十分に掌握した上で,面前のクライエントの要請にできるかぎり対応できるようにするため,社会的な援助のあり方を模索できるようにしておくことが重要ではないかと考える。

III　援助組織の特徴を実践的に記述する

　本書で取り上げたのは,これまでにさまざまな立場で述べられてきた臨床心理学でいう「心理査定」としてのアセスメント,いわばミクロなレベルでの個々のアセスメントの有効性を示すというものではない。これまで明確に語られることのなかった「マクロなアセスメント」,いわばそれぞれの臨床現場や社会的組織の目的性,要請や特性そのものをどのようにアセスメントしておき,その上で面前のクライエントに対する臨床的なリソースとして,それぞれの現場の専門性を活用できるかである。それによって,クライエントの多様な要請に応じられるようにしておくこと,そして個々の援助者の臨床的能力の向上に繋がる「マクロなアセスメント」を有効活用できるようにすること,いわばメタ・アセスメントが常にできている視点を確保することが要点となる。

　そのため,本書の第2部と第3部では,それぞれの臨床的援助を実践している組織や立場を複数取り上げ,それぞれの領域の組織の実態を知る立場の方々に,

以下のようなお願いをした。

①それぞれの組織に関わる臨床家が，日頃どのようなアセスメントを行っているのかを述べること［第2部］
②それぞれの組織の目的性，来談するクライエントや社会的な要請，組織としての特性などを考慮した上で，その組織で行われているアセスメントに含まれるその組織なりの「アセスメントの偏り」を具体的に示してもらうこと［第2部］
③専門職として異なるいくつかの立場を取り上げ，その立場なりの独自の「アセスメントの偏り」や「その立場における職能の特性」について，具体的にどのような所感を持っているのかを述べてもらうこと［第3部］

そして，これらの特徴から見え隠れする「臨床の場の違い，臨床の方法論の違い」などが生みだしている「臨床組織の目的性や社会的役割」の違いを「メタレベルで理解すること」を目標とした。いわば，システム論的な視点でのそれぞれの臨床家を含めたそれぞれの臨床現場の相互作用から，臨床家が要請されている対応をするために必要なアセスメントを理解できるようにすることを指標とした。そのため，本書では，一般的なアセスメントという概念ではなく，まったく異なる「それぞれの組織の専門性の偏り」という視点について述べていただいたつもりである。

臨床の現場が多領域に広がっている現在，これまでのような面接室だけを想定した狭義のアセスメントだけが，唯一無二に有効な専門性ではない。多様な現場で出会うクライエントは，より多様な対応を求めており，その要請に応じた多様な専門性を組織的に提供するために，社会的な組織をアセスメントし，現在の臨床現場の要請に即した有効な対応をすべきであると考える。

Ⅳ　システム論からみたメタ・アセスメントの活用

さて，ではどのようにそれぞれの組織の専門性の違いを捉え，どのように活用できるのか，その際の留意点は何かなど，それぞれの事例に則して考えるべき部分と，基本的な対応のための視点がある。個々の事例では，それぞれの事例の特性に準じて，どのような専門性が必要なのかが異なるため，それぞれに必要な専門性を組み合わせることから始めなければならない。いわば，すべてに個別の専門性を提供できる体制を作る必要がある。したがって，ここでは一般的な専門性を提供するための体制についての概要を整理しておくこととする。

心理的援助が必要だと考えたクライエントや家族は，自分にとって適切な援助サービスを求めて専門機関を訪れたり，探そうとしたりする。それは，病院であっ

たり，公的相談窓口であったり，必要とする援助についての専門性をサービスとして提供しているさまざまな組織や人を検討する。しかし，誰に・何を・どこで・どのように相談内容を提示し，どのような援助サービスが受けられるのかについては，なかなか希望通りとなることは少ないと思われる。病院であっても，さまざまな診療科が存在するため，その選択だけでも大変である。また，相談したいと考える内容を，誰に，どのように提示すればよいかは，なかなか理解できるものではない。そこに多様な専門性があり，いろいろな専門家がいるにもかかわらず，どのようにそれを使いこなすかについては，戸惑いがあるのが普通となっている。相談を希望している側にとってみれば，困っていることにふさわしい援助を受けられることを期待しているだけで，ごくごく普通の人間的な「日常の回復」を求めているだけにもかかわらず，それを明確に示すところがないことが大きな問題である。

　また，専門家にとっても，それぞれの専門性を駆使してクライエントに対応することは，ごくごくあたりまえのことであるため，そのこと自体に対する苦痛は感じない。しかし，独自の専門性を行使することだけでは改善しないクライエントや，クライエントが治療者に対して示す「強い期待」に適合した専門性を提供しきれないという不安が伴う場合もある。「医師が医師として」「心理士が心理士として」「MSWがMSWとして」「看護師が看護師として」，それぞれの異なる専門性を提供することが大前提ではある。しかし，「心理判定」と「面接担当」という違いや，「子ども担当」「親担当」という違いや，「乳幼児期」か「青年期」か「老年期」かなど，専門性を細分化すれば多様な分類が可能である。このようにそれぞれの専門性に大きな違いがあることで，クライエントの多様な要請に対応できるはずである。しかし，これまでの医療の世界では，この専門性の協働が非常に困難であった。名称的には「チーム医療」などという御旗はたてられているものの，現実的には医師主導の専門性の補助業務として意識されている。また，「援助の質的保証」の議論がなされたとしても，その質の定義を専門家が決定しているかぎり，本質的なクライエントの期待や要請に対応するという前提にはなりきれないと考える［李，2000］。

　医学的援助というサービスに焦点を絞って考えてみたい。医療現場では，心理的問題のあるクライエントが機能性疾患の改善を求め，心理的援助というサービスに心理的葛藤の解消を求め，人間関係的援助に共感されることを求めるといった理解がされている。しかし，これでさえも「専門家の側からの視点」にしかすぎない。来談時のクライエントは，身体的・精神的不調を「言葉」にして伝え，医学に対して「正しい病理の改善」を，心理学的査定によって「心理的問題の理

解」を，人間的対応に対して「人としての通常の対応」を求めているのだと考えられる。

1．クライエントの期待を翻訳する

クライエントは前述したような要請に対応してもらうことだけを求めているのではない，より付加的に重要な部分がある。それは，「理解されない」心身の不調を「語る」ことによって，これまで「語るが，理解されなかった」というドミナント・ストーリーそのものを語っているとも考えられる。

援助の場が必ずしもクライエントにとって期待する対応をしてもらえるものではない場合も少なくない。したがって，クライエントの要請を詳細に把握するためには，前提としてクライエントが治療者に対して示している期待を「翻訳する」ということが求められる。しかし，このような期待を直接的に理解すること，いわば，わからないことを理解するためには，治療者がクライエントの「言葉」を習得するために，クライエントの「語り（ストーリー）」から「言葉」を習うことによって，クライエントの言葉を翻訳するための「クライエント用語」を使いこなし，クライエントの心情風景を共有する「言葉」が不可欠である。

2．クライエントの期待を検討する

クライエントの援助のために社会的な接点を作る必要性が生じた場合，その要請を具体的にどのような社会的組織にゆだねることができるのかという知識が必要になる。何を求めていて，だれに何ができるのかを理解しておくためには，他の専門性に対する基礎的な知識が不可欠で，「他の組織や専門性を噛み砕いて理解しておくこと」が必要である。これによって，やっとクライエントの「期待」に添う「専門性」を紡ぐことができる前提ができあがるのである。

3．クライエントの期待を委ねる

クライエントの要請を託す組織や専門性が明らかになった場合，「とりあえず，お任せする」のではなく，クライエントの要望を達成することができるのが誰なのかを明確にする必要がある。他の専門性や組織に対する依頼であっても，クライエントの要望を達成するためには「相手に任せる」だけでは不十分である。まずは，託すべき相手の存在を十分に理解し，その人がどのようにすると動きやすくなるかを考慮することが重要である。そのためには，互いの専門性への寛容さが不可欠であるのは言うまでもなく，加えて，託すべき相手にとってその専門性を発揮しやすくするため，いわば，相手がクライエントの期待を達成するために，その専門性を発揮しやすくなるように，依頼者である自分がどのようにできるのかを十分に検討する必要がある。そして，できるかぎり相手に負担にならず，クライエントの要請に相手が応えやすくなるようにすることが重要である。そのた

めに必要なことは，相手の専門性について「相手を信じて，任せきる」ことである。

4．クライエントの期待への対応を評価する

こうしてクライエントの要請を誰かに引き受けてもらった場合，その効果を評価することを忘れてはならない。クライエントの要請を受け取り，他の専門性や組織にその一部分を依頼し，任せたかぎりは，「足りない部分はないのか」を常に考慮すべきである。そのためには，クライエントの要請に対応するために作られた互いの専門性を享受して提供できる繋がりについて，互いに自らの立ち位置を俯瞰できることが重要である。自分の役割や位置が互いに相手から見えるようになっているのか，そして，他の専門性を行使するために相手が動きやすくなるように自分が動けているのかを，常に検討できるようにしておくことである。その中でなによりも重要なことは，その基本となるのが，この専門性についての繋がりが「クライエントの期待を反映できているのか」を基本として検討することである。

5．個々のクライエントのための繋がり

こうしたクライエントごとの要請に応じた専門性の繋がりを作り出すためには，自らの専門性を獲得し，多様な知識を持っておくことは，最低条件である。その上で，それぞれの専門性に則った援助をするための一部として自らを俯瞰すること，いわばそれぞれの繋がりをメタポジションから見られるようにしておくことが必要である。これは，個々の専門性を超えた「一つの専門性の繋がり」であり，その繋がりが常に「クライエントの要請」に対応し，クライエントとの対話的な構造が維持できていることが不可欠である。そのために必要なことは，やはり「高度なコミュニケーション能力」を身につけ，そしてそれぞれの専門性についてのその長短を日頃から理解しておくことである。個々のクライエントのための繋がりを常に作り出せるためには，互いの専門性を享受できる相手と適切に語れるようにしておくことが必要で，その繋がりが個々のクライエントに合わせた専門性の繋がりを作り上げるために不可欠な要素であると考える。

6．新たな専門性の繋がりとメタ・アセスメント

これまでに作られ，その蓄積によって構成されてきたさまざまな「知識」や，それを行使できるような個々の専門性を特化させているものは，やはり「言葉」である。ただ，その「言葉」を用いているのは，結局のところ「人」であることを考えれば，個々のクライエントの要請に対応するためには，「専門性を紡ぐこと」が唯一の方法になる場合も少なくはないと考える。これまでのように互いの専門性の優劣や長短について，いずれが有益かを主張するのではなく，互いに補い合える部分がどこにあるのか，より適切な対応を生み出すためには，どのような協

働ができる可能性があるのか，それらを検討することが不可欠であると考える。専門性を含めた人同士の繋がりは，それぞれの専門性をそれぞれの領域で発展させてきた経緯があり，それぞれの自己批判の繰り返しによって作り上げられてきた経緯を持つ「特別な専門性」であり，それを発揮できるのは「特別な専門性を行使できる人」である。望むらくは，クライエントの要請に応じるために，クライエントを含めた，他の「専門性を含む『人』との繋がり」を紡ぎ出すためにも，メタ・アセスメントが活用されるべきであると考える。

V　援助職にとっての協働についての知識と評価

　近年，欧米の労働契約概念の基本である「目標設定－結果－評価」というつながりが，労務管理にかかわるだけでなく，「評価－報酬」というつながりも作られている。こうした社会的な変化が意識されるようになったためか，援助職の領域における初学者であっても，できるだけ早く職場に適応し，援助職としての職務を遂行したいと考えることや，中堅がより多様な専門性を取り入れたいと考えるなど，個々の専門性についての能力向上の意識が強く反映している。こうした傾向は，社会的にみた場合それぞれの「職務」や「仕事」の専門性を高めるために有効な意識であるとされる。

　そうした専門性の中の一つが，多くの社会的援助組織との接点を持つことであると考える。自らの組織以外の社会的援助組織の存在を把握し，個々のクライエントの治療に活用できるようになることは，それぞれの属する組織にとってどのようにみられることになるのであろうか。その立場が医師であれば，社会的なネットワークとの接点を多彩に持っていることは，職能的な立場では当然のことに近い印象になることが多い。しかし，仮に心理士やケースワーカー，看護師などの役割であれば，社会的なネットワークの広がりを持っていることは，稀なことと理解されるのではないだろうか。なぜなら，そうした社会的なネットワークとの接点の有無は，あまり意識されることがないからである。それは，個々のクライエントへの援助という文脈において，社会的なネットワークの存在の有無が，どのような意味があるのかが見えづらいからでもある。

　しかし，直接的に個々のクライエントについての支援を考えた場合，関連機関との接点が生まれる事例がそれほど多いわけではない。そして，そのような数少ないクライエントと関わる中であっても，そのクライエントの援助に関わるかぎり，他の関連機関の存在を意識して対応せざるを得ない。そのため，多くの専門家は，気づかないうちに他組織の特性について，間接的ではあるが知ることになる。これは，積極的な他組織との接点の持ち方ではないが，実務上の必要に応じ

て広がっていったネットワークであると考える。

　このような個々のクライエントに対する援助体験を繰り返す中では，他の組織についての基礎的な知識そのものは増えてゆくことになる。そして，そうした知識が増えていくにつれて，その情報整理のために，他の専門性についての知識が体系化されるようになる。こうした知識の中でも，他のクライエントに対する治療や援助に不要なものであれば，次第に消滅してしまう知識もあるが，その知識を他のクライエントに活用できるものであるならば，知識体系はより大きな体系として位置づいていくことになり，多くの場合，こうした知識体系に対して，同僚の関心は強いのである。

　なぜなら，同僚が対応しているクライエントごとに，同様の近接領域の援助組織との接点を持つ必要が生じる事例があるため，その組織についての「事前情報」を持っている存在であることは，たいへん重要な存在として意識されるからである。加えて，対人援助職に類似する職務の他の専門性についても，それぞれの組織の目的や対象，援助の種類や範囲については，その詳細について知らないことが多い。それぞれの立場の援助職は，自分の属している組織の目的性や対象，そしてどのような援助を行っているかについては，日常業務の中から意識しないうちに理解している。しかし，他の組織のことについては，社会的な接点がないかぎりそれを知るチャンスがないからである。いわば，日常的な業務を行使しているかぎり，社会的なネットワークそのものについて理解する機会はそれほどなく，個々の事例の中での必要性に応じたネットワーク会議などへの出席の機会に，初めて触れるものにすぎないからである。

　このように社会的なネットワークの存在を知識としてではなく，つながりとして持っていることは，組織の中で重要な立場として扱われることになり，職能的に高い専門性を提供できる可能性がある存在として意識されることになる。その意味でメタ・アセスメントができているかどうかは，その援助者個人の専門性の一部分として位置づけられるべきものである。

〈文　　献〉

中島義明，箱田裕司，繁桝算男編：新・心理学の基礎知識．有斐閣，2005．

Anderson, H.：Communication, Language and Possibilities, A postmodern approach to therapy. Basic Books, 1997.（野村直樹，青木義子，吉川悟訳：会話・言語・そして可能性：コラボレイティブとは？　セラピーとは？　金剛出版，2001）

李啓充：アメリカ医療の光と影：医療過誤防止からマネジドケアまで．医学書院，2000．

第1部 臨床現場の違いをアセスメントする────第2章
システムズアプローチによるアセスメント

吉川　悟

I　システムズアプローチとは

　前章で述べたように，臨床心理学的特性を生かすためには，その現場の特性をアセスメントすることになるが，その場合に用いることのできる人間関係のあり方や組織のあり方を査定するための理論として，システムズアプローチが有効だと考える。

　システムズアプローチとは，1980年代後半より，欧米から導入された狭義の夫婦・家族療法（Marital and family therapy）を，日本の「家族関係」や多様な「人間関係」に適合するために遊佐安一郎［遊佐, 1984］，東豊［東, 1993］，吉川悟［吉川, 1993］，児島達美［児島, 1998］などが提唱し，発展させた心理療法の一つである［児島, 2008；吉川・東, 2001；吉川, 2004］。精神医学における精神病理を持つ当事者の治療だけでなく，その当事者の治療を支援したいと考える家族同席での治療的対応が可能であり，来談不可能な当事者の場合も，家族や関係者との面接で問題解決が可能な方法論である。また，病理を持ちながら社会的活動に復帰する精神科リハビリテーションにおいても有効な方法である［後藤, 2001］。加えて，個人心理学にはない「人間関係」を変化の目的とするため，臨床心理学はもとより，医療，教育，福祉などの学問領域における対人援助の方法としてさまざまに活用され，かつ，学校，企業，地域などを対象とした学校精神保健，メンタルヘルス活動，乳幼児および高齢者の地域医療，地域精神保健など，社会的実践の理論・方法論として活用されている対人援助の方法である［東ら, 1995；狩野・近藤編, 2000；町田ら, 2000；後藤, 1988；楢林ら, 1994；岡田, 1999；生島, 2006；吉川, 2001］。

　人間が社会的活動をすることによって「人」としての存在意義があるとすることは周知のことであり，こうした「人」同士の繋がりを「人間関係」と呼んでいる。人間関係のあり方は多様であり，互いに慈しみ庇い合うこともあれば，憎しみ合い争うこともあり，なにより葛藤や対立などの否定的な関係のあり方が生じることが知られている。こうした「人間関係」に対する関心は，社会的に多くの場面

で見られるがゆえに，多くの人にとって関心のある出来事である。しかし，これまでの精神医学や臨床心理学は，否定的な人間関係を改善することや，直接的に「人間関係」そのものを変えることを目的とした対人援助の理論や方法について，充分な検討がなされて来なかった。二人以上の人間関係には，葛藤や対立などの否定的な「人間関係」が生まれることが周知でありながら，その「人間関係」を変化の対象とした精神療法や心理療法が存在しなかったのは，以下のような理由があるからである。

　医学から発展した精神医学では，精神病理に対する研究が主要課題であったため，研究対象として個人の精神病理を扱うことが基礎であり，かつ精神病理に対する研究の焦点は，脳生理を基礎とした脳の器質的・機能的異常の発見に注がれている。精神医学の中心的な研究課題である統合失調症の発症に関する研究などでは，未だ明確な機序が証明されておらず，現在までの多くの仮説は脳生理学におけるドーパミンなどの脳内物質の相互作用や，海馬の機能的収縮などであり，器質的・機能的問題の探索的研究が続けられている。こうした精神医学の問題に対する取り組みは，医学の持つ身体的同一性を前提とし，精神の所在を脳機能に限定した上で，精神病理との関連を見出そうとする姿勢から生じている。したがって，人間関係に生じる問題は，個人の精神病理的問題を反映したものとして考えられている。

　また，臨床心理学も個人心理学を基盤として発展し，多様な人間学や行動主義の観点から「人」の心理的・行動的特性を把握することが中心課題である。精神力動的な立場であれば，無意識に潜む人の欲求や策動を解釈したり，行動主義的立場であれば，学習理論を基礎として心理過程をブラックボックスとみなし，刺激－反応という行動特性を変容させる手続きを行おうとするなど，立場の違いはあれども，人の心理的特性を把握することに焦点が注がれてきている。したがって，人間関係に生じる問題は，個人の心理的・行動的特性によって生じたもので，人間関係の観察が個人の特性を把握する目的では用いられるが，人間関係の変化・変容は目的とされていないのである。

　このように，精神医学や臨床心理学の考え方では，二者の人間関係で生じる葛藤や対立を観察したとしても，その葛藤や対立を生みだす要因を二者のいずれか個人の病理や心理にその原因があるものとして捉えることになる。そして，その個人を精神医学や臨床心理学の知見を用いて変化・変容させることが，結果として人間関係に生じる葛藤や対立を改善・解決するとの立場になる。いわば，二者間のいずれかの個人が，その葛藤や対立を生じさせた責を負うことを前提として，これまでの精神医学や個人心理学の援助のための理論が活用されてきた経緯があ

る。

　しかし，葛藤や対立など，日常的な人間関係で生じる問題には，二者のいずれか一方だけの病理や心理によって問題が生じるという場合より，二者の人間関係そのものが問題をより膠着化させ，深刻な状況を作り出し，その結果として二者のいずれかに病理や心理的・行動的特性として問題とされる行動が生じる場合も考えられる。いわば，病理や心理的問題のない二者の人間の日常的な「人間関係」に生じる些細な葛藤や対立が，精神医学や臨床心理学で述べる二者関係のいずれかの個人の病理や心理特性という問題を生みだしているとも考えられる。

　加えて，精神医学や臨床心理学においても，人間関係における持続的な葛藤や対立が誘因となって，心因的・外因的な病理や心理的逸脱が生じるという考え方は存在する。これらは，人間が環境的因子からの影響によって病理や心理的逸脱を二次的に生じさせることを示している。しかし，その予防的視点であるべき日常的な人間関係での対立や葛藤に対し，どのように対応すべきかを示唆することを目的とした援助の理論や方法論は存在しない。あるとしても，援助者の常識的な判断に基づいて第三者的な視点でのアドバイスを与えるに留まっており，こうした領域における専門性として提供できるガイドラインはこれまでにはなかったと考えられる。

　これまで多くの研究がなされてきた医原病に関する問題記述においても，医師－患者の二者関係を基本として医療的ケアの指針が決定されているため，患者に関わる関係者が患者の意志や医療的指針と一致しないために，二次的に「人間関係」の問題を生み出していると読み解くことができる。医療という援助の場では，医師－患者の二者関係という閉鎖的な治療関係が基本であるため，これまでは医師の絶対的な指針に対して，患者だけでなく，その関係者も間接的に医師の指針に従うことが当然とされてきた。しかし，医療的なケアの方法論は，ある医師の示した指針が唯一無二の絶対的なものではなく，多様な選択肢があることが知られるようになり，社会的にもセカンドオピニオンを求める動きが生まれている。これは，医療の場であっても，患者の治療指針の決定に対して，医師－患者の二者関係だけで指針を決定するのではなく，患者を含めた特定の人間関係の中で治療的指針を決定すべきであるとの風潮を物語っている。これによって二次的に生じる「人間関係」の増悪を予防的に阻止し，患者をより医療的ケアを受けることだけに集中させることができると考えられる。

　このように，「人間関係」における葛藤や対立は，人が社会的な動物であるという立場で考えるならば，ありとあらゆる場面で生じる可能性がある。そして，些細なことを契機とした葛藤や対立が長期化・深刻化することによって，その人

間関係のいずれかの個人に精神的な病理や問題が顕在化する可能性があるのであれば，予防的な段階で対処することが望ましい。また，精神的な病理や問題が生じている状況においても，直接的に人間関係を変化させることを目的とした理論や方法論があれば，病理や心理的逸脱の改善だけでなく，問題の発生そのものを抑制できる可能性があると考える。

II システムの特性を知るための視点

このような考えに基づいて「人間関係」を変化の対象とするシステムズアプローチでは，任意の組織をシステムとして見なし，そのシステムに生じている多様な相互作用の特性を読み解き，その相互作用を変化させようとすることが特徴である。人間関係が生じている集団の特性を把握するためには，その組織において日常的に行われているコミュニケーション相互作用（パターン）に着目することが不可欠である。なぜなら，任意の集団が日常的に行っているコミュニケーションは，その集団の特性を決定することに繋がっているからである。そして，そのコミュニケーションは，その集団における目的など，組織の指向性を実現するために，一定のパターン化したコミュニケーションが成立することによって，組織としての機能性を維持していると考えられる。

このようなシステムズアプローチの基礎には，「システムへの着目」「コミュニケーション公理の積極的活用」「サイバネティックス認識論」という三つの特徴が挙げられる。そこで，まずこの特徴について触れておきたい。

1. システム理論

システム理論は，ベルタランフィ [Bertalanffy, 1968=1973] の「一般システム理論」が基礎である。システムとは，任意の要素間の構造的・機能的相互作用によって生じた全体過程として理解されるが，単純な任意の集合体という意味ではない。任意の集合体が「ある種の秩序（パターン）を持って成立している状態」を「システム」として理解し，「無秩序な要素の集合体」を「カオス」と位置づけ，これを区別して考えるべきとしている。また，いずれのシステムであっても，システムは実体として存在するものではない。システム理論が「観察対象を概念化する指標」である以上，観察者が任意の要素間の相互作用にある種の秩序（パターン）を見出すことによって，その要素の集合体を「システム」として概念化するのである。いわば，システムは観察者の認識の中に存在するもので，観察対象である実体にはシステムとしての存在意味や実体はないのである。

ベルタランフィの提唱したシステム理論は，社会科学と生物科学と自然科学を統合する位相の異なるシステムの入出力 in-put と out-put 関係を説明する理論的

枠組みであった。しかし，人間などの生物が要素となるシステムを理解するためには，位相間の関係を読み解く指標が不足していた。そのため人間関係を観察対象としたシステム理論は，ミラーの「一般生物体システム理論 General Living System Theory」[Miller, 1965]であり，アメリカの精神医学教育で大幅に導入されることとなり，これによって完成したといわれている。

　また，社会学領域でのシステム理論は，パーソンズに代表されるシステム論が主として発展している[Parsons, 1954]。これらのシステム理論は，「人間関係」を観察対象とするのではなく，「組織のあり方」を理解するための指標であった。加えて，パーソンズの社会システム論は，現実の社会組織がどのように構成されているかという「静的システム」を理解するための指標ではあるが，そこに含まれる人間関係の変化という「動的システム」を理解するための指標にはなり得ないものである。いわば，変動を続ける人間関係が組織のあり方を変えているのだという状況変化の全体を理解するための指標にはならないからである。それは，組織とそこに関わる人間関係という二領域を同時的に扱うという視点がないからである。

　システムズアプローチで用いられているシステム理論は，初期のベルタランフィ，ミラーの一般生物体システム理論を取り入れながらも，システム理論そのものが発展・変化している。ベルタランフィのシステム理論は，有機体の自己維持と，平衡維持のための閾値調整を基礎とした「有機体の代謝モデル」であり，閉鎖系システムの作動を説明する「動的平衡システム」を基本として成立していた。70年代のシステムズアプローチでは，家族をこの閉鎖系システムとして捉えていたが，家族の実体は，閉鎖系システムとして見なすだけでは説明できないものがあった。そのため，80年代には，「自己組織化システム」が登場している。この「自己組織化システム」のモデルは，形態を変えながら変動し続けているシステムを想定しており，結晶や発生胚モデルでみられるような「有機体の組織化過程を必然的に経て自己組織化する」というシステムモデルである。

　システムズアプローチの基本となるシステム理論がこのような発展を遂げたため，90年代以降のシステムズアプローチは，これらの二種類のシステム理論を内包するもので，観察によって対象化したシステムを変化の有無で分類し，変化のない存在をミラーのモデルで考慮し，常に変化している存在を自己組織化システムとして考えることを前提としていた。これは，観察対象を「静的システム」として捉えるだけではなく，「動的システム」としても捉え，それぞれの視点から考察することが前提となっていた。

　また，システム理論そのものの発展について付記しておくと，80年代後半に

は，マツラナとバレーラが提唱した「オートポイエーシス」という新たなシステム理論が導入されるようになった [Maturana and Varela, 1973=1991]。彼らは，『オートポイエーシス：生命の有機構成』("Autopoiesis and Cognition : The realization of the living") によって，これまでのシステム理論とは異なる「観察視点の変更」を提唱した [Maturana and Varela, 1980=1991]。その後，「オートポイエーシス」というシステム理論は，「観察視点の変更」という類似性から，社会構成主義（social constructionism）に代わるようになり，これが現在のナラティヴ・セラピー（narrative therapy）の成立に大きく貢献している。

本章で用いるシステム理論は，90年代以降のシステムズアプローチで用いられているシステム理論を中心とした。それは，二種類の「静的システムと動的システム」のそれぞれの視点を活用したものである。

2．コミュニケーションの暫定的公理

Mental Research Institute のワツラウィックら [Watzlawick, et al., 1967=1998] が提唱したコミュニケーションの暫定的公理は，人間間のコミュニケーションで生起している現象を理論化するため，言語学でいうところの語用論（pragmatics）の視点を活用している。語用論とは，「言語とそれに関与する人との関係」によって，用いられているコミュニケーションの意味が異なることを示している。Mental Research Institute では人間間のコミュニケーションの特徴をコミュニケーションの暫定的公理（communication tentative axioms）と呼んでいる。それは，

①人はコミュニケーションをしないことは不可能である。
②コミュニケーションには，情報と情報に関する情報の二つのレベルがある。
③人間関係は，人間間のコミュニケーションの連鎖のパンクチュエーション（punctuation）によって規定される。
④コミュニケーションは，デジタルモード（digital），アナログモード（analogic）に分類される。
⑤すべてのコミュニケーションの交流は，対称的（symmetrical）か相補的（complementary）のいずれかである。

という五つの公理を基礎としている。

まず，①については，道ですれ違った赤の他人に対しては，「あなたとは関わりがないです」という行動を示していると考えることである。人が二人以上いる場面においては，無視することを含めて「コミュニケーションしないということは不可能」という考え方でコミュニケーションを捉えようとしている。

そして，②については，コミュニケーションが従来の「情報伝達」という文字

第2章 システムズアプローチによるアセスメント

通りの意味とともに，コミュニケーションを受け取る人に対する要求を含むものだとしている。たとえば，臨床的によく見られる例として，数回の面接で治療関係が成立した段階で，クライエントが来談するなり治療者に対して「もう死にたい！」と語る場面を考えたい。クライエントが治療者に伝えている「内容・情報」は，単純にクライエントが現在「死にたいと表現するに値する状態にあること」である。しかし，このコミュニケーションが「治療の場面で，治療者に対して語っている」という状況設定に，「要求・関係」の側面が含まれている。それは明らかに，「あなたが治療者ならば，私が死にたい気持ちになっているのを止めるべきである」という要求であり，「あなたが治療者という社会的役割を負っているならば，私はクライエントで無知・無力な存在である。だから，あなたがその改善の責任を負っているのである」という関係を示していると考えられる。

このような表面上は表れない「要求・関係」についてのコミュニケーションは，そのコミュニケーションが行われている場の状況や，話されていることの前後関係などの文脈に依拠して理解することが求められる。このような形式のコミュニケーションが見られるのが，幼い子どものコミュニケーションである。幼児などの子どもは，言語的発達が未成熟で，言語そのものが積極的に利用できないため，「泣く」というコミュニケーションしか活用できない。しかし，それでも子どもに関わる関係者は，子どもの意図に準じた対応をすべきであるという気持ちにさせられることになる。

しかし，このような語用論的なコミュニケーションを活用することは社会的な誤解を生みやすいものであるため，人は社会化され，言語的発達によって語用論的なコミュニケーションから，情報を正確に含んだ意味論的コミュニケーションを獲得していくのである。それでも，人はこうした語用論的なコミュニケーションの有効性を体験的に熟知している存在であり，一定の場面においては，語用論的コミュニケーションを活用しているのである。

他者の発しているコミュニケーションをこのような視点で観察した場合，クライエントが直接的に発していない内容や感情，情緒的変遷や治療者への要請などは，言わずもがなで「要求・関係」の側面から容易に類推することができる。これが人間関係において人が人に行っている操作的側面として見なすことができ，コミュニケーション相互作用を読み解くための基礎となっている。

そして，コミュニケーション相互作用を理解するための指標として，「③人間関係は，人間間のコミュニケーションの連鎖のパンクチュエーション(punctuation)によって規定される」としている。現実的な場面では，起こっている出来事は気づかない物事の繋がりによって構成されている。いわば，連続的

に出来事の繋がりが生じている。このような出来事の連続性をリダンダンシー（redundancy：コミュニケーション相互作用の中での繰り返し）と見なし，この繋がりによって組織の機能性が理解できるとしている。

　しかし，この視点の重要な部分は，日常的な出来事を説明するためには，一連のリダンダンシーを区切らねばならなくなるということである。言葉が文法的な主語述語関係によって意味が生じたり，概念的に時間的経緯による因果論的な意味が作られてしまうことになる。たとえば，「AがBとなった」という文章であれば，「Aによって，Bが生じた」との意味から，全体的なリダンダンシーからAとBだけが取り上げられることにより，その繋がりだけに注目が集まる。また，「Aによって，Bが生じた」という文章では，ABという出来事間の因果論的な繋がりが構成されているかのような誤解を与えることになる。加えて，「Aの前の出来事」や「Bの後の出来事」が省略されているため，ABの繋がりだけが強調されることになる。

　このように出来事の連続性から文章を構成する際には，その「一部分を取り出し」，「主語述語関係で繋がりを記述すること」によって，出来事全体の繋がりをパンクチュエーションする（区切る）ことになる。この行為は，日常的に気づかないうちに行う行為であり，意図して行われるものではない。しかし，出来事の認識論的誤謬を内包してしまう危険性がある。したがって，臨床や援助の現場で陳述されている内容を，その部分だけ取り上げ，強調し，因果律を固定しているのだということを意識せずに聞き取るとすれば，その陳述を行っている人のパンクチュエーションに則った出来事の因果律という偏った理解をすることになる。

　このように，コミュニケーションの暫定的公理は，日常的に見られているコミュニケーション行為やコミュニケーション相互作用に関するこれまでとは大きく異なるものである。ここで述べている人間関係において生じているコミュニケーション行為やコミュニケーション相互作用は，組織においてもその人間間でのコミュニケーションを行うことによって生じているものである。組織の立場の人間は，その組織のあり方に準じたコミュニケーションを行い，その特性に準じて他の組織の人間とのコミュニケーションを行うため，そこに生じているコミュニケーション行為には，本項で述べたようなこの偏りが見られると考えられる。したがって，組織間の人間関係に関するアセスメントは，「組織を知る立場として区切られたコミュニケーション」に準じて，他の組織の人間とのコミュニケーション行為をしているにすぎず，まさにそのコミュニケーションによって示されていることがその組織の実態のすべてを示すものではないことを留意すべきであ

る。

3．サイバネティックス認識論

　サイバネティックスは，情報科学や機械工学などで多用された用語・概念で，人間関係に用いられるようになったのは，1970年代になってからである。サイバネティックスの提唱者ウィナー [Wiener, 1961=1962] は，サイバネティックスを機械論的閉鎖系システムの情報処理のあり方を説明する基礎的な指標として紹介した。そこでは，システムの現在の状態を維持するためのホメオスタシス（homeostasis）の概念が重視され，ファースト・オーダー・サイバネティックス（first-order cybernetics）が扱われていた。これは，家族などの凝集性の高い人間関係において，その集団の特徴をどのように把握するかという課題に対応するもので，ジャクソン [Jackson, 1968] が家族療法に持ち込んだ考え方である。ある部分の機能－目的性を説明する形態維持－逸脱解消モデルであったため，初期の人間関係を説明する概念としてサイバネティックスが頻繁に用いられた。

　しかし，マルヤマ [Maruyama, 1963=1984] が提唱したセカンド・サイバネティクス（second cybernetics）は，形態維持－逸脱解消モデルであったこれまでのサイバネティクスとは異なり，形態発生－逸脱増幅モデルであった。いわば，これまでの「システムを維持するため，システムの状態維持に反するものを排除する」という作動から，「システムを変化させるため，システムの状態維持に反するものを取り入れる」という作動への転身である。この視点は，ベイトソン [Bateson, 1955=1986] が分裂生成（schismogenesis）と銘じた人間関係の現象と酷似していた。そして，ベイトソンが Palo Alto Group でコミュニケーション研究を行うに至って，サイバネティックスは生物学的モデルとして再構成され，人間関係や精神過程の説明モデルとして用いられた。そこでは正フィードバック（逸脱解消）だけに価値を置くものではなく，負フィードバック（逸脱増幅）にも価値が置かれるとともに，観察対象の階層性（論理階型：logical type）[Whitehead et al., 1910=1988] の視点が加わることで，ベイトソンの提唱したモデルは，システムズアプローチにとって重要な位置を占めていった。

　80年代以降，システム論の発展と同様に，生物－社会学で用いられるサイバネティックスは，セカンド・オーダー・サイバネティックス（second-order cybernetics）へと移行している [Hoffman, 1985]。これは，従来のサイバネティックスが観察対象を外部から観察・記述していたことに対して，観察者が対象を観察していることを含む観察・記述を求めるサイバネティックスである。これによって生命現象をより詳細に事実に基づいて記述することができるようになった。システムズアプローチでもこの変化を取り入れはするが，臨床的な観察対象を記述

するのではなく，その観察に関与している治療者自身をも含み，治療者の言動によって治療システムが変動し続けるものであるとの認識を得るに至っている。

こうしたサイバネティックスという考え方は，システム理論とコミュニケーション公理などの視点を統合的に扱うために不可欠な視点であるとされている。観察対象を特定するためにシステム理論が流用され，その対象内での相互作用についてコミュニケーション公理の視点が活用されている。ただし，これは単純に「目に見えるシステム」の機能性だけではなく，「抽象的で認識的なシステム」を対象としてもサイバネティックスの視点で考えることができることが特徴である。また，サイバネティックスの視点を活用することによって，変化の過程やどのようなことが起こればよいかについての可能性を見出すことができるとされている。

このように，サイバネティックスの視点を活用することによって，任意の対象集団が持つコミュニケーション相互作用の特性を理解することができると考えられている。そのため，組織間の相互作用を把握するためには，それぞれの組織の目的性や機能性を概観しておくことが不可欠である。加えて，それぞれの組織間の相互作用として行われているコミュニケーションは，言語的なコミュニケーションだけではなく，文章や書類，他の関連する会議での接点など，多様な可能性がある。そのために直接的なコミュニケーションだけでなく，その組織間で生じている特徴的なコミュニケーション相互作用を見出すためには，その組織の役割を前提としている人を組織の窓口として捉え，その発言などの行動全体を意味あるものとして捉えることが重要である。

III　システムを俯瞰する／アセスメントする

ここまでの視点に基づいて，それぞれの組織の特性を把握するには，客観的にその組織を俯瞰することが不可欠である。組織を「俯瞰する」ということは，その組織の動きをアセスメントすることであり，それはまさに本書で扱おうとしているメタ・アセスメントである。

狭義のシステムズアプローチの実践において，これまでもっともよく見られた対象は，家族という組織である。システムズアプローチは，家族だけを対象としているわけではないが，もっとも用いられている説明対象が家族である。家族を対象としたシステムズアプローチの立場で用いられているアセスメントには，大別して三つの立場がある。それぞれの治療者にとって家族を中心とした「対象そのもの」を対象とする場合と，「対象と治療者」を対象とする場合，そして対象の要素となっている個々人が発する「コミュニケーション特性」を対象とする場

合がある［吉川，2001］。これを広義のシステムズアプローチに戻した場合，「家族」をアセスメント対象とすることは，「対象そのものをアセスメントすること」である。また，「対象と観察者」をアセスメントの対象とすることは，「対象と関与観察者の関係についてアセスメントすること」である。そして，実践的な対応をする中で対象の要素である個々人が示す「コミュニケーション特性」についてのアセスメントは，「それぞれの組織で見られるコミュニケーションの特性」として考えることができる。

　まず，「対象そのもの」をアセスメント対象とする場合，そのアセスメントには多様な立場が存在する。これは，対象となる組織のどのような側面をアセスメントするかによる違いである。時間の概念で分類し，組織のどの側面をアセスメントするかを記述するならば，「現在→現在起こっている相互作用」，「近未来と現在→今後起こるであろうと想定されている相互作用」，「ごく最近から現在→持ち込まれる問題の解決に関わる相互作用」，「持ち込まれた問題の経緯から現在→その問題の成立に関わる相互作用」，「対象となる組織の成立背景から現在→その組織の社会的存在意義に関わる相互作用」など，多様な視点がある。これらは，組織の社会的意義と，その組織に持ち込まれる相談の種類がどの社会的文脈に関与しているかについての理論的枠組みに影響されたものである。

　こうした「対象そのもの」に対するアセスメントは，「仮説」と称されることが多い。組織の特徴に対する仮説を設定し，その異同を明確にするというのがもっとも基本的な手続きである。ただし，仮説の異同を問うための質問は，自らの仮説を適切に設定した上でないと，適切に質問することはできない。そのためのガイドラインとして，円環的質問法（circular question）という基本的な仮説検証のための質問法があるが，これを参照することは有効である［Tomm, 1987, 1988］。また，観察者といえども人である限りは，自らが一旦設定した「仮説」をそれほど容易に変更することができるわけではない。どうしても自らの仮説にこだわったり，自らの設定した仮説と検証済みの仮説を取り違えることも少なくない。こうした何気ない観察者の仮説の取り扱いに対する姿勢の違いが，その後の関わり方の展開を大きく左右するのである。

　次に，「対象と観察者」をアセスメント対象とする場合である。この「対象者と関与観察者の関係をアセスメントする」という考え方が，一般的な家族療法とシステムズアプローチと称される方法論の違いである。面前の「家族」だけをアセスメントし仮説設定するという行為は，1980年代までの家族療法の主流であった。しかし，コンストラクティヴィズム（constructivism）の考え方が登場して以来，担当した治療者が家族をどのようにアセスメントするかの違いと同様に，

正しいアセスメントに対する疑義が多く投げかけられている [Keeney, 1982；Dell, 1982]。これは，治療者がどのように家族との関係を築くかによって，対象であるべき家族の振るまいが変わるため，結果的に「正しいアセスメント」が存在しないことが示されたからである。これは「観察によってその対象が変化する」という考え方を導入しており，精神医学ではサリヴァンが1953年に提唱している視点を家族療法に導入したものである [Sullivan, 1953=1990]。

さて，「対象と治療システムに対するアセスメント」とは，文字通り観察者が対象を観察する場で，どのような観察者を含む相互作用を生じさせているかである。組織に対するアセスメントを行うにしても，観察者が対象となっている組織との間で何らかの相互作用を行わなければならない。しかし，それが異なる観察者であれば，異なる相互作用が生じる限り，その観察者が行ったアセスメントは唯一のものとなる。したがって，観察者を含めた組織との相互作用そのものをアセスメントの対象とするために，観察者は組織とのやりとりをしつつも，同時に自らを含めた対象全体を観察対象とするというメタレベルの視点を持つことが要求される。表現方法として「観察システムを俯瞰・鳥瞰する」「観察システムをメタレベルの視点で捉える」などと表現されるように，観察者が組織との間で行っている相互作用をアセスメントし，仮説化することが観察者と組織の相互作用をアセスメントすることになる。

最後に，組織の特性に関与する個々人の「コミュニケーション特性」をアセスメント対象とするということは，「個々人がどのような話し方をするかについての特徴を把握する」ことである。システムズアプローチの立場から述べるならば，個々人の役割行動は，システム内のルールによって規定されていると考える。しかし，一方で組織において一定の役割を遂行するにしても，具体的な役割行動を実施するためには，一定の振る舞い方が要請される。いわば，「ある役割行動」を実現するには，一定のコミュニケーションを組織の中で行う必要がある。それは，結果的にある効果を得るという目的達成のためであり，その目的を実現するために個々人の「コミュニケーション特性」が用いられていると考えられる。

こうした「コミュニケーション特性」は，ある程度の臨床経験がある人たちは意図せず身につけている場合が見られる。それは，「対象との緊張を下げる」という目的の役割行動を取るときを例にするとわかりやすい。「対象との緊張を下げる」ためには，「話題をそらす／変える／ずらす・長々と話をする／黙る・まわりの注目を集める・特殊な行動をする」などというコミュニケーションが考えられる。個々人がこうした場面で行う行為は，これらの中のいずれかを多く使用するものであり，それがここで述べている「コミュニケーション特性」のひとつ

第2章　システムズアプローチによるアセスメント

である。一定の関係の中で役割行動を達成するために行われている行為には，非言語的な特性との関連が強く反映されている［吉川，2001］。これは，エリクソン流の催眠誘導において，個々人が治療者のどの言葉・行為に対する反応性が高いかをアセスメントするということや，NLPの表象体系なども，類似する個人特性の一つであると考えられる［Zeig, 1980=1984；Bandler, 1985=1986］。場で求められている目的に合致することが優先し，その手段としてのコミュニケーションが個々人に依拠していると考えれば，この「コミュニケーション特性」は理解しやすい。

　このように，システムズアプローチのアセスメントは，複雑で同時進行的に行うことが要請されるため，一つずつのアセスメントを慎重に取り扱いながらも，それぞれを重複して把握する必要がある。また，これらのアセスメントに時間をかけて，結果的に対象となっている組織が変化してしまってはならない。その意味でも，観察者が自らの情報収集能力や仮説化の作業に習熟し，適切な時間経過で情報処理することが必要である。加えて，「対象と観察者の関係」に関するアセスメントは，観察者が自らの「コミュニケーション特性」を加味して行い，観察場面で相互作用が構成される中で作られていく種類のものである。したがって，観察者が自らの振る舞いに関して高度に自覚的であることが望ましく，そのためには，自らの振る舞いを客観的に把握・理解しておく必要がある。

〈文　　献〉

Bandler, R. : Neuro-Linguistic Programming. Real People Press, Moab Utah. 1985.（酒井一夫訳：神経言語プログラミング．東京図書，1986）

Bateson, G. : A theory of play and fantasy. APA, Psychiatric Research Reports, 2 ; 39-51, 1955.（佐伯泰樹，佐藤良明，高橋和久訳：遊びと空想の理論．（佐伯泰樹，佐藤良明，高橋和久訳）精神の生態学．pp.265-285, 思索社，1986）

Bertalanffy, L.V. : General Systems Theory : Foundations, development, applications. George Braziller, New York, 1968.（長野敬ほか訳：一般システム理論：その基礎・発展・応用．みすず書房，1973）

Dell, P. : Beyond homeostasis : Toward a concept of coherence. Family Process, 21 ; 21-41, 1982.

後藤雅博：地域精神医療と家系図．（日本家族研究・家族療法学会セミナー委員会編）家系図と家族療法，pp.125-145, 金剛出版，1988．

後藤雅博：家族教室のすすめ方：心理教育的アプローチによる家族援助の実際．金剛出版，2001．

東豊：セラピスト入門：システムズアプローチへの招待．日本評論社，1993．

東豊，美根和典，早川洋，金沢文高，土田治，久保千春：NUDのシステム論的家族療法：「家族の問題」の取り扱いをめぐって．心身医学，35 (6) ; 473-482, 1995．

Hoffman, L. : Beyond power and control : Toward a "second order" family systems therapy. Family Systems Medicine, 3 ; 381-396, 1985.

Jackson, D.D. : Family Interaction, Family Homeostasis and some implications for Conjoint Family Psychotherapy. Palo Alto Science and Behavior Books, California, 1968.

狩野力八郎，近藤直司編：青年のひきこもり：心理社会的背景・病理・治療援助．岩崎学術出版社，2000．

Keeney, B.P. : What is an epistemology of family therapy. Family Process, 21 ; 153-168, 1982.

児島達美：システムズアプローチから見た人間関係．(吉田圭吾編) 人間関係と心理臨床，pp.81-94，培風館，1998．

児島達美：可能性としての心理療法．金剛出版，2008．

町田英世，工藤卓，吉川悟，中井吉英：外在化技法を用いた慢性疼痛の治療：Gate control theory を応用した心理療法．心身医学，40 (2) ; 135-141, 2000．

Maruyama, M. : The second cybernetics : Deviation-amplifying mutural causal process. American Scientist, 51 ; 164-179, 1963. (佐藤敬三訳：セカンド・サイバネティックス：逸脱増幅相互因果過程．現代思想，12 (12) ; 198-214, 1984)

Maturana H.R., Varela, F.J. : Autopoiesis and cognition : The realization of the living. D.Reidel Publishing, Dordrecht, 1980. (河本英夫訳：オートポイエーシス．国文社，1991)

Maturana, H.R., Varela F. J. : Autopoiesis : The organization of the living. Boston Studies, 42, 1973. (河本英夫訳：オートポイエーシス．国文社，1991)

Miller, J.G. : Living Systems, Basic Concepts. Behavior Science, 10 ; 193-237, 1965.

楢林理一郎，三輪健一ほか：学校教育におけるシステムズ・コンサルテーションの可能性：滋賀県での「さざなみ教育相談」の経験から．家族療法研究，11 (2) ; 3-11, 1994．

岡田隆介：家族の法則：親・教師・カウンセラーのための道標50．金剛出版，1999．

Parsons, T. : The present position and prospects of systematic theory in sociology. 1945.

Sullivan, H.S. : Interpersonal Theory of Psychiatry. W.W.Norton, New York, 1953. (中井久夫訳：精神医学は対人関係である．みすず書房，1990)

生島浩：行為障害の精神療法の可能性：非行臨床の経験から．思春期青年期精神医学，16 (11) ; 16-25, 2006．

Tomm, K. : Interventive interviewing, Part I : Strategizing as a fourth guideline for the therapist. Family Process, 26 ; 3-13. 1987.

Tomm, K. : Interventive interviewing, Part II : Reflexive questioning as a means to enable self-healing. Family Process, 26 ; 167-183. 1987.

Tomm, K. : Interventive interviewing, Part III : Intending to ask lineal, circular, strategic, or reflexive questions? Family Process, 27 ; 1-15. 1988.

Watzlawick, P., Bavelas, J.B., Jackson, D.D. : Pragmatics of human communication. Norton, New York, 1967. (山本和郎監訳：人間コミュニケーションの語用論：相互作用パターン，病理とパラドックスの研究．二瓶社，1998)

Whitehead, A.N., Russell, B. : Principia Mathematica. Vol. 1, 1st. ed. Cambridge University Press, Cambridge. pp.1-84. 1910. (岡本賢吾，戸田山和久，加地大介訳：プリンキピア・マティマティカ序論．哲学書房，1988)

Wiener, N. : Cybernetics : 2nd edition. M.I.T. press. Cambridge. Massachusetts, 1961. (池原止戈夫ほか訳：サイバネティックス：動物と機械における制御と通信 [第2版]．岩波書店，1962)

第2章　システムズアプローチによるアセスメント

吉川悟：家族療法：システムズアプローチの「ものの見方」．ミネルヴァ書房，1993．

吉川悟＋東豊：システムズアプローチによる家族療法のすすめ方．ミネルヴァ書房，2001．

吉川悟，村上雅彦編：システム論からみた思春期・青年期の困難事例．金剛出版，2001．

吉川悟：ことばになりきらない相互作用を見立てるために．家族療法研究，18 (2)；162-167，2001．

吉川悟：システムズアプローチによるカウンセリングのプロセス．（福島脩美，田上不二夫，沢崎達夫，諸富祥彦編：カウンセリングプロセスハンドブック，pp.295-298，金子書房，2004）

遊佐安一郎：家族療法入門：システムズ・アプローチの理論と実際．星和書店，1984．

Zeig, J.K.：Teaching Seminar with Milton H. Erickson. Brunner/Mazel, New York, 1980.（成瀬悟策監訳：ミルトン・エリクソンの心理療法セミナー．星和書店，1984）

第1部 臨床現場の違いをアセスメントする────第3章
臨床現場をアセスメントする

唐津尚子

I はじめに

　臨床心理学的特性を生かして活動している現場は，社会的要請に準じて多様な広がりを見せている。それにつれて，それぞれの領域における専門性は，より広範な要請に応じる必要が生まれている。人が社会的な存在として社会のいずれかに位置づいている限り，それぞれの社会的活動の場ごとに，心理的援助の必要が次々に生まれる可能性があり，以下の項目で取り上げた社会的な組織も，現時点での主要なものにしか過ぎない。

　ここでは，まずそれぞれの社会的な組織の「目的性と機能性」に焦点を合わせ，それぞれの特性について概観するとともに，社会的にそれらの特性がどの程度理解されているかについても触れておきたい。それは，援助を目的とした組織の場合，それを利用する側にとって，その組織が「どのようなものであるか」ということと「どう理解しているか」ということとの間にズレがあれば，来談時点で多くの問題を生じさせる危険性があるからである。そして，このような常識的な知識についても，その実状を知らないままでいることは，自らの専門性を低下させる大きな要因となるからである。

　なお，以下に記した組織の特性は，あくまでも著者の理解できる範囲でのものであるため，まず個々の組織ごとに核となる特性があることを十分承知しておいていただきたい。また，それぞれの組織ごとに，やはり援助をより効果的に行おうとするさまざまな活動が含まれているので，近接領域の基礎的な知識としての意味しかないと考えていただき，第二部以降の項目の詳細についてお読みいただくことが必要だと思われる。

II 組織の目的性

　社会的な組織には，援助のための目的性が存在している，といえば，あまりにもあたりまえのように聞こえるかもしれない。しかし，その目的性は，「対象」「方

法」「社会的要請」「社会的役割」など，他の社会的援助組織とのつながりの中で位置づけられているものであって，独立した組織の目的性が存在していることは稀である。

「対象」というのは，その組織で対応される範囲である。年齢（未成年か成人か），性別，居住地域，相談内容等によってカテゴライズされる。たとえば，疾患に罹患し治療を求めるのであれば病院に，経済的に困窮してしまい，日々の生活が立ち行かない状況になっていることを相談するのであれば福祉事務所に，といった具合である。

このように，大まかな対象を理解する，という点ではまさしく「言わずもがな」だと多くの方々はお思いであろう。しかし，公的に限定されているはずの対象から外れているにもかかわらず，対応せざるをえない状況になることが現実に多くある。たとえば，うつ病が疑われるクライエントを医療機関につなぐ場合，「精神科」に紹介するのが本筋である。しかし，実際には「心療内科」に紹介することがあり，心療内科医もうつ病の治療を行わざるを得ない場合が少なくない。「心理社会的背景をもち，そのことが内科的疾患に影響を与えている」患者を治療対象としている心療内科では，内科的疾患ではないうつ病は，本来治療対象外である。したがって，うつ病が疑われるユーザーに，適切な医療的措置を講じるのであれば，心療内科への紹介というのは間違っていることになる。

ただし，現実的に考えると，もし診療科目別の対象の区別ができている上で，あえて紹介する場合，たとえば，紹介先の心療内科医が，精神科領域の治療も可能な医師であると分かっており，ユーザーとしても通院する上で，精神科だと敷居の高さを感じてしまい，結局通院せぬまま未治療に終わってしまう可能性があるのであれば，むしろその判断はクライエント個人と，つなぐべき施設の特性を理解した上でなされた，もっとも適切な判断であるといえる。そのような違いを知らずに紹介するということでは，ユーザーの個別性を尊重した，有効な手立てを講じていることにはならないと考える。

この例のように，本来の診療科目別の治療対象の違いだけでなく，個々の専門家が対応できうる治療対象の範囲もある。もちろんそういったことは，医療現場に限られたことではない。臨床心理の専門家においても，年齢・相談対象によって資格が分けられているわけではないが，「○○先生は子ども対象の面接を得意にしている」「家族単位で相談をするなら△△がいい」といったように，その個人の臨床家やその人が属する組織の志向性によって，対象が限られている場合もある。公的に認識されている「対象」と，その組織自体の志向性によって限定される「対象」があるのだということも，念頭に置かなければならないと考える。

「対象」と同じように，「方法」という視点においても，公的に認識されている「方法」と，その組織ならではの「方法」がある。カウンセリングルームと名のつく施設においては，カウンセリングを施すのは間違いない。しかし，そのカウンセリングの内容も，精神分析的治療が主体なのか，クライアントセンタードアプローチなのか，認知行動療法による対応なのか，家族療法を行うのか，といった違いがある。医療機関であれば，診療科目別に専門的な治療が行われるが，そのための方法が薬物療法主体なのか，ホリスティック医療を志向しているのか等々，違いがある。これは，その組織がどういった方法を用いて臨床活動を行っているのかを知るということも，組織をアセスメントする上で重要な視点であるといえる。

先述した「本来は診療科目内の対象疾患ではないが，心療内科でうつ病を診る医師」が多く存在するというのは，ある意味「社会的要請」に応えた結果であろう。また，精神科も差別的な見られ方によって，本来治療を受けるべきクライエントが適切な処置を受けられなくなるという現状に対応するため，たとえば「メンタルヘルス科」といった標榜科目に変更するなど，受診する際のクライエントの抵抗感を低減するための工夫をする流れもある。これもある意味「社会的要請」に応えた結果であろう。

どのような組織も，社会的要請に基づいて作られる。当然何らかの基準に沿って設定されるが，時間の流れに伴って当初設定された段階では想定されていなかったことに社会的要請が付け加えられ，その組織に対して期待されることが変化していく（もしくは期待される範疇が広がる）。このように考えれば，その組織に対する社会的要請は一定であるわけではなく，常に要請に応じて変更されるものと考えられる。専門家として研鑽を重ねている間にも変化していることが考えられるわけであるから，いざ資格を取得して，晴れて専門家として職務に従事する段階になったときに，それまで学んできたことだけでは，現場に向けられている期待に応えることができなくなっていることが起こりうるのである。つまり，常に自らの組織に向けられている社会的要請に対する敏感さを持ち，社会的動向を察知できる能力が求められているのである。

「社会的要請」が刻一刻と変化することに対応するに伴い，その組織の「社会的役割」も当然のことながら変化していく。社会的役割が果たせてこそ，専門家組織として，また専門家として存続し続けることができる。ただ専門的知識を持っているというだけでは，臨床の世界では本当の意味で専門家であるとはいえない。その持てる専門的知識を用いて，目前に存在する問題を解決・解消することが必要であり，そのためには単に知識を持っているだけではなく，その知識と目前で

起こっていることとの間のすり合わせを行うことが不可欠である。どの情報をどのように使い，どのように変化を起こしていくべきかが想定でき，それにもとづいて治療的対応を実行できてこそ，社会的要請に応えて社会的役割を果たすことができるのである。それができるようになるためには，専門領域にのみ目を向けるにとどまらず，自らの組織外の世界への視点を持ち合わせなければならない。「業界（組織）の常識は社会の非常識」になってしまったのでは，何の意味もなさない。その組織以外でも機能していると評価されてこその「専門家」である。

　一つの組織でクライエントの要請や期待のすべてを網羅し，満足のいく治療や援助，サービスを提供することは不可能に等しい。クライエントの要求に応えていくためにも，それぞれの組織が「対象」を限定し，なせる「方法」を提示することによってこそ，その専門性が発揮されるのである。加えて，「社会的要請」を意識し，対象の範囲や用いる方法に検討を加えていくこと，そして，自らに課せられている「社会的役割」を認識し，それが果たせているのかどうかを常に検証していくことで，「専門性」が磨かれていくことにもつながっていく。

Ⅲ　組織の機能性

　組織の機能性は，前述の組織の目的性に準じて，「組織が組織として設定した目的を達成するため」に，もっとも援助が構築しやすいように組織のあり方を設定しているということである。組織が人の集まりとして，ある目的に準じた援助を構築するには，人の配置や役割分担，それぞれの職能の範囲設定など，暗黙のうちに定められていることが多い。この「暗黙の内に定められている」ということが，組織を理解することを難しくさせている。一方で，組織の中に存在している限り，その特性は「言わずもがなの常識」となっている。このズレがかえって組織の機能を低下させてしまうおそれがある。

　また，組織を構成した当初に「組織が組織として設定した目的を達成するため」にもっとも援助が構築しやすいように設定されたとしても，時間経過とともに社会的要請に応じてそのあり方を変えていき，それにしたがって目的もマイナーチェンジしていくことを余儀なくされる。設定されてからの時間経過が長くなればなるほど，この激変する現代社会ではその要請に応えることが困難になってくる。そうなると，もっとも援助が構築しやすい組織のあり方というのも，時間経過とともに変化せざるを得ない。しかし，一旦構築された組織のあり方が随時変更されるといった柔軟な対応は，実行されにくいのが現実である。にもかかわらず，社会から組織に求められる要求水準は，時々刻々と広がり，上がっていく。このギャップも，組織がより機能しづらい状況を作り出してしまうのである。

それでもまだ,「この領域はこの組織で対応するべき」ということが社会的に明確になっている事象に対しては,多くの場合,これまでに蓄積してきた経験と,構築してきた組織力を駆使して対応することが可能である。しかし,「A組織とB組織のどちらが対応すべきか判断しかねる」という事象,いわば,どちらにとってもグレーゾーンであるといった事象に対しては,それぞれの援助職が有効に機能することが困難になることもある。

　理屈の上では,それぞれの組織が持つ機能性のよい部分を互いに出し合い,新しい機能を構築することができれば,一からそれらを立ち上げていくより無駄も少なく,より困難事象への対応が可能になってくる。しかし,これまでの組織のあり方自体は,組織の内部が機能的に働くことを主において構築されているため,組織を飛び越えてクライエントにとって機能的に働くような構成になっていなかったり,そもそも別組織の機能性を掌握できておらず,比較がなされていないこともある。そのような場合には,互いにどこを補い合っていけばよいのかという見解になかなか行き着かず,新たな機能性をもつべく協力し合えるようになるまでに,長い時間を要してしまって,「双方のいいところ取り」が実現しづらいこともある。それらを実現するためには,双方の組織の機能を掌握し,コーディネートできる立場の存在が必要である。

　内部組織の機能性を向上させるためにも,外部組織との協力体制の下,新しい機能性を持つべく,大きな組織を再編するためには,現状で自分自身が所属している組織内のことにのみ視点が置かれているのではなく,他の組織の機能について可能な限り理解していくことが,今後ますます必要になってくるであろう。外の組織の機能をある程度理解し,内部組織の専門性や特殊性をあらためて認識し,それらがより有効に機能するような「活かし方」をその都度生み出していくことにもなっていくであろう。

IV　組織の中で求められる専門性

　先に述べたように,それぞれの組織に対して社会から要請される役割は異なる。このように役割分担を基本とした場合,それぞれの組織における心理職が求められている役割が異なることは,言わずもがなであることは理解できるであろう。それは,職能として多様で広範な知識を持つ心理士として活動を求められるのではなく,その組織のある役割を「まずは,徹底できること」が重要なのである。組織は,社会から「○○という専門性を発揮してくれる組織である」との期待がもたれている。そこに属しているメンバー(専門家と呼ばれる人)は,その組織が社会から期待されている専門性を駆使して,要請に応えられてこそ,専門家と

しての存在意義の基本を達成できるのである。要請されていることに対して，自分は何ができるかということ（反対にこれはできないということも）を明確に提示でき，実行できることが最低限求められるのである。

　組織のあり方として超えてはいけない壁もある。仮に来談されたクライエントに対して適切な対応をするならば，医療的処置が必要であると判断できたとしても，心理士が投薬することはできない。専門性の延長線上で持ち得た知識があったとしても，このように法律によって縛りがかけられて，自らの専門以外の領域に手出しをしてはいけない場合は多い。

　そうなると一専門家としてできることは，当然のことながら限られてくる。「このことに関して」と，特化しているからこそ専門家である。しかし，社会的要請が多様化してきている現代社会においては，限られた専門性だけでは，何らかの問題を解消・解決をなしていくことは困難である。したがって複数の専門性が一体となって問題にあたるべきである。

　また，組織によっては，対象や方法を限定されることがある。たとえば，スクールカウンセラーは，当該学校の児童生徒・保護者・教職員の相談に対応するべく配置されているが，3月まで相談を受けていた児童生徒がその学校を卒業してしまえば，スクールカウンセラーとしてその児童生徒に対応することはできない。しかし4月になったからといってその児童生徒の問題が消失するとは限らない。問題が依然として存在する場合には，自分自身が手出しできなくとも，その児童生徒個人に対しては何らかの手立てを講じる必要がある。児童生徒の成長過程を視野に入れ，どの専門家に引き継げば対象者の問題解決につながるかということを判断し，つないでいくことが大事である。

　まずは，自分自身の能力や専門性としてやれること・やれないことを見据えること，いわばアセスメントできるようになることから始まる。「臨床心理学は万能」であるはずはない。専門家とはいえ，一人の人間がなしうることには必ず限界がある。殊に相談内容が自身の専門性の範疇を超える場合においては，一人で抱え込み，一人でクライエントのすべてを理解している気持ちになることは危険である。そのことを常に意識して，心理士として持ちうる専門性を最大限に発揮し，心理士として，自分自身としての専門性の範疇を超える部分に関しては，適切な外部組織やその組織の専門家と共同で対応するべきであろう。

V　さまざまな組織の一般的な目的性と心理職が担うべき専門性

　以下では，第2部で紹介される各種組織の違いついて簡単に触れてみた。概略であるため，詳細に関しては各章を参照していただきたい。各々の目的性の違い

によって，その組織によって心理職に求められる専門性は，微妙に異なるところがある。しかし，どの組織にも共通するのは，単に心理的な専門知識を持てばいいというわけではなく，それぞれの組織において対象となるクライエントの置かれている状況について把握できる力と，その状況と臨床心理学的な知識との関連において，対象の個人をより実情に近い形で理解できることが求められる。また，クライエントを支援する他の専門家，専門機関との円滑なコミュニケーション能力も重要なスキルである。

精神科病院

精神科診療科目を標榜し，入院施設を備えている医療施設である。精神障害者への診察，薬物治療はもちろんのこと，作業療法や芸術療法といった多様な方法で身体的，精神的，社会的に多角的な視点から治療にあたっている。これは精神科病院が精神障害者の社会復帰や社会経済活動への参加を促し，自立した生活を支援していく役割も持ち合わせているためである。病院を所有する法人が，作業所や生活訓練施設（援護寮より名称変更）や福祉ホーム，グループホームなども設置している場合もあり，退院後のクライエントの社会的な受け皿を提供し，スムーズな社会復帰に向けた取り組みがなされている。

また，クライエントにとって有効な治療方法を実践していくため，医師だけでなくコ・メディカルスタッフによるチーム医療が行われる病院が増えている。それぞれの職種による専門性を活かしつつ，チームとして一つのまとまりをもつために，当然のことながら各々の立場の職種における特色を理解しておくことが必要となる。心理職は患者の不安な思いを訴えられる機会が多い職種でもある。それらの不安を心理職だけで解消することは難しく，その内容に応じて，適切に支援してもらえる他職種の方々との橋渡し的役割を担うことも，期待される役割といえる。

心理職としての本来の役割としては，各種心理検査の実施，解釈やカウンセリングを通して患者の心理状態を査定することが主たるものとなる。また患者や家族に対し，罹患している疾病はどのようなもので，日常生活を円滑に過ごしていくためにどのように病気と向き合っていくべきなのかの理解を深めるために，心理教育を進めていくこと，罹患することで失った自信の回復や，社会復帰への患者本人や受け入れる家族の不安感を緩和するためのケアも心理職が担うところである。

精神科クリニック

精神科診療科目を標榜し，入院施設を備えていない医療施設である。デイケアなどを導入することで,社会復帰のために必要な患者自身の生活リズムの調整や,

グループ活動を通してアサーティブな他者との関わり方をつかんでいくといった，ソーシャルスキルトレーニングを実践している精神科クリニックも増えている。

　心理職の役割としては，精神科病院での役割とほぼ同じであるが，通院による治療を行う機関であるため，患者は何らかの社会的接点を持ちながら，治療を継続していくことになる。治療過程では，当然のように日常的な困難や不安を抱え，それらをうまく解消できないことが治療の妨げになることも少なくない。つまり，現在進行形の困難を相談の場に持ち込まれることが多いため，よりスピーディにそれらの解消，軽減を図るべく対応していかなければならない。その時に優先されるべきことは何か，患者の現状でどこまでの負荷になら耐えうるのか，患者の周囲にある社会的資源はどのようなものがあるのか，それらとどのように接点を持つことが負担を軽減できるかなど，多彩なアセスメントができなくてはならない。

心療内科クリニック

　心療内科は全人的医療を内科領域で行う診療科目である。病気の原因は単一の因子によるものではなく，多くの因子が関与し合うことで発症するものであり，患者を取りまく環境といったシステムの異常としてとらえるという視点（生体・心理・社会的モデル）に基づき，器質的因子よりも機能的因子を重視した治療を行っている。個々人により，どの因子がどのように関係し合い，どのように影響を受けているかが異なるため，それぞれの疾患に対しての治療の指標はあるにせよ，その人個人を"みる"ことを求められる。

　そのような医療施設において，心理職はまさにその患者が置かれている環境が患者にもたらす影響，患者の心理面が疾病に与えている影響，逆に疾病が患者の心理状態に与えている影響等々といった，システムの一部として患者を捉える視点を必要とされる。

総合病院精神科

　総合病院の精神科では，身体的疾患を持つ精神疾患患者が心身双方の治療を行うことができる。また，総合病院内にある精神科の特徴としては，内科や外科といった身体疾患の診療を行う科に入院・通院中の患者の精神的ケアを行う（リエゾン精神医学）ことが重要な役割になっているということが挙げられる。したがって，身体疾患がもたらす心理的な影響について考慮できなければならない。つまり精神疾患だけでなく，身体疾患についての知識も要する。

高齢者施設関係

　高齢者の食事や入浴の介助といった生活支援や，機能訓練，日常動作訓練，健

康管理，介護などを担う施設である。また，高齢者を対象とした病院では，病気やけがなどで長期間治療が必要な高齢者が入院する療養型病床群と，認知症に罹患した方が入院する老人性認知症療養病棟がある。こういった施設は，高齢者のQuality of Lifeを支えるものである。

利用される高齢者自身だけでなく，高齢者と一緒に暮らす家族の悩みの相談を受けることが多い。家族のストレスを低減することも，高齢者のQOL向上のためには重要な要素である。そのように考えると，援助者には高齢者自身だけでなく，彼らを取り巻く周囲の人間関係も視野に入れることが求められる。

福祉事務所

自治体は，「条例で，福祉に関する事務所を設置（社会福祉法第14条）」することが義務づけられており，福祉事務所がその規定される施設にあたる。都道府県設置の福祉事務所は，「生活保護法，児童福祉法及び母子及び寡婦福祉法に定める援護または育成の措置に関する事務のうち都道府県が処理することとされているものをつかさどるところ（同法第14条第5項）」とされている。また，市町村（特別区含む）設置の福祉事務所は，「生活保護法，児童福祉法，母子及び寡婦福祉法，老人福祉法，身体障害者福祉法及び知的障害者福祉法に定める援護，育成又は更生の措置に関する事務のうち市町村が処理することとされているもの（政令で定めるものを除く。）をつかさどるところ（同法第14条第6項）」とされている。

福祉事務所で対象とされるのは，この法令から見ても分かるように，社会的弱者であり，日常生活に困難や不便を強いられる可能性が高い立場の方々である。そういった「辛い思い」に耳を傾けると同時に，ただそれらを聞くだけでは，ユーザーの困難は解消されない。生活が改善されるための具体的は方略が提示されて初めて，安心感を得ることができる。つまり，ケースワーク的な対応が必要とされる現場なのである。

児童養護施設・児童福祉施設

児童福祉施設とは，児童福祉法などの法令に基づき，児童福祉に関する事業を行う施設であり，国や自治体，社会福祉法人等が設置するものである。一口に児童福祉施設といっても，その施設の種類は多様である。児童福祉法第7条にあるように助産施設，乳児院，母子生活支援施設，保育所，児童更生施設，児童養護施設，知的障害児施設，知的障害児通園施設，盲ろうあ児施設，肢体不自由児施設，重症心身障害児施設，情緒障害児短期治療施設，児童自立支援施設，児童家庭支援センターなどがある。

どのような背景を抱えている児童であっても，より健全な育成のための支援が

なされるための施設であるといえる。児童の一般的な発達課題を知識として持ち合わせることや,各施設での対象児童の心理的サポートのために,どのようなソーシャルリソースが活用できるかという視点も必要になるであろう。

　児童養護施設は,「環境上養護を要する」児童を養育するための児童福祉施設である。父母と死別したり,父母が行方不明であったり,何らかの事情で家庭環境が不良で児童を養育できない状況にあったり,保護者から虐待を受けている児童などを,家庭に代わって養育する生活の場である。入所の決定は児童相談所が判断する。入所対象は,基本は1歳以上18歳未満であるが,場合によっては20歳まで延長できる。1歳未満の場合は乳児院に入所することになっているが,これも特に必要な場合は児童養護施設に入所することもある。全国に564施設,約30,000人の児童が入所している（平成19年10月1日現在）。

　近年,父母の死別による入所よりも父母はいるものの養育困難により入所している割合が圧倒的に増えている。中でも,虐待により父母との生活を別にせざるを得なくなり,入所している児童の割合が増えている。

　このように入所対象になる児童の背景を考えれば,その多くは傷ついた心を抱えているであろうことが予想される。したがってその心のケアの必要性が求められているわけだが,心理職が施設職員として採用されるようになってからの歴史はまだ浅い。また施設は「生活の場」であるのに対し,通常のカウンセリングというのはある種「非日常」である。そうした違いから,児童養護施設における心理臨床というのは,これまでの心理臨床の理論や技法を踏まえつつ,「生活の場」との兼ね合いを意識しなければならない難しさがあるといえる。

児童相談所

　児童相談所は,児童及び妊産婦の福祉に関する業務を行うため,各都道府県（及び政令指定都市）に設置が義務付けられている専門機関である（児童福祉法第12条）。児童及び妊産婦の福祉に関し,主に以下のような業務を行うことになっている。まず,児童に関する家庭や学校などからの相談に対し,専門的知識や技術をもって応じること。児童やその家庭にとって必要な調査や医学的,心理学的,教育学的,社会学的,及び精神保健上の判定を行うこと。そして,その調査,又は判定に基づいて,児童及びその保護者に必要な指導を行うこと。家庭の事情により,その家庭内に児童を置いておけない状況になった場合の児童の一時保護。里親に対する相談や,必要な情報の提供,助言,研修,その他の援助を行うことなどである（児童福祉法第11条）。

　事例によっては,保健所や福祉事務所をはじめとする各福祉諸機関,教育機関等と連携を必要とする施設である。それぞれの施設の専門性について理解してい

ることや，関係諸機関とのスムーズな連携のためのコミュニケーション能力が必要である。

なお，ここでの「児童」は，0歳から17歳（18歳に満たない）者をさす（児童福祉法第4条）。

精神保健福祉センター

都道府県は，精神保健の向上，及び精神障害者の福祉の増進を図るため，精神保健福祉センターを設置することを義務付けられている（精神保健福祉法第6条）。精神保健福祉センターの業務として，精神保健や精神障害者の福祉に関して知識の普及や調査研究を行ったり，相談や指導のうち複雑，又は困難なものを行うことが挙げられる。また，精神障害者に対して行われる精神障害者福祉手帳の交付や，自立支援医療費の支給認定に関して，専門的な知識や技術を必要とする事務を請け負う（市町村が支給要否決定を行うに当たって意見を述べることや，精神保健福祉に関して，市町村に対して技術的事項についての協力や必要な援助を行うこと等）も大切な業務である。

以上のことからも，精神保健福祉に関する専門的な知識，法令上の知識などを持ち合わせることが求められる。

大学保健管理センター

大学内の学生，及び教職員の健康増進に関する業務を担っているのが，大学保健管理センターである。身体的な健康管理ももちろんであるが，精神的な健康もその対象となる。学生や教職員が，精神的な不調を感じた時に相談できる身近な機関となる。

大学保健管理センター内だけで，健康管理に関するすべての業務を網羅することは困難であると考えられる。専門的な治療を必要とする場合には，状況に応じた医療機関を紹介することや，学内では学生相談などとの連携といったことも生じてくるであろう。

大学心理相談室

大学が相談業務を行うということで地域に開いている施設である。臨床心理学に関する学部，学科，研究室を設置している大学が，たいていの場合大学敷地内において開設している。臨床心理士の資格を持つ大学教員や（児童）精神科医，心理臨床を学ぶ大学院生などがスタッフとして相談にあたる。

有料であることが多いが，比較的安価で相談することができる。ある種の地域貢献の意味合いもあるが，臨床心理学を学ぶ学生の，臨床実習の場という色合いが濃い。相談を請け負う学生スタッフには，たとえ修学途上であっても「専門家」としての責任感を持つことと同時に，一般のクライエントが「実習に協力して下

さっている」という認識の両方を持つことが求められる。また，有資格者のスタッフは，相談を請け負うと同時に，学生スタッフが担当する相談においても，クライエントが支払う対価に見合う臨床サービスが受けられるよう，管理していくことも大切な業務となってくる。

スクールカウンセラー

各種学校に配置されているカウンセラーである。多くの場合は週1回といった非常勤での勤務となり，配置されているカウンセラー自身も，たいていの場合他所でのカウンセラー業務と兼務している。当該学校の児童生徒，保護者，教職員が相談対象となる。

対象者の心理相談はもちろんのことであるが，対象メンバー間の関係調整を求められることや，場合によっては生徒指導を要する事例に対して，心理学的観点で助言を求められることもある。たとえば，教職員は，児童生徒の不適応行動が，心身医学的対応を要するか否かの判断をすることが困難である。そのような場合に，スクールカウンセラーがその判断を求められることも多い。その際にどの専門機関につないでいくかという知識と判断を持つことが必要になってくる。カウンセラー自身が，当該学校の周辺にどのような機関があるかを把握しておくことは当然のことであろう。なお，スクールカウンセラーの現場で求められているアセスメントや，その実際についての詳細は，本書同シリーズの『システム論からみた学校臨床』〔吉川編, 1999〕を参照して頂きたい。

家庭裁判所調査官

大別して「少年事件」と「家事事件」のそれぞれを担当する役割が求められる職域である。少年事件が発生した際，送致された当該少年に対して非行事実が認定された後，その少年の審判の時に裁判官の判断の元となる資料（少年調査票）を作成する調査実務，少年の試験観察（少年法第25条）や講習指導などが，少年事件を担当する家庭裁判所調査官の業務として挙げられる。

業務の前提は，処罰より少年の更生の側面に重きを置かれている。したがって，当該少年が立ち直るためにはどのような処遇や支援が必要であるのかといった見通しを持つ力が必要になってくる。

家事相談の場合も，家族関係や社会的な人間関係の回復が重視され，調整力が求められている。

法務技官

少年鑑別所で各種の専門的検査・面接・調査を行う中で，知能や性格など，少年の資質やその少年が非行に至った要因，処遇の指針等を明らかにすることや，それらを「鑑別結果通知書」にまとめることが法務技官の業務である。また家庭

や学校から少年に関する各種の相談にも応じている。

　少年院で勤務した場合は，どのようにすれば少年が立ち直り，再び非行に走ることのないよう，社会の一員として歩んで行けるのかを医学的，心理的，教育的等，多角的に分析し方向性を見出していく役割を担っている。そして，収容された少年が社会復帰を果たす折にスムーズに適応できるよう，健全なものの見方や考え方，行動の仕方を指導するなどといった，矯正教育に従事することが主な業務となる。

　家庭裁判所調査官と同様，つまずいた当該少年が立ち直り，健全な生活ができるように支援することが前提となる。対象となる年齢層の心理的な専門知識はもちろんのこと，深い慈愛と同時に客観的視点を持つことが求められる。

企業内診療所

　企業内診療所は社員の心と体を守ることを目的とし，健康診断と診療がその業務の主なものである。勤務する社員が心身の不調を感じた時に，どの診療科に受診すればいいのか分からない時などに身近に相談できる施設である。いわば，プライマリーケアとしての役割を担うことも多い。そのような側面から考えても，業務の遂行のためには，幅広い医学的知識を要する。

　また，企業に勤める従業員の心身の不調と，職場や業務上のストレスが関連していることが考えられる場合，積極的に診療所の医師や相談員が直接職場にコンサルテーションなどの働きかけを行うことで，従業員の環境調整を図ることもある。そのような活動を円滑に行うためには，日頃から企業内部の組織について把握することや，従業員内に不調を訴える人が生じる前に管理職とのコミュニケーションをとることも必要になってくる。予防的観点から，メンタルヘルスについての教育・研修を企業内で行うこともある。

　近年うつ病に罹患する人が増える中，多忙であることや，病院にかかることに対して敷居の高さを感じる会社員にとって，初期対応を行うことができる貴重な機関であるといえる。

VI　人として求められている専門性

　援助職としての立場である以上，それぞれの専門性を磨くことは当然のことであり，かつ前述したような役割に準じた職能を発揮することが求められていることも当然である。しかし，それ以上に必要不可欠な能力が，社会的なコミュニケーションを行使できることであろう。

　心理臨床は，ただクライエントの話に耳を傾ければいいというものではない。クライエントの語る内容をまず等身大に理解し，そして等身大に理解できている

かどうかを検証しながら，相手の話を聞けなければならない。自分自身の勝手な思い込みで，相手の語る内容を曲げて捉えてはいないかといったことにも意識を向ける必要がある。また，専門家として発することばが，クライエントにとって理解しやすいものでなければならない。単なる専門知識の羅列では，何の意味もなさない。相手が理解できてこその専門的な見解の提示である。そのためには，相手の理解の仕方の特徴（枠組み）に合わせて，ことばや話し方，話すスピード等を臨機応変に変えていくなどといった工夫がなされなければならない。そして常に，自身が伝えようとしたことが相手にきちんと伝わっているかどうかを検証しながらことばを発していくことも求められる。その検証するための手がかりになるのは，相手の表情や発する雰囲気，応答の仕方，目線等々といった，ことば以外の要素が多くを占める。それらのノンバーバルな情報をできる限り漏らさず汲み取り続けるというのは，相当なエネルギーとコミュニケーション能力を必要とする。

　コミュニケーションの暫定公理の第一公理に「コミュニケーションをしないことの不可能性」というものがある [Watzlawick et al., 1967]。それにもとづくと，対人関係の相互作用の場においてすべての行動がメッセージとしての価値を持つと考えられる。つまり「コミュニケーションをしない」ということはできないわけである。同じ部屋に一緒に居合わせたとしたら，たとえ直接ことばを交わすことがなかったとしても，その「ことばを交わさない」という"行為"自体が何らかのメッセージを相手に伝えることになる（ex.「あなたと私は関係ないです」「あなたと話をしたくありません」等々……どのようなメッセージになるかは，その状況になるまでの文脈による）。したがって，人がコミュニケーションを行う場面においては，ことばを交わすかどうかに関わらず，常に相手はこちらの発する情報から，何らかのメッセージを読み取ろうとするわけである。そして，それはこちらが意図したこと通りのものを読み取っているとは限らない。そこから誤解や隔たりが生じることも十分考えられるのだ。

　心理臨床の専門家であるということは，クライエントがどのようにメッセージを読み取っているのかということや，自身が伝えたいものとそれとが一致しているかどうかについても意識を向けることが求められる。それを可能にするためには，自身がもつ意図，つまり，このセッションで何をどうしたいのか，ユーザーに自分は何を伝えたいのか，といったことを明確にしていなければならない。中には「面接場面において，自分の意図を持ち込むなんて」と抵抗感をもつ人がいるかもしれない。ただ，自分が意図する，しないにかかわらず，相手は何らかの意図を読み取ろうとするということは忘れてはならない。

心理臨床の専門家がコミュニケーションをとる相手は，クライエントだけではない。先に述べたように，クライエントに対して有益な援助を行おうと思えば，多くの同職種・異職種の人とのコミュニケーションを必要とする。拠って立つ理論・手法の違いや専門性の違いによって，使用していることばが同じでも，微妙に意味合いが異なる場合がある。そういった「ローカルな言語」[Goolishian, Anderson, 1992]の違いに敏感になり，相手の語っている内容を正確に捉えようとすること，自身の伝えたい内容を適切に相手に届くように伝えようとする姿勢が大切である。自らの専門的枠組みが「正しい」という狭い視点しか持てなくなってしまえば，相手と本当に必要な情報交換はできない。まさしく対等な立場でのやり取りが，ユーザーにとってこれまで構築できなかった方法を生み出すためのコミュニケーションを作り出すといえる。そのためには相手の立場や枠組みを理解し，見解を尊重する姿勢がなければならない。
　そこに自分の視点や価値観，考え方にはないものが存在することを理解していくことが大切である。

〈文　　献〉

Goolishian H., Anderson H. : The Client is the expert, a Not-knowing Approach to Therapy. In S. McNamee, K.J. Gergen : The Therapy as Social construction. Sage, London, 1992.（野村直樹訳：クライエントこそ専門家である．（野口裕二，野村直樹訳）ナラティヴ・セラピー：社会構成主義の実践，pp.29-88, 金剛出版, 1997）

厚生労働省：平成19年度社会福祉施設等調査．（http://www.mhlw.go.jp/toukei/saikin/hw/fukushi/07/index.html）

Watzlawick, P., Bavelas, J.B., Jackson, D.D. : Pragmatics of Human Communication. Norton, New York, 1967.（山本和郎監訳：人間コミュニケーションの語用論：相互作用パターン，病理とパラドックスの研究．二瓶社, 1998）

吉川悟編：システム論からみた学校臨床．金剛出版, 1999.

第2部

いろいろな現場で求められるアセスメント

　ここでは，メタ・アセスメントにとって不可欠な一般的に知られている社会的な援助組織を取り上げ，その現場で必要とされている他の援助組織との繋がりの特徴を各著者の視点から示していただいた。

　読者に留意していただきたいのは，それぞれの援助組織で必要とされている援助の目的や対象がどのようなものであるかを理解していただくことである。どのような社会的援助組織が存在しているのかを知ることは，メタ・アセスメントの中心的な課題である。そして，それぞれの援助組織で行われ，必要とされているアセスメントの特徴については，できるだけ赤裸々にそれぞれの現場で要請されていることがどのようなことかを論じていただいた。特に，他の組織との接点を必要とする援助組織では，メタ・アセスメントの実践的な留意点を含め，他の組織との接点として要請される特徴のできるだけ要点だけを示していただいている。これによって，一般的な組織紹介ではない，「現場の声」の一部が示されているので，ぜひその現場の声に準じた対応の必要性を把握していただきたい。

　そして，ここで取り上げた援助組織の特徴を理解していただき，面前のクライエントにとって必要とされている即時的な援助組織が，どのようなものになるかをイメージする基礎情報にしていただきたい。

第2部 いろいろな現場で求められるアセスメント―――第1章

法と社会と当事者・家族の間で考慮すべきこと

◉精神科病棟

三輪健一

I　はじめに

　精神科病棟での治療を考える際に，まず頭に置かなければいけないことは，治療行為自体がすべて法律にしばられていることである。もっとも遵守しなければいけない法律は精神保健福祉法であり，当然，医師法，医療法などの他の医療関連の法律にも従わなければいけないが，他科では見られない本人の意志に反した強制的な治療（非自発入院）が認められている精神科での入院治療では，精神障害者の人権を保護する観点から，精神保健福祉法を遵守することが要求される。最近では重大犯罪をおこした精神障害者のための医療及び観察に関する法律（いわゆる「医療観察法」）にも留意しなければいけない。

　さて，精神科病棟での治療はまず入院から開始される。外来治療の際の初回面接も重要だが，それに次いでインテーク面接は重要である。入院時面接が初回面接となることもあろう。非自発入院を決断するのか，それともあくまでも自発入院（精神保健福祉法では任意入院とされている）を勧めるのか，考慮を要する。ボーダーラインケースや神経症圏のケースでは，自殺企図などの行動化の際の入院であっても，本人と治療目標を設定し，本人と治療契約を結ぶ自発入院の方がよい。内科や精神科の診療所など他院からの紹介のケースでは要入院の判断が病院スタッフとずれていることもある。その人が入院した際に，病棟で起こりうる事態も含めて患者の状態像を把握すること，当事者や家族と治療のゴールについて合意すること，病棟スタッフとそのゴールを共有すること，病棟治療でできることとできないことの限界設定もしなければいけない。

　病棟での治療を進めていく上で，最近では多職種のチームアプローチが前提とされている。誰がチームのリーダーシップをとるのか，それぞれの職種がどのような役割を分担するのか，他の治療的アプローチ（作業療法，当事者への心理教育，家族教室，退院促進プロジェクトなど）とどのように連携するのか等，チームアプローチにおいて考慮すべきことは多い。さらにチームは病院外のメンバー

もその構成員となることがある。保健所や市町村の保健師や福祉のケースワーカー，共同作業所や地域生活支援センターのスタッフ，等々。時には，社会復帰にあたって，学校の教師や企業の上司と連携を図らなければいけない。家族や親族も含め，関わるスタッフが当事者をサポートするためにどこまで動いてくれるのかを見定めねばならない。

まず，論考を進める上で考慮すべき事項のさまざまな階梯を述べておく。次に具体的な事例をあげながら，入院治療の際のアセスメントで必要とされる事項を検討したい。

II 考えるべきシステムとサブシステム

他の治療でも同様であろうが，精神科病棟での治療はレベルの異なるさまざまなシステムとサブシステムを行ったり来たりしながら進展していく。

図1はミラーの提唱した「一般生物体システム理論」を紹介した遊佐による図

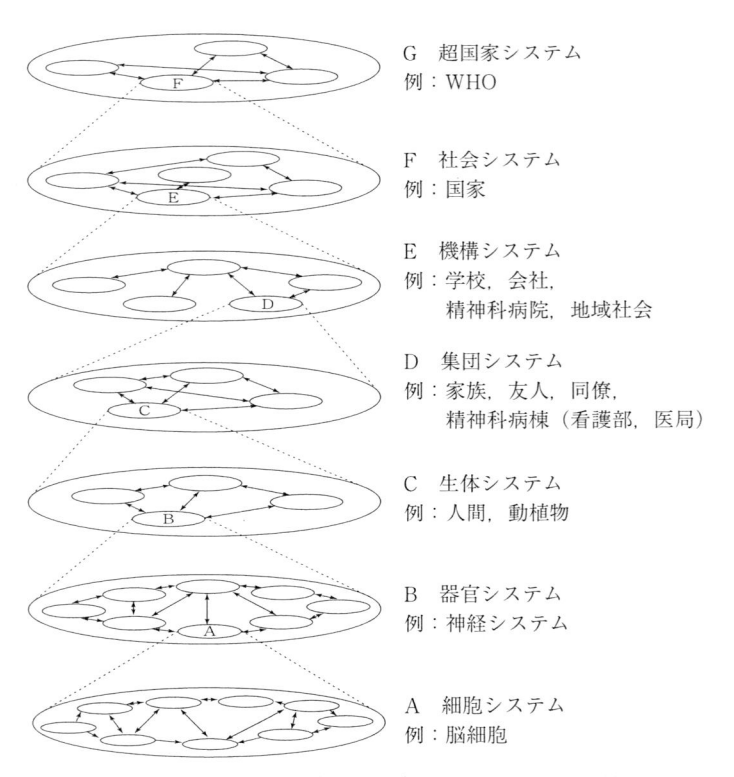

G 超国家システム
例：WHO

F 社会システム
例：国家

E 機構システム
例：学校，会社，
　　精神科病院，地域社会

D 集団システム
例：家族，友人，同僚，
　　精神科病棟（看護部，医局）

C 生体システム
例：人間，動植物

B 器官システム
例：神経システム

A 細胞システム
例：脳細胞

図1　生物体システムの七つのレベル（［遊佐，1984］を改変）

を改編したものである。

　治療の対象は一人の個人であるが，その人は身体を持ち，身体状態と精神状態は相互に影響し合っている。その人には家族があり，友人を持ち，その関係の中で葛藤を抱えているかもしれない。学校や会社でのストレスが発症の引き金になっていることもある。重度の精神障害を持った人であれば，その人と家族は地域社会の中でスティグマを背負って生きている可能性が高い。

　また彼／彼女を治療する精神科病棟は，国の精神保健福祉政策に影響を受けて運営されている。

1．個体レベル

　まずはその人個人の状態をアセスメントしなければいけない。精神状態だけでなく身体状態の把握も要求される。

　うつ状態に伴い，自律神経症状を主とした身体症状が出現することは広く知られたことであるが，逆に甲状腺機能低下症や睡眠時無呼吸症候群などの身体疾患によってうつ状態がもたらされることがある。うつ状態への対処が必要となることもあろうが，基本的には身体疾患の治療が優先されることとなる。

　精神病状態も同様である。妄想状態を呈する患者がすべて統合失調症圏の患者とは限らない。うつ病でも貧困妄想，心気妄想，罪業妄想などの妄想を呈するし，認知症の人も物盗られ妄想や嫉妬妄想を呈することがある。認知症は脳機能の低下という身体状態を前提としている。それぞれの基礎疾患に伴い，同じ「妄想」に対しても当然治療的アプローチも異なってくることになる。幻覚にもさまざまなものがあり，アルコール離脱症状のせん妄状態における幻視と肝性脳症の幻視では対処法が異なる。脳炎による錯乱状態に対して，急性一過性精神病性障害として抗精神病薬だけの薬物療法をしていては致命的な結果を招く。

　つまり，個体レベルの状態を把握するにも，その一つ下の階梯の器官レベルの状態をアセスメントすることも要求されることになる。

2．家族レベル

　個体レベルの状態を把握したら，次に要求されるのは集団レベルにおけるその個人の位置と関係性であろう。集団レベルの最小単位が家族であるが，精神科の治療ではこの家族へのアプローチは重要な位置を占める。それは家族が治療に貢献する大きな力を秘めているからである。家族との関わりによって病状が悪化することもあろうが，それだけ家族の関与は当事者に影響力を持っているということの証である。精神科病棟においても，家族にはしばしば病棟に登場してもらい，当事者との同席面接を持ちながら治療を進めていく。また，最近ではさまざまな疾患への心理教育を中心とした家族教室が開催されている。

治療の成否は，家族といかに協力関係を築けるかにかかっていると言っても過言ではない。しかし，中には家族との関与が一切できないような事例もある。たとえば，司法が関与し親権剥奪が決定され，児童養護施設に措置されたような被虐待事例において，当事者との関わりをする際に，親に関与することはできない。その際には代理家族ともいうべき児童養護施設の職員と協力関係を築いていくことになる。

　他の重要な集団レベルとしては，友人関係や学校・職場などの小集団があげられよう。学童期に発症し入院治療を要した統合失調症の事例では，復学に際して担任教諭や養護教諭との連携が当然必要とされるであろうし，うつ病で職場のストレスから自殺企図に至って入院したような事例では，復職に際して職場の上司や人事担当職員と連携することが必要とされよう。

3．病棟レベル

　さて，同じ集団レベルであるが，精神科病棟での治療を考える際に，その病棟の構造と機能には配慮を払わねばならない。治療者自身がその集団に属しているため，その集団との関わりにおいて治療的アプローチが大きな影響を受けるからである。自らが属する集団の構造と機能，そして自らのその集団との関わりを客観的に把握するのは結構困難なことである。

　大きな枠からいえば，そこが精神科スーパー救急病棟であるのか，急性期治療病棟であるのか，療養病棟であるのか，医療観察法病棟であるのか，あるいは開放病棟であるのか閉鎖病棟であるのか等によって，当事者を処遇する条件は大きく変わってくる。また構造と機能だけではなく，病院によって創り出されてきた治療文化も病院ごとに異なっているだろう。

　また，精神科病棟はさまざまな小集団によって構成されている。医師，看護師，精神保健福祉士，臨床心理士，メンタルケアワーカー（看護補助），事務職員，等々。栄養指導や薬剤指導で栄養士や薬剤師が病棟に登場し，当事者と接する場面もある。どのような栄養指導がなされたかを気にかけながら摂食障害の人と面接をすることもあろう。

　同じ医師でも院長と臨床研修医が接するのでは当事者の態度も異なるであろう。看護師でも同様である。ベテランの看護師と新採用の若手看護師では，当事者や家族の接し方は異なってくる。病棟で治療を進める際に，接するスタッフの特徴も考慮する必要がある。

　精神科病棟での治療においてもっとも考慮しなければいけない集団は，医師集団（医局）と看護師集団（看護部）である。病棟で当事者ともっとも身近で接するのは看護師もしくは看護補助のスタッフであろう。家族が当事者に大きな影響

力を持つのと同様に、入院中は、生活の場となる病棟で、看護師の当事者に及ぼす影響は大きい。医師と看護師の意見の違いや対立が治療の阻害要因になることがある。とりわけパーソナリティ障害の入院治療では、当事者の行動化によって治療チームが分断され、それによってさらに行動化がエスカレートするという悪循環が生み出されることもある。精神科病棟で治療を進めていく上で、医師と看護師の連携は必要不可欠なことである。

　また精神科病棟では当事者集団の力も侮れない。スーパー救急病棟や急性期治療病棟では当事者の在院期間が短いため、当事者集団の文化が形成されることは少ないと思われるが、その時その時の在院患者によって病棟の雰囲気が変わってくることになる。神経症圏の若年の当事者が多ければ賑やかな病棟になるだろうし、統合失調症圏の自閉的な当事者が多ければやや雰囲気の重い病棟になるかもしれない。新たに入院した当事者はその雰囲気に少なからず影響される。一方、長期在院者の多い療養病棟ではしっかりとした当事者の文化が形成されていることが多い。長期在院している大きな影響力を持った当事者が存在し、新規入院者はその当事者からさまざまなことを学習する。診察室で当事者と1対1で対話する医師は、隠然と存在するこの当事者同士の関わりが見えていないことが多い。

4．地域社会レベル

　精神科病棟に入院した当事者はいったん地域社会から切り離される。その人は地域社会の中で、さまざまなトラブルを引き起こしていたかもしれない。もしくは地域社会から孤立し、自室にひきこもった生活を送っていたかもしれない。その人の地域社会への関与／非関与の程度が、その人の病状を左右しているかもしれないし、治療のゴールの一つに地域社会との関係性の持ち方をあげなければいけないこともあろう。精神科病棟での治療が進展するにつれ、再びその地域社会とのつながりを回復（もしくは新たに参加）していくことになる。マスコミでも精神障害の啓発記事を目にすることが増え、精神障害に対する理解は昔と比べるとずいぶん深まったように見える。しかし、現在でも精神障害に対する誤解と偏見は根強く存在する。とりわけ、地域でさまざまな問題行動を起こしていたような事例では、退院を阻もうとする動きが起こることもある。

5．国家（法）レベル

　冒頭に精神科病棟では治療行為自体がすべて法律にしばられており、もっとも遵守しなければいけない法律が精神保健福祉法であることを述べた。精神科医療は国の精神保健行政に大きく左右されてきた。かつての精神衛生法は、国際的な批判にさらされ精神障害者の人権を擁護する動きの中で、「入院医療中心の治療体制から地域におけるケアを中心とする体制へ」と謳われ、1987年に精神保健

法に改正された。本人の同意に基づく任意入院制度が設けられ，入院時等における書面による権利等の告知制度が設けられた。鑑定医制度は5年ごとに更新すべき資格としての精神保健指定医制度に改められ，入院の必要性や妥当性を審査する精神医療審査会制度が設けられた。

そうした中で当事者が処遇改善要求や退院請求する事案も増えている。本人の開放処遇の制限や隔離の根拠を常にカルテに記載しておくことが求められる。退院請求がなされた際には，精神医療審査会から入院を継続しなければいけない理由を明らかにする書面提出を求められる。そして，精神医療審査会の審査員が当事者・家族・主治医と面接して，時には時期を定めて任意入院への変更を勧告することもある。そのような事態も想定した上で，当事者や家族にどのように伝えどのようにカルテに記載するかを配慮しながら，病棟での治療を進めていくことになる。

Ⅲ　事例を通して見るメタ・アセスメント

具体的な事例を通して，精神科病棟での治療的アプローチに必要なアセスメントをみていこう。

Aさんは，30歳代半ばで発病した統合失調症の当院初診時80歳の女性。当院に1年9カ月入院した。退院後は，補佐人の訪問，当院看護師・ホームヘルパー（買物，散歩の同行）・市役所保健師の訪問，によるサポート体制が組まれ，現在も4週に1回ヘルパー同伴で通院している（［三輪，2007］で紹介した事例で，詳しくはそちらを参照して頂きたい）。

Aさんは多人数の同胞の末子として当県で出生。他県で看護師となり10年以上病院勤務した。30代で結婚し一男をもうけた。その後，被害妄想が出現し入院。入院中に離婚し，長男は夫が引き取った。退院後，入院した病院に5年間勤務。その後帰郷し，60歳過ぎまで職場を転々としながらも看護師として就労。その間も被害的な言動や対人関係上のトラブルはあったが，治療は受けていない。60歳代半ばより「近所の人がお金を盗る」「毒を盛られる」などの被害的訴えが表面化。「通帳や印鑑を盗られた」と金融機関や市役所に出かけ苦情を言い，警察に被害届を提出するなど，妄想に基づく行動化が続いた。数キロ離れた郵便局に自転車で押しかけたりするなど活動性は高かった。ある日，金融機関に押しかけ暴行に及んだため，警察に通報され，当院に緊急措置入院となった。

1．措置入院の際に見立てること

Aさんはこれまでに何回も金融機関や行政機関に押しかけて行き，騒ぎを起こ

している。今回は暴力行為にも及んでいる。近隣への被害妄想は確固としており，再び同様の行為を繰り返すことが予測できた。

措置入院は精神保健福祉法第29条に規定され，「都道府県知事は，第27条の規定による診察の結果，その診察を受けた者が精神障害者であり，且つ，医療及び保護のために入院させなければその精神障害のために自身を傷つけ又は他人に害を及ぼすおそれがあると認めたときは，その者を国もしくは都道府県の設置した精神科病院又は指定病院に入院させることができる」とされている。上記の第27条は，精神保健指定医が診察しなければいけないことを定めている。

ここで指定医に求められることは，当該患者がさまざまな関係性の中で自傷他害の行為に及んだとしても，一旦はその関係性は棚上げにして，その患者個人の状態について将来的な自傷他害のおそれがあるかどうかを判断することである。もちろん規定にあるように精神障害であることが前提であり，夫婦が痴話げんかの末に包丁を持ち出したとしても措置入院の対象とはならない。精神病状態であることと，精神病状態のために自傷他害のおそれがあることの，あくまでも個人の精神状態のアセスメントが求められることとなる。

司法鑑定で求められる当事者の責任能力に関する意見，医療観察法の精神保健審判員や鑑定医として求められる意見，医療観察法病棟で求められる退院可能の判断等，司法領域で精神科医が求められる判断は周囲との関係性を考慮するにしても，あくまでも個人の精神状態へのアセスメントであることが多い。

2．同時に見立てておくべきこと

かつて私は以下のように記述した。

> 「警察官と市役所職員，保健師に伴われて診察室に入ったAさんは，行政職員をにらみつけ，事態を説明する保健師の発言を遮り，保健師を攻撃する発言を繰り返した。しかし，医師への対応は慇懃であった。年齢の割にとてもエネルギッシュなこと，看護師をしていたこともあり，保健師には対抗するように攻撃を向けるが医師には丁寧な応対をすること，何よりも未治療のまま数十年にわたって単身で社会生活を送ってきたことに感動しながら，Aさんの『力』を感じていた。このAさんの中に漲る力が妄想に向けられるのでなければ，周囲の人と関わりながら充分単身生活が送れるのではないか，と初診時に考えた。
>
> 多くのケースで，初診時にもある程度その人の治癒像を描く。治癒像から逆行して必要な援助を思い描く。その人とその家族，身近な援助者がどの程度の力を持っているかを査定しておくことは，治療を組み立てる上で必要なことであろう」

［三輪，2007］

私の勤務する病院では，入院時のインテーク面接に病棟看護師と病棟担当の精神保健福祉士が同席する。精神保健福祉士は地域連携の役割も担っているため，保健所や行政，他の医療機関，精神保健福祉施設からの情報を得ており，その情報はインテーク医師に事前に伝えられる。病棟の看護師からは病棟での療養生活の過ごし方がアドバイスされ，また病棟生活のルールや制限も伝えられる。同席することで当事者・家族との入院契約が共有される。医師は，病棟スタッフの了解が得られるような形で，入院のゴール設定がなされるように面接を進めていく必要がある。入院１週間以内に病棟で初回のケース会議を持つことになっており，そこで他の病棟スタッフとも入院時に得られた情報を共有する。上記の「その人とその家族，身近な援助者がどの程度の力を持っているか」も，そこで吟味されることになる。入院したときから退院への準備はすでに始まっている。

３．病名（状態像）告知の問題

　精神科病棟では，入院１週間以内に入院治療計画書を当事者に提示し合意を得ることが義務づけられている。提示しなければ保険点数が減点される仕組みになっている（他にも医療経済的な配慮事項は多々あるが，この論考では触れない）。当事者の合意が得られなければ，家族に説明し合意を得て署名してもらう必要がある。医療界でインフォームド・コンセント（説明と合意）が常識とされ，末期がんなどでも本人に告知して緩和ケアを実施するような状況が背景にある。入院治療計画書には診断名もしくは状態像，主要な症状の記載欄があり，当事者に病名告知をすることになる。当事者にとっても家族にとっても，精神病であることを受け容れるのは容易なことではない。とりわけ初回入院の場合には，それまで他の医療機関で治療を受けてきていても，病名が告知されていなかったり，受け容れられやすいような異なった病名を告げられていたりする。当事者がいまだ自らの精神的変調を受け容れることができていない時期に，杓子定規に診断基準に照らして病名を伝えても受け容れられず，告知したことで治療が難渋してしまうこともある。治療の進展に伴い本人が受け容れることができるように，状況を整えていく必要がある。妄想と思っていない人に妄想状態と伝えたら，それだけで治療に抵抗するようになるかもしれない。統合失調症という診断名は受け容れようとしない人でも，激高して暴力をふるい警察に連れてこられた人であれば，精神運動興奮状態という状態像を示されれば受け容れることもある。近隣の人への暴力行為で措置入院となった20代後半の男性は，何度目かの入院であったが，統合失調症の診断を受け容れることを拒否していた。私は彼に入院治療計画書を提示する際に，自分に診断名をつけるとしたらどんな診断名をつけるかを聞いた。彼は「気にし過ぎ病，恥ずかしがり過ぎ病，人格障害かもしれない（ある精神科

医の著書名)」と答えた。私は入院治療計画書に彼の言うとおりの三つの病名を書いて本人に示した。彼は苦笑しながら本人の同意署名欄に署名した。後に病状が安定し自らの行動を振り返ることができ，「幻聴」に振り回されて大変なことをしてしまった，と考えることができるようになった時には，妄想型統合失調症という診断名を納得して受け容れるかもしれない。

最近，精神科医療機関では，当事者にも家族にも病気の説明をして理解を得た上で，病気への対処法を向上していってもらう心理教育的アプローチが浸透しつつある。当事者や家族の合意を得ることは，治療を進めていく上で大変重要な要素である。どうすれば合意が得られるかを工夫しなければいけない。

その後のAさんの経過を述べる。

> 入院には拒否的で不穏であったため，隔離室を使用した。抗精神病薬の服薬には拒否的であったが，看護スタッフの関わりで服薬できるようになり，11日後に大部屋に転室。1カ月後に第1回ケース会議を持った。妄想の訴えは変わらないが，応対は柔らかくなり，2カ月後には措置解除。長男の行方は分からず，姪に保護者になってもらうことを依頼していたが，了解が得られないまま市町村長同意で医療保護入院とした。1カ月を経てやっと，姪の1人が保護者を引き受けてくれた。入院5カ月後，主治医と受け持ち看護師同伴で自宅まで外出。自宅で姪と市役所の保健師と合流。家は荒れ果てていたが，Aさんはいそいそと室内を片付けていた。入院6カ月後，姪から成年後見人申請の依頼を受けた。7カ月後，姪と2回目の自宅外出をし，新たに担当になった市役所の保健師は，Aさんが拒否的であったため，単身生活は無理ではないかとの感想を寄せた。姪は協力的で同伴して自宅外出をしてくれ，家族と共に旅行もしてくれた。入院11カ月後に初めて自宅に外泊し，姪は一緒に泊まってくれた。外泊中に保健所の保健師が訪問。保健師は介護保険を利用した支援が必要と判断した。裁判所の調査官が面会に訪れ，Aさんも姪が成年後見人制度の補佐人となることに同意した。補佐人となるにあたって，姪が捜し出した遠方に住む長男の面会があり，30年ぶりに再会したAさんは喜んでいた。姪の提案で自宅のバリアフリー改修がなされた。ケース会議と外泊を重ね，外泊中に市保健師が訪問しホームヘルパー導入を勧めた。Aさんはやんわりと拒否したが，次の外泊中にヘルパーと出会った。退院前日，自宅で第5回目のケース会議を持った。拒薬が予測されたが，服薬確認は訪問看護師が行い，ヘルパーはAさんを受け容れ良好な関係に保つために，服薬には触れずに関わることとした。

4．病棟での多職種との連携

病棟での治療を進めていく上で医師，看護師，精神保健福祉士など多職種の連

携が問題となる。その際にどのように見立てを共有するかが重要となろう。

　病棟でのケースカンファレンスは，患者の言動をどのように理解しどのように対処するのかが中心となる。治療薬剤の増・減量であったり，行動制限であったり，隔離であったり，即時の対応を検討することが多い。しかし，それだけではなく治療の大きな流れを決めていくこともケースカンファレンスの大切な課題である。その前提として事例のストーリーをどう読むかということが重要であると考えている。治療の進展は関わる者たちの間でストーリーをどう組み立てていくかということになる。そのストーリーが当事者に関わる動機付けと方向性を定めることになる。私は「血縁・地縁の繋がりから孤立しつつも気丈に単身生活を送ってきたＡさんが，80歳を迎え，将来の生活への不安を基盤として妄想に基づく行動化に至っている。回復への道筋は孤立した生活からの脱出であろう」というストーリーをスタッフと共有した。回復への道筋は一つしかないわけではない。いくつかの選択肢から選ばれることになる。Ａさんの妄想は確固としており，入院後も訴えに変化はなく，病棟スタッフは地域の保健師と同様に自宅へ帰すのは困難であり，高齢者施設への入居が妥当ではないかと考えていた。しかし，Ａさんの「力」を感じていた私は，入院当初よりＡさんを自宅に「帰してあげたい」と考えていた。治療の大きな転機となったのは，姪が成年後見人となることを申し出てくれたことであったように思う。治療者側の「こうなってもらいたい」という思いが，姪の存在を得て，当初から「早く家に帰して欲しい」との訴えを聞いていた受け持ち看護師に，病棟のスタッフに，地域の人々にも拡がっていった。その過程がＡさんを支える人たちの繋がりをつくっていくことになった。かつて私は次のように述べている。

　　「入院当初から医師・看護師・保健師・精神保健福祉士がチームを形成。Ａさんが看護師であったことを尊重して関わった。Ａさんは主治医には慇懃に応対するが表面的。看護師には後輩と思って接しているようであった。保健師は入院早期にＡさんから被害的に認知されてしまったので，地域との連絡調整役に徹し，精神保健福祉士がＡさんに関与。両者が地域とのパイプ役を果たした。

　　Ａさんには以前から年余にわたって地域の保健師が関わり，医療に繋ぐことができずに苦慮していた。近所の姪もまた，近隣や金融機関からの苦情が寄せられ困っていた。姪と保健師に参加を要請し，入院早期に初回のケース会議を開きこれまでの経過を聞いた。入院前から地域での『ケース会議』の要請は高かった。外出・外泊を繰り返し，必要なサポートを見定めていった。ケース会議ではサポートメンバーそれぞれの見立てが交錯する。ここでもそれぞれの立場を尊重することが必要となる。決して同一にはならないにしても，会議の中

第1章 法と社会と当事者・家族の間で考慮すべきこと　●精神科病棟

で優勢となったストーリーがサポートメンバーを動かしていく」［三輪，2007］

5．「説明」する際の留意点

　ここで述べたストーリーは，Aさんの状態は何からもたらされているのかという直線的な因果律による「原因探し」となっている。病棟でのケースカンファレンスでも地域でのケース会議でも，「原因－結果」の説明を求められることが多い。その説明に基づいて対策が立てられることになる。その説明がスタッフをどう動かしていくかに，いつも気を配る必要がある。たとえば境界型パーソナリティ障害の事例で，診断基準を持ち出して病状を説明したとする。ICD-10では「情緒不安定ないくつかの特徴が存在し，それに加え，患者自身の自己像，目的，および内的な選択（性的なものも含む）がしばしば不明瞭であったり混乱したりしている。通常たえず空虚感がある。激しく不安定な対人関係に入り込んでいく傾向のために，感情的な危機が繰り返され，自暴自棄を避けるための過度な努力と連続する自殺の脅しや自傷行為をともなうことがある」とされている。以前は人格障害と呼ばれていたものが，パーソナリティ障害と言われるだけでも耳への響きは違うが，この診断基準ではあくまでも個人の特性が示されている。治療はその「歪んだ」特性を改善していくことに主眼が置かれることになるだろう。解離性障害をともなったボーダーラインケースの生活史をよく聞くと，被虐待児であったことをしばしば経験する。そのようなとき，虐待の歴史の中で自らの身を守るための解離症状や対人操作であると捉えると，スタッフの当事者への見方は異なってくる。彼／彼女の「行動化」も，過酷な人生を生き延びるために身につけてきた力であると「理解」することによって，改善しなければいけないはずの「パーソナリティ特性」も有効に活用することができる「力」へと変貌する。スタッフはその「力」をどのように発揮していくのかを当事者と共に考えていくことになる。Aさんに「力」を見出したように，当事者やその家族に内在する回復へ向けた「力」を発見していくことは，治療者の一つの大きな課題であろう。

6．家族との協働

　措置入院のケースでは，「自傷他害のおそれ」が消退したと思われる入院中のある時点で，措置入院を解除し医療保護入院もしくは任意入院に変更することになる。医療保護入院は指定医の要入院の判断と保護者の同意に基づく入院で，当事者の同意に基づく任意入院とは異なり非自発入院となる。医療保護入院は，入院しなければ治療できない状態であるが当事者に同意する意思もしくは能力がない，つまり当事者と治療契約を結べない際に，保護者と治療契約を結ぶ入院形態である。家族と治療のゴールを確認することになるが，それは本人にも伝わるこ

とになる。当事者と家族が対立している際には相反した到達目標となってしまうこともあろう。叶わない目標を設定するわけにはいかない。家族は当事者を気にかけるあまり，本人への期待が極端に高かったり逆に低すぎたりする。たとえ小さくても当事者と家族，治療スタッフが共有できる実現可能な目標を設定することが望まれる。

家族間で意見が対立することもある。別の論考で述べたことを再掲しておく。

「患者と同様に家族もまた受け容れられ癒されなければならない。それぞれの立場に立てば意見の違いも了解できる。家族間で治療についての意見が一致しない場合，それぞれの意見を尊重しながらも，誰を中心に治療を進めていくかはとても重要な要素である。家族の中で中心的な役割を担う人を核として，それぞれの意見の違いに対してお互いに細かい修正や妥協を繰り返しながら，回復への道筋は創られていく。治療者は家族の変化を焦らず待つ必要がある。家族の中でもっとも影響力を持つ人を中心に据えて家族面接を進めながら，退院後に患者をサポートする中心となる人を創り出していかねばならない」

Ａさんの場合は姪がＡさんのよき理解者となり，姪の方からさまざまな提案をしてくれた。Ａさんの自宅での単身生活を支えていくための地域での資源を精神保健福祉士は姪に説明した。姪はケース会議に出席し，そこで確認した介護認定審査の申請をし，ケアマネージャーと打ち合わせをして，住宅改修，ホームヘルパー派遣などＡさんのサポート体制を整え，退院を受け容れてくれた。

当事者を支えるのは治療スタッフだけではない。家族もまた当事者を支えている。治療は当事者・家族との協働作業であり，意見の対立を超え，小さな目標を達成することを積み重ね，共に回復を目指すことが必要である。

地域での調整を要する別の事例をあげる。

　　妄想型統合失調症のＢさん，長女も同じ病気であった。夫の死後に増悪し，二人とも一時期治療を受けるが中断し未治療のまま経過していた。長男が結婚し独立後に再び増悪。主に長女の近隣への迷惑行為が問題となり入院に至った。病状は落ち着くものの妄想は改善せず，注意を呼びかける回覧板まで出回った地域にはなかなか戻れなかった。長女は自宅への退院をあきらめ，援護寮入所。Ｂさんは一人で自宅へ戻る準備を始めた。

　　地域で受け容れてもらえるように，Ｂさんは何度も外泊を重ねた。しかし，入院前の不安を抱える地域住民には抵抗感があった。ケース会議には地域の民生委員も参加した。民生委員は協力的であったが，住民の声を無視することもできず，病院から地域住民への説明会を開催してほしい旨の要請をしてきた。

第1章 法と社会と当事者・家族の間で考慮すべきこと　●精神科病棟

主治医と担当精神保健福祉士はＢさん本人の了解を得た上で説明会に出席した。治療の流れからは想定外の，地域住民にＢさんの病状を説明する場を持つことになった。説明会では住民のさまざまな不安の声が上がり，病院としての対処法を求められた。その後，Ｂさんは退院し自宅へ戻った。Ｂさんは単身生活を始めた。病院へ通院しながら，訪問看護と週４回のホームヘルプを受け，生活を維持していた。ある日，受診すべき日に来院せず精神保健福祉士が訪問するとベッドの横で動けなくなっているＢさんを発見した。救急で総合病院に入院。主治医が毎週往診し，精神保健福祉士や担当看護師が見舞いに訪れた。総合病院の医師や看護師に病状と対応法を説明した。専門職に対してＢさんへの接し方を伝える機会を得た。

７．地域に出向いていく際にしておくべきアセスメント

地域から要請されたことに応えることは必要なことであるが，慎重に言葉を選ばないと逆に偏見を強めてしまう。説明会で求められるままにＢさんの病状を説明し，妄想は確固としており訂正不能であると伝えれば，よけいに不安を煽り退院させない動きが強まるであろう。病棟で他の患者とも穏やかに過ごせている現状報告をすれば，安心につながるであろう。説明会に出向く前に民生委員から地域住民の動向を詳しく聞いておくことも重要となる。誰が入院前にもっとも被害を受けていたのか，誰がもっとも退院に反発しているか，同情的な住民はいるのか等々。また，住民の被害感情や不安感に対しても思いを馳せて受けとめる必要があると思う。偏見を非難しても，Ｂさんの退院を受け容れてくれるわけではない。地域住民のことも十分配慮しているという病院の姿勢がなければ，住民の不安な眼差しがＢさんに向けられることになり，退院してからもＢさんは居心地が悪い。この説明会には行政の精神保健スタッフも参加して，緊急事態の際の対処方法も検討した。緊急時の危機管理法については，家族のもとに戻る人であれば，退院時に家族とも確認しておくと家族の安心につながる。安心し落ち着いた家族の対応は，当事者の安定につながる。

一般医療機関と連携を図る時にも配慮が必要となる。医療関係者の方が精神障害に関して偏見が強いと考えておいた方がよい。医療関係スタッフに精神障害の理解を得ることもまた重要なことである。精神障害を持つ者もまた身体疾患を患う。精神科病棟での治療をする際に，連携して身体科治療を引き受けてくれる医療機関があることは心強い。紹介する際の診療情報提供の仕方にも工夫がいる。身体疾患の治療をお願いするわけであるから，まずは身体状態と依頼事項を伝える。その上で，精神科の病歴も伝えることになるが，身体科の医師はこれまでの精神科病歴をすべて知りたいわけではない。精神状態が一般身体科治療に耐えら

れる状態であるかどうかを明らかにすることが求められる。身体科への入院治療が必要で精神科的な入院治療も要するようなケースは，合併症病棟のある精神科を有する総合病院への転院が必要となる。一般身体科病棟でも十分治療を受けられる患者であるとしても，身体科のスタッフは精神障害というだけで不安を覚えることが多い。病院への往診は，そのようなスタッフの不安を軽減させる有効な方法である。

発達障害者の入院治療ケースを紹介する。

> 発達障害を持つCさんは，社会参加を考え出した時期に精神的混乱をきたし入院に至った。すでにCさんには行政・発達障害者支援センター・知的障害者更生施設等，さまざまな支援機関が関与していた。Cさんは一時的に精神病状態を呈していたが，抗精神病薬の投与により短期間で軽快した。ケース会議で検討が重ねられ，退院後，Cさんはグループホームに入居することになった。障害者雇用支援センターが関与し就労支援をしていくこととなり，グループホームから同センターに就労訓練のために通所する生活となった。ケース会議にはグループホーム・障害者雇用支援センターのスタッフも加わり，就労支援を目指し毎月会議が持たれた。この時点で，それまでの主治医が退職し，私が主治医となった。Cさんは共にグループホームに入居している他の発達障害者のこだわり行動が気になって，グループホームでの生活に適応できず，混乱を呈して再入院に至った。
>
> 交代したばかりの主治医である私はこれまでの経過に関与しておらず，入院を契機にまず家族と接触を試みた。定期的に家族と面接し，その後本人を交えて同席面接することを繰り返した。その中で，それまでさまざまな事情から民間施設や更生施設にCさんを委ねてきた両親は，生活を大きく変えることも辞さず自分たちで支えていくことを決意することになった。退院後，家族は転居しCさんと同居した。自宅からCさんは共同作業所に通所した。作業所のスタッフも加わり，ケース会議が持たれた。作業所に適応する中で，以前から検討されていたケース会議への本人の参加が実現することとなった。ケース会議を通して，発達障害を抱えることの困難さとそれをどう乗り越えていったらよいかを，当事者，家族，支援センターのスタッフと共に考える中で，多くのことを学ばせてもらった。ケース会議の場は，困難なケースを抱えた治療者に，発達障害の障害特性についての知識や情報を与えてもらい，対処法を共に考えてもらえた，そのような場であった。

8．発達障害者の入院治療で留意すべき点

発達障害のケースでは多くの援助機関が関わることが多い。学齢期であれば学

校の担任教師や養護教諭，特別支援教育担当教師，発達障害者支援センターのスタッフ，行政の障害福祉課職員，療育機関のスタッフ，等。Cさんの場合はさらに多くの機関のスタッフが関わることになった。このような多機関の集まるケース会議では，ケースマネージャーを行政機関の障害福祉担当者が務めることが多い。本来はケースマネージャーが処遇方針の決定の中心になるはずであるが，行政機関の担当者がケースマネージャーである場合は，ケース会議の単なる進行役であることもある。誰が処遇決定の中心的役割を担っているのかを見定めることが必要となる。Cさんの場合は発達障害者支援センターのスタッフがもっとも長く継続して関わっており，処遇決定の中心的役割を担っていた。主治医は本人の病状と関連してどのように処遇したらよいか意見を求められることが多いが，私は途中から関与した経緯もあり，前面に出て意見を述べることは控え，これまで関与してきた人たちの意見を尊重するようにした。ケース会議で検討された事項は病棟にもフィードバックされる。発達障害者の障害特性に配慮した接し方が病棟スタッフにも伝えられることになる。発達障害者のケースの入院治療は，個室を利用することが多い。集団への無理な適応をはかるとパニック状態を呈してしまう。本人にも，パニックを呈する前に自分から個室へ戻ることを学習してもらう。スタッフが障害特性を理解していれば，病棟での無用な混乱を避けることができる。

　私は，発達障害のケースでは，医療機関はあまり前面に出ない方がよいと考えている。学齢期であれば，医療よりも教育や療育が中心的な役割を担う。児童精神科病棟でない限り，学齢期の入院治療を担うことはない。一般精神科病棟が入院治療を担うのは，一時的に精神病状態を呈した時がほとんどとなる。精神科医療機関は当事者と家族双方の一時的な緊急避難の役割を担い，地域でのサポートはさまざまな援助機関にイニシアティブを委ねるべきであろう。

IV　おわりに

　私の勤務する病院は，精神科急性期治療病棟60床，精神療養病棟60床，合計120床の小規模な精神科単科の病院である。全国の平均的な精神科病院を代表しているとは言えない。本章は小規模単科精神科病院からみたアセスメントであり，偏っていると思われる。勤務する病院の特徴によってアセスメントする項目は異なってくる。中にはうつ病や思春期に特化した精神科病棟もあろう。そこでは配慮事項もまた異なってくる。

　一般に入院治療を要する当事者は精神病状態を呈していることが多い。うつ病であっても，妄想状態を呈していたり，昏迷状態で摂食も満足にできなかったり

する。発達障害者でも一時的に精神病状態を呈して緊急の入院を必要とされるようなケースが多い。本章では精神病状態の人の入院治療を中心に論じた。

精神病状態では，個人の精神状態のアセスメントが重視される。また精神科病棟では，ケースカンファレンスやケース会議で「原因－結果」の直線的因果律で考察されることが多い。読者は読み進むにつれ，「システム論からみた」という本書の視点に対して，本章に違和感を覚えられたかもしれない。

書き終えて，「システム論からみた」というより精神病状態に対する入院治療の際の常識的な配慮事項を羅列したに過ぎない，と感じている。ご容赦願いたい。

〈文　献〉

三輪健一：家族間で治療についての意見が一致しない場合．精神科臨床サービス，4 (2)；226-229, 2004.

三輪健一：当事者と家族の「力」の見立て．家族療法研究，24 (2)；71-76, 2007.

三輪健一：家族との連携が難しいとき．精神科臨床サービス，8 (1)；67-71, 2008.

遊佐安一郎：家族療法入門：システムズ・アプローチの理論と実際．星和書店，1984.

第2部 いろいろな現場で求められるアセスメント——第2章
診断と見立てをめぐって
●精神科クリニック

中野善行

I　はじめに

　筆者は，精神科医になって約25年，個人開業を行って10年になる。クリニックの仕事に加えて，盲学校と二つの高校の精神科校医や児童相談所と女性相談所の嘱託医，命の電話のスーパーヴァイザーを行っている。求められるニーズはそれぞれに重なる部分と異なる部分があり，振る舞いや言動を微妙に調整しなければならないが，職員やユーザーの方々と複数の場所で出会う場合もしばしばあるので，ある程度の一貫性も必要となる。うまくやれているかどうかは，はなはだ心許ない。

　さて，「アセスメント」であるが，この用語自体を筆者は普段使うことがない。似たようなニュアンスを多少はもつであろう「診断」や「見立て」という用語の方がなじみがある。けれども「診断」と「見立て」は，その意味合いが大きく異なってくる。どちらもある種のアセスメントではあると思われるが，「診断」は，第3者が首肯しうるようなものであるべきであり，「見立て」は，ユーザーにとって有益となるような介入を行うためにこちらの都合で行っていることである。「診断」を行うことが，即「見立て」になるのであれば，大変結構なことだけれども，おそらく将来的にもそうはならないであろう。現状，「診断」は医者にしか許されていない責務であり，治療上は時として必要であるが，常にそうであるとは限らない，また治療上有益な場合もあるが，常にそうであるとは限らない，というようなたぐいの行為である。それで「診断」と「見立て」を分けて述べさせていただきたい。

II　診断

　精神科医になっての約25年間のうち，前半の約10年と後半の約10年で，精神科臨床をめぐる状況は激変した。個人的に，1995年以降のアメリカ精神医学のトラウマトロジーの流入と，その時期を前後して児童精神医学ことに発達障害

の研究が著しく発展したことによる影響が特筆すべきことがらであった。それ以外にも DSM などアメリカ精神医学の影響はさまざまなところに及んでいる。私が精神科医になった頃に大学で学んだ薬物療法以外の二大潮流は、ドイツ流精神病理学と精神分析的精神療法であった。

さて、私たちが精神科医の初期研修を行った頃の、最優先の課題は二つ。統合失調症と（躁）うつ病の診断と治療であった。大学の附属病院や単科の精神病院での研修を数年行うと、だんだん手応えを感じるようになり、何となく自分なりの統合失調症や躁うつ病の理解ができたような気がした。一方、人格障害や当時まだ神経症と呼ばれていたような病態や摂食障害などは、なんとなくわかるようなわからないような状況が持続していた。境界例に関しての喧々囂々の議論が続いていた。発達障害も心的外傷理論も、ほんのわずかな古めかしい教科書的な知識しか持ち合わせていなかった。たしか自閉症の有病率は、1,000 人に一人で、年代や地域を問わずにほぼ一定であることが生物的な要因を示唆する、と習ったような覚えがある。今や最近の有病率はいくらなのか把握しようと思うと毎年増加傾向にあるので、常にチェックを怠れないほどで隔世の感が強い。

1．うつ病をめぐって

また約 25 年前、躁うつ病の生涯有病率は 0.4％で、統合失調症が 0.9％なので約半分と習った。恥ずかしながら、私は現在の躁うつ病（気分障害）の正確な有病率は知らないが、増加傾向にあるのは間違いないだろう。

躁うつ病、ことにうつ病は、もっとも理解しやすかった精神疾患であった。執着気質、循環気質、メランコリー親和型などの病前性格を覚え、そのような性格の人が、いくつかの特徴的な発症要因（引っ越し、昇進、重大な喪失体験など）を経験するかまったく原因らしきものがわからないうちに、特徴的な症状がいくつかそろって出現し、身体的原因を除外できれば、内因性うつ病（いわゆる本当のうつ病）と診断できた。そのどれかが違っていたら、うつ状態ではあるがうつ病ではないと診断してこと足りていた。「スチューデントアパシー」とか「逃避型抑うつ」ということも言われていたが、うつ病の辺縁ないしは神経症性の抑うつと考えるものが多かった。

もし仮に今、日本各地から精神科医を 10 名集めて、うつ状態の人たち何名かを診断させたなら、その内訳は、きっとかつてよりも不一致率が高くなっているのではないだろうかと思う。「非定型うつ病」「新型うつ病」（これらは臨床家の間でいまだ統一的には理解されていない）や「双極性気分障害（躁うつ病）II 型」の増加がその要因であろう。現在の DSM-IV を使ったうつ病の生涯有病率は、おおよそ約 5 〜 15％の間といったところであろうか。もし内因性うつ病が一定

であるなら，その全体の占める割合は1割以下となり，数的には少数となる。
　だいたいの病気で言えることであるが，重症型になるにつれて，その数は減少する。たとえば，私が学生のとき，肝炎：肝硬変：肝癌の比率は，100：10：1 と習った。もちろん同列には論じられないことであるが，数的なニーズから言えば，非典型的なうつ病，うつ状態の治療の重要性が増してきていることは疑いを得ないと思われる。そしてこれは残念なことにと言わねばならないが，私たち精神科医の多くは非典型的なうつ病，うつ状態の治療法を確立できていない。内因性うつ病の治療は，環境調整，薬物療法，休養でそのほとんどがまかなえた。診断と見立ての距離がまだ比較的近くてすんだのである。しかし非定型うつ病の場合はそのようにならない場合がほとんどである。
　ちょっと脱線。一年間の自殺者数が3万人を越えたのが1998年なので，10年を過ぎたことになる。1998年以来単純に見積もっても30万人以上の方が自殺されたことになる。この数は，膨大すぎて世界から非難の的となっていた一昔前のわが国の精神科病院の総入院患者数に匹敵する。自殺される方は，なんらかの抑うつ傾向を示すと言われているが，これだけの数の方が亡くなられて，なお現在もさほど変わらない数の方が自殺で亡くなられているということは，いったい何を意味あるいは示唆しているのだろうか。
　話を戻そう。非定型うつ病，うつ状態の多くの人を，どのように診断したらよいのか，これは大変重要な課題であろう。ネット上で，精神科医によって「自称うつ」とか「擬態うつ」とか「うつもどき」と呼ばれることもある。このような名称は，ユーザー，当事者の人たちにとって不利益にしか働かないのではないだろうか。大変悲しいことである。まだ最大公約数的な答えが見いだせていない現在，私は便宜的にそれらを「部分うつ病」と呼ぶことがある。「部分」的というのは，短時間調子がよいときが認められたり，状況や場面によってうつ症状が改善したり悪化したりすることがあったりするからであり，またそれで軽症としないのは，必ずしも治りやすいとは限らないからである。背景には，さまざまな心的なダメージ，（家族，社会，対人関係上の）適応障害的な要因，発達障害を含む発達上の要因，身体的な要因などの単独もしくは複数がからみあっていることが多い。
　本来調子がよいときがあることは，周囲からも喜ばれてしかるべきはずであるが，そうは受け取られず，調子がよいときがあるのなら，もっとかくかくの時にこうしたらよいのにそれをしないのはおかしい，と受け取られることがあり，そのようなメッセージを受け取った当人は，さらに気分が減入ってしまうということが繰り返されやすい。

ある女子学生の例を出そう。下宿して学校に通っていた。いつ頃からか学校に行きづらくなり，休みがちとなった。心配した両親が本人を説得してある病院を受診した。診察した医者は，「普通ですね。無理をさせず，ゆっくりさせてあげください，通院の必要はないでしょう」と伝えた。その夜，その女子学生は下宿ではじめてリストカットを行った。後に，勇気を振り絞って受診し，診察の時にがんばって普通に振る舞ったにもかかわらず，自分にとっての大変な事態に気づいてもらえなかったことで，絶望的になったということがわかった。

　また別の女子学生の例。何とか元気になりたいと当院を受診。すでに他の医院でうつ病の診断のもと数年来処方を受けていたが，その内容は，数種の抗うつ薬，非定型抗精神病薬，抗てんかん薬，抗不安薬，中枢神経刺激薬がそれぞれ上限量前後同時に出されるまでになっていた。話し合いつつ，約半年間かけて薬を漸減，中止したところ，すっかり元気になられ，治療終結。その後就職も無事に行えたとの連絡があった。

　片や普通と言われたがためにショックを受け，片やうつ病と言われ濃厚な薬物療法を受けたがために元気がなくなっていた。一見両極端に思われるかもしれないが，このようなことがしばしば見受けられるのが現在の精神科医療の状況である。なお後医は名医，という格言があるが，これらの例は私はたまたま後医になったので事情がわかっただけであり，私も前医と大同小異なのは言わずもがなのことである。

2．統合失調症をめぐって

　私のクリニックには統合失調症の方は少ない。基本的にソーシャルワーカーによるケアや訪問看護や作業療法などを行っていないからである。依然としてしばしば，高機能自閉症の方が，統合失調症と診断されているケースが見られる。彼らの中には人間関係で手ひどい心的なダメージを被ったときに，被害的，猜疑的になりやすい方がいる。思いこんだら，持続し，確信を持って言い通すことがあるので，しばしば妄想と受け取られやすい。また近い知り合いや自分の非難の声がしばしばありありと聞こえることがある。妄想と幻聴のような訴えがあると思われたら，精神科医の習性としてまず真っ先に，統合失調症が念頭におかれるのはやむを得ないかもしれない。特に20歳以上で，発達障害の既往が聞かれず，ある程度人間関係を保っている人の場合に，このようなケースが多いように思われる。自閉症の方の妄想めいた思いこみは，ちょっと状況が本人の希望するように変化したり，誰か信頼できる人から安心させてもらうと，すーっと引いていき，すっかり消失することが多い。統合失調症であるならば，継続的な抗精神病薬が必要となる可能性が高いが，自閉症の方のそのような症状には，一時的に服薬が

望ましいことはあっても、継続的な服薬（少なくとも抗精神病薬）は必要とされない場合が多い。他で統合失調症と診断されつつ、服薬を中止し、比較的良好な状態を保っている、自閉症と私が診断している方は結構多いのである。

自閉症は、一般的には、てんかんや躁うつ病の合併が多いと言われている。自閉症全体から見れば、統合失調症の合併よりも、躁うつ病の合併の方が圧倒的に多いと思う。来院される成人自閉症のかなり多数の方は、多少なりとも躁うつ的な症状を併発しやすいと実感している。しかし、統合失調症と診断された方の中には、ときに自閉症の方が混じっていることにまだ留意が必要なのである。その後の対応が大きく変わり、その人の人生が大きく変わることが大いにありうるからである。

3．PTSDをめぐって

現在一番ある意味重要な課題かもしれない。時折、裁判を起こす上で、PTSDという病名で診断書を書いてほしいと求められることがある。私が継続的に関わっている方が、治療経過中に何らかの被害に遭われた場合には、なんらかの診断書を書いているが、最初から裁判のための利用目的で診断書を書いてほしいと来られた場合には、申し訳ないが、お断りさせていただいている。さかのぼって、裁判に耐えられるように事実をあきらかにし記述することは、一診療所の診療時間内では無理で、特別に時間を割かなければならないが、どの程度の時間や労力が必要となるか予想しづらいため、お断りせざるをえない状況である。

かつては、交通事故後の後遺症に悩まれて、診断書を求められる方が多かったように思う。交通事故の後遺症と認定されれば、治療費は支払わなくてよくなり、慰謝料を受け取ることができるかもしれない。それが事故との因果関係を立証することが困難な場合には、外傷後神経症と呼ばれていた。

PTSDの場合は、一応診断基準は明快であり、定められた手順に乗っ取ってきちんと行うことができれば、さほど問題は起こらないようになっている。

しかし、私たちは、嘘を見抜く訓練を受けていないし、かりに見抜けた場合の対処の仕方を学んでいない。私には、もし演技されたなら見抜く自信はほとんどない。特に短時間の診療内においては。

さらに、PTSDの診断基準に当てはまるかどうか微妙と思われる方はとても多い。たとえば、いじめの被害や児童虐待の被害やさまざまなハラスメントの被害などである。あるイジメを受けられた方は、「私がこうして治療を受けに来ること自体腹立たしいのです。私は被害を受けた側なのに、どうして私がわざわざ時間と労力をさいて、ここに来て話をしなければならないのですか。今私がこうしている間も、加害者がのうのうと暮らしているかと思うととてもやりきれないし、

腹立たしい」と述べられた。交通事故被害の場合などを念頭に置かれたら、このような感想ももっともなことだと思われる。

　また長年家庭内で被害を受けたと感じられている方は，「私があと10年若ければ，先生の治療を受けてみたかったです。今は治療はいりません。今さらよくなっても遅いのです。私の人生がよくなることはないのですから。ただ話を聞いてくださり，お薬をお出しくだされればそれでよいのです」と言われた。この方のように，治療を望んでいないとはっきり言われる方々に，しばしば出会うようになった。もちろん女性相談所や児童相談所には，治療費を払う経済的な余裕がなくて，医療機関を受診されていない方々は大勢いらっしゃる。しかし，わざわざ予約を取って定期的に通院されながら，治療不要とおっしゃられる方が増えてきているのである。そのうちのある人は，「私は誰かに大切にされたいだけなのです。治療なんかまっぴらなんです」と言われた。誰かに大切にされたいがために，通院せざるをえないということは，何ともやるせない社会状況を反映したものではないだろうか。

　これは想像であるが，自然災害被害の場合には，上記のような訴えはあまり聞かれないのでないだろうか。自然災害被害の場合には，直接的には加害者はいない。長期反復的な人的被害の場合，加害者もまた何らかの被害者ではないかと思われることが多く，事情が飛躍的に複雑化しやすい。カードゲームでたとえるなら，ジョーカーを出したら社会的な非難と制裁を受けるが，エースやキングならよいというルールが，いつの間にかエースもだめになっている。でもそのことを本人は気がついていない。そしていつの間にか，キングもだめになっていて，クイーンも，というようになってきているような気がする。被害者保護の観点から言えば，たとえば骨粗鬆症の方の骨のように，もろく傷つきやすくなられている方が存在していて，そのような方も安心して暮らせる配慮の行き届いた社会が理想であろうと思う。一方，近年のマスコミの「安全」の重要性の強調は，危険のあるもののコミュニティーからの排除に結びつきやすく，「危険人物」という烙印，スティグマが一人歩きしやすい。そのことがより一層社会を不安定化させているのではないかと思われてならない。

　話が大きく脱線してしまった。PTSDの診断をめぐってもう一言。PTSDの主要3大症状は，①再体験症状：心理的もしくは身体的苦痛の反復など，②回避－麻痺症状：傷つく可能性の回避ならびに感覚や感情の麻痺など，抑うつ状態によく似ている。③過覚醒症状：不眠，過緊張，怒り，過敏など，軽躁状態によく似ている，である。これらは，細かくそのような目で観察すれば，特に慢性化や遷延化や難治と思われているさまざまな病態の際に，発見することができるであろ

う。このような点からも，PTSDの研究（トラウマトロジー）から得られる示唆には今後も大いに期待されるところである。

ほかにも，強迫性障害，摂食障害，身体表現性障害，不安障害などなどさまざまあるが，紙数の関係で割愛させていただく。

Ⅲ　見立て

見立てとは，よりよい（何をもってよりよいとするかはひとまず置いておく）介入（ここでは治療的行為の総称をひとまず介入と呼ぶ）を行うために必要なものであると考える。言い換えるなら，介入を行えないところで，見立てはないのである。もし私が患者なら，治療者には，介入に必要な情報だけを得るようにして，それ以外の情報は得ようとしないでほしいと思うだろう。それ以外の無用な詮索は謹んでほしいと切に願うと思う。でももし私が患者なら，どのような介入方法があるのかわからないし，いきなりすべての介入方法を説明されても理解困難であろうから，ある程度治療者にまかせて，様子をうかがってみることにすると思う。治療者を見立てようとするわけだ。私が患者なら，私の介入方法は，医者に質問する，説明を求める，苦労をねぎらう，注文を付けるなどいくつかあるだろうが，面倒くさくなったら，手っ取り早く医者を変えることだろう。心理療法などほかの手段を探すかもしれない。

さて，私は介入方法を患者に説明しているだろうか。実際，ほとんどしてこなかったと思う。省けることはなるべく省きたいのである。しなくてもうまくいくのならしたくないのである。ただ，これからの時代，私のこのような臨床的態度は，世間からは歓迎されないだろうということは容易に想像がつく。困った。ただし，精神科や心理の臨床においては特に言えることだと思うが，説明には介入的要素がある。中立的で無色透明な害のない説明を心がけたとしても，説明などから何を連想し，説明をどのように感じどのように理解するかは，相手にゆだねられている。相手の反応から見立てを行い，さらに説明を補足したり修正したりする。これがスムーズに行えるなら問題ないが，ことはそれほど単純ではないと思う。たとえば，催眠的という言葉をもちいて説明を行おうとしたら，前後の文脈とは無関係な連想が広がってしまう可能性はかなり高い。もし仮に大変ネガティブな連想が起こってしまったなら，最悪そこで治療関係は終わってしまうことになる。催眠は私には関わりのないことだと断っておけばそのような事態は回避できるが，それでは嘘になってしまう。またコンプリメントという技法があって，これにはこのような効果があると言われています，などと説明しようと思ったことすらない。これらは，私の先入観的一般的見立てと言えるだろうか。見立

てと介入の関係には，このほかにもいくつかのパラドキシカルな側面があると思われるが，詳しく述べることに実りがあまりあると思えないので，割愛する。

　さて，精神科医一般というよりも，私個人の特徴と言えるかもしれない見立て方に，モード的な視点からの見方がある。これは多かれ少なかれ，催眠療法家は行っていると思われるし，他の心理療法家もそうされているかもしれない。たとえば，病的状態を渦とたとえて，「渦のまっただ中にいる」と言えば，何かのきっかけで，「渦の中に入った」ということで，渦の中に入ることと出ることが，介入のテーマになると思う。これを渦モードにいると言い換えるだけである。催眠療法家たちは，ここでいうモードをトランスと呼んできた。いわくバッドトランス，と。しかし，バッドトランスでは，専門家のジャーゴンの域を抜け切れていないきらいがあり，「渦の中」の方が一般的で，有用性ははるかに高い。それにある程度汎用性をもたせたいと思い，私は，モードと呼んでいる。実際，渦潮でも，トランスでも，モードでもうまく使いこなせれば何でもよい。ただモードという見方でみると，モードの中のよりミクロなモード，あるいはモードを包括するよりマクロなモードなど，さまざまにみていきやすい。私の仕事は，患者が自分にとっての望ましいモードで少しでもいやすくするように，望ましくないモードから出やすくするように援助することと言い換えてもよいかもしれない。患者にとっての望ましいモードに入ることを容易にするものが，患者にとってのリソース（アフォーダンス）ということになる。

　さまざまなモードを見つけ，さまざまなモードの間の移行の予測をすることが見立てにつながろうかと思う。残念ながら，具体的な記述に入る前に紙数が尽きてしまった。最後に偉そうなことを述べてしまって気恥ずかしい思いが拭えない。正直なところ，日々の臨床はわからないことだらけで，予想外の出来事の連続である。整体の始祖，天才野口晴哉もよく言っていた。「あなたや私の明日のことはわからない。でも100年後のことならわかるよ。お互いに灰だね」と。

第2部 いろいろな現場で求められるアセスメント────第3章

多方面からのアセスメントが大切な心身症という病態
◉心療内科クリニック

町田英世

I　はじめに

　わが国における「心療内科」の原点は半世紀ほど前にさかのぼるが，正式な標榜は平成8年に許可されたため，まだ新しい科といえる。その許可以降，心療内科を標榜する病院や診療所は急速に増えたのだが，しばしば「精神科・心療内科」「心療内科・精神科・神経科」などと標榜されていることが多く，その大部分は精神科医が主体である。一方，一般内科医が「内科・消化器科・心療内科」などと記載していることもある。クリニックに掲げられた標榜科目は，原則として表示している前方の科名が専門診療であるため，精神科系と内科系の心療内科が存在することが分かる。複雑に思えるこうした事情は，心療内科領域自体の曖昧さを物語っていて，アセスメントにも大きく関わる重要な点である。本章では，心身症という"語り（discourse）"を深めながら，心身症を専門領域として扱う心療内科クリニックを念頭に置いたアセスメントについて述べたい。

II　心身症とは？

　日本心身医学会による定義では「身体疾患の中でその発症や経過に心理社会的因子が密接に関与し，器質的ないし機能的障害が認められる病態をいう。ただし，神経症やうつ病など，他の精神障害に伴う身体症状は除外する」［日本心身医学会，1991］となっている。心身症の病態を呈する頻度が高いといわれている過敏性腸症候群，本態性高血圧症，胃・十二指腸潰瘍，気管支ぜんそく，摂食障害，アトピー性皮膚炎，更年期障害，起立性調節障害など，一般診療にて遭遇しやすい病態の総称名が挙げられよう。ちなみに，器質的というのは，がんや潰瘍，炎症など現在の視覚的検査で異常が認められる病気で，機能的というのは，過敏性腸症候群，片頭痛など，器質的検査では異常を認めないものの，明らかに一つの器官の働きの（機能的）乱れによって起こる疾患のことをいう。

　心身症で強調される点は，まず何らかの身体症状を呈していることであるが，

その症状がストレスなどの心理社会的因子に密接に影響を受けている病態か否かは主観的判断とならざるを得ない。広義にいえば、すべての身体的疾患は心理社会的因子から無縁にいられるはずはなく、すべての身体的疾患を心身症と考えるべきである。一方で狭義の心身症といえば、身体症状を呈していながらも身体的な病因がはっきりしない場合や見つかった身体的病因だけで愁訴の病態説明ができないため、心理社会的因子が密接に関わっていると推測される病態を指す。幅広い捉え方ができるがゆえに不明確なのが心身症といえる。

　不明確と言えば、心身症の定義においては、病態を規定しながら神経症・うつ病などの一部疾患を鑑別する記載になっている点に大きな矛盾をはらみうる。たとえば、対人ストレスで下痢を起こしやすい病態をもつ人がうつ病を併発した場合、または、もともとうつ病の人が環境因子によって下痢を繰り返すような病態を生じた場合、それぞれとも心身症の定義を厳密に当てはめれば、過敏性腸症候群（心身症）と診断するのが難しいことになってしまう。うつ病と過敏性腸症候群（心身症）の発症時間に差があることから、それぞれの診断は可能とする見解もあるかもしれないが、この場合には心身相関に注視するべき定義の意義は損なわれかねない。

　個人的には、心身医学会の心身症定義は、身体症状を主として訴える病態群を心身両面からきちんと考察すべきといった医療者側の診断・治療姿勢を問い直したポリティカルな枠として理解したほうがよいと考えている。客観性や普遍性に基づく医療が EBM（Evidence-Based Medicine）であるが、主観性や個別性要素を含めた当事者の生き方に耳を傾ける NBM（Narrative Based Medicine）を補完しなければ臨床が語れないように、すべての疾患は身体的アセスメントのみならず、心との関係性を考慮した病態をどうアセスメントしていくかの姿勢が重要といえ、身体症状をうつ病とか神経症に伴うものと安易に判断してはならないという注釈が付いていると解釈している。

Ⅲ　システム論的視点での心身症

　心身症を扱う心身医学の教科書をみると、「従来の医学モデルは要素還元的に bio-medical model として発展してきたのに対し、本来の病態は多要素の影響を受ける bio-psycho-socio-eco-ethical……model である」などと記載されている。近代の西洋医学を主流とした bio-medical model は、主にミクロシステムの病態を客観的に捉え、他のシステムとの関係性をできるだけ排除した要素還元的探求を進めた結果、急性疾患を主としたいわゆる身体的医学の急激な発展をもたらした。それは医療システムにも連動し、器官システムごとに細分化・専門科化が進

み，それぞれが閉鎖システムのごとく発展してきた感も強くなってしまった。こうした流れの中で起こってきた半世紀前の心身医学は，各システムの関係性の希薄化やbioとpsychoを切り離して考察することへのアンチテーゼとして湧き上がったムーブメントと捉えることもできる。その後，現代社会の疾病構造が急性疾患から慢性疾患へと相対的比重を移すにつれ，bioからpsycho-socio-eco-ethical……といったマクロレベルの影響を考察する必然性が増し，すべてのシステムを関係性の視点でも捉えようとする心身症的アセスメントが不可欠なものとなってきた。

しかしながら，器官システムごとに急発展してきた現代医学は，科学的言説が優位性を持って語られる社会的コンテキストを生み，強化されてきたのは事実である。そのため，心身症もできるだけ客観的・科学的にアセスメントする姿勢が医療者に求められていて，特に医師はその責任性を負う立場にある。この責任性を追及する過程で，狭義の心身症という概念を想定する必要性がでて来るのは必然であろう。すなわち，一般疾患よりも幅広い関係性に配慮しながら，ミクロレベルを含む病因の考察も重視しなければならないわけで，心身症の定義と同様に，病態と疾患の並列という矛盾をはらんだ難しさをもつ。

実践的には，患者（当事者）と医療者において，精神症状よりも身体症状を優位に語り合う関係性を認識することから心身症のアセスメントが始まる。その枠組みに沿って，身体的疾患の評価をしながら心理的アセスメントを適宜並行していく方向性が心身症診療の基本となる。

Ⅳ　おおまかな病態アセスメントと受診先

心身症患者は身体症状を優位に語っているとすれば，たとえば「お腹が痛い，下痢をする，頭が痛い，胸が苦しい，体がだるい，微熱がある」などの身体的訴えが不可欠となる。したがって「気持ちが沈んでいる，憂うつである，不眠がある，物事に拘る，不安が続く」などの精神的訴えのみであれば心身症とはいえない。何らかの身体的症状が強い場合には，まずは器質的疾患を除外するために内科を含む一般科へ受診または紹介したほうが早期診断の流れに乗りやすい。後者のような精神的な訴えが強ければ，始めから精神科へ受診または紹介する方が効率的ではある。現実的には多かれ少なかれ身体的・精神的な症状を混合して訴えていることは多く，その病態から心身症を疑うなら心療内科へ受診するのが教科書的選択になる。

しかし，しばしば典型的心身症といわれる病態は，精神症状はほとんど訴えずに身体症状を訴えてくるという。このような心身症の人の人格特性として，アレ

キシサイミア(失感情症または失感情言語化症)という概念がよく取り上げられる。自分がさらされているストレス状況と身体反応との相関への気付きが乏しい人格特性を指す。いわゆる神経症における環境への適応は,言語化愁訴が増えて不適応反応であるのに対し,アレキシサイミアおいてはむしろ過剰適応で外見上は問題が乏しいようにみえるという。たとえば他人から物事を頼まれると断れずに無理をしてしまってストレスの発散ができにくいため,何らかの身体症状として表出しやすくなると考えられている。こうした心身相関の自覚に乏しい心身症の病態であればあるほど,精神科や心療内科に受診するよりも一般身体科へ受診する方が多くなる。

　一方,ストレス要因を自覚していても,心療内科や精神科へ受診することへ抵抗意識をもたれている方もまだ多い。そのようなケースや,病態から受診または紹介先を迷うような場合は,総合病院から受診した方がよいかもしれない。さらに,病院であれば総合内科から受診するのもよい。一通りの身体的検査後に,適宜心療内科や精神科への紹介も行われる。病院とは各器官システムの専門集団であり,クリニックよりも専門的に器官システムを捉えることに長けている。各科の連携体制も含めて,高度なレベルの診断ができる点でも病院は優位である。また,入院検査や治療ができる点で中等度から重度病態への対応も可能である。しかし,巨大組織のために受診自体に手間がかかるなどの不便な点がある。軽症病態の扱いや患者の家族・居住環境などマクロシステムの把握においては,小回りが利くクリニック診療が優位になることは多い。

V　心療内科クリニックをアセスメントする

　心身症を診る専門外来をしていると,「精神科は嫌だったのですが仕方なく受診しました……」など言われることがあり,精神科として理解されている方々が多いと思うことがある。医師や医療関係者の中にも,心療内科と精神科とはまったく同じ科であると誤解している先生もいる。

　わが国での心療内科の発展は,もともと内科医を主体とした各科身体医を中心にしたものであった。しかし,名前の始めに「心」が付いている心療内科は,内科というよりも精神科医が多くを担当している状況となってしまった。このことは,精神科が心療内科と標榜することで,受診の敷居をできるだけ低くしようと配慮したからであろう。したがって,いわゆる神経症やうつ病,または統合失調症を主体とした精神的疾患を主として扱い,身体症状を主訴とした心身症をあまり治療対象としていない心療内科もある。実際に,精神科系診療所には診察室内に身体診察用ベッドがなく,対話用の机と椅子だけのことが多い。そのため,最

第3章　多方面からのアセスメントが大切な心身症という病態　●心療内科クリニック

近の精神科系診療所では，クリニック名の中に「メンタル・心身・こころ」などを入れて，精神的疾患を主に診ているとアピールするところも増えてはきた。

　そして，精神科系であろうが内科系であろうが心理社会面の診断・治療を重視する心療内科では，充分な診察時間を確保するため完全予約制をとっているところが多くなっている。こうした予約制診察の導入は最終的に治療の効率性に貢献していると思われるが，昨今のストレス社会を反映して，どの心療内科も予約がとり難くなってきている。この状況は，すぐに診てもらいたいと願う周辺の医療機関や学校・会社などの臨床現場のニーズと乖離していることもしばしばで，保健所や役所などと連携しながら対処していくことが必要であろう。

　一方，内科を主体とした心療内科では，一般的急性疾患も診療対象としているため予約制をとっていない場合も多い。感冒などのポピュラーな病状にも臨機応変に対応をしてもらえるわけだが，その時々の混雑事情で診療時間に長短が生じ（しばしば短くなる），さらに待ち時間がどれほどなのか読めないなどの不便さが生じやすい。しかし，心療内科と標榜していることから，一般内科に比べると心理面に配慮した説明や治療を受けることができる可能性はある。または，東洋医学などの代替補完医療を取り入れるなどの独自の工夫をしながら，心身医学的治療を行っていることも多い。心身症は身体症状を主訴とする病態であることを考えれば，内科系心療内科の方が受診や紹介がしやすいであろうが，特に予約制でない内科系心療内科では，明らかな大うつ病の併発や心理的訴えが強いケースを治療対象としないクリニックもあるので注意が必要である。

　余談であるが，大きな総合病院や精神科病院においては，心療内科と精神科外来が併診しているところも散見される。それぞれの担当医を内科医と精神科医で分けていていない場合もみられるが，多くは心身症を診る専門外来として心療内科をアピールしたものである。

　このように病院やクリニックによって個性があるので，実際に心療内科への受診希望時や紹介の際には，事前にホームページを調べてみるとか，直接電話にて問い合わせしてみるか，または受診予定の診療所がある地域の保健所に相談してみるなどして，どの領域を専門分野としている心療内科なのかをできるだけ把握しておいたほうがよい。

　さらに，さまざまな病態に合わせて，女性診療科や婦人科・小児科・耳鼻科・皮膚科・麻酔科などの各科で心身症的治療を実践している診察が増えている。ただ，内科や精神科に比べて心療内科を併記しているところは少なく，インターネットでの検索もしにくいため，まずは心療内科や精神科で相談するのもひとつである。病態に関連している診療所や病院などを紹介してもらえる可能性があろう。

VI 実践的な心身症アセスメント

　心身両面からきちんと考察するということを実践するには，大変な時間や労力が必要とされる。特に，狭義の心身症といえば，身体症状を呈していながらも身体的な病因がはっきりしない場合や見つかった身体的病因だけで愁訴の病態説明ができないために，すでに幾つものクリニックや病院で検査や治療を受けている場合も多い。しかし，身体的病因が見落されていないかの再考察は不可欠であるし，そのために追加検査も適宜必要となろう。特にアレキシサイミアのような性格特性が疑われれば，何よりも患者の訴えに沿って身体的にジョイニング（良好な関係性を築く）を図ることが，全体のアセスメントに大きく影響してくることを意識し，言語的にストレスを表出できるようになるまでの充分な身体的ケアが

表1　関西医大心療内科インテーク用紙（質問項目のみを抜粋して記した）

1) 主訴
2) 症状初発の誘因
3) 経過
4) 症状の軽快・増悪因子
5) 症状に対する理解（本人・周囲など）
6) 受診歴
7) 既往歴
8) 家族歴［ジェノグラムの記載］，家族内での問題（経済面・対人関係・家庭内での役割など）
9) ライフイベント
10) 生育歴（分離体験・外傷体験）
11) 子どもの頃の躾の中心と養育態度（過保護，過干渉，溺愛，拒否，厳格，無関心，放置，矛盾，不一致），子どもの頃の性格
12) 学校での問題，対人関係
13) 職場での問題（勤務条件，役割，対人関係）
14) 性格：以下の（　）内の項目から当事者に抜粋してもらう（無口，気難しい，人付き合いが良くない，疑いやすい，毅然としている，陽気，交際が広い，世話好き，くよくよする，気分に波がある，しつこい，くどい，頑固，勝気，怒りっぽい，整頓好き，形式ばる，内気，苦労性，自分のことを気にする，自信がない，遠慮しがちである，几帳面，凝り性，熱心，徹底している，融通が利かない，責任感が強い，生真面目，わがまま，派手好み，人目につくことが好き，大袈裟，人の好き嫌いがひどい）
15) 治療意欲（今回の紹介医および紹介医からの説明・本人の心療内科受診についての理解など）
16) 面接時の印象（注：インテーカーが抱いた当事者の印象）（協力，誇張，遠慮，攻撃，不平，依存，流涙，言語抑制，臆病，まわりくどい，しつこい，落ち着かない，知的に低い，明るい，暗い，演出的，表情豊か，表情乏しい）・服装と髪型
17) インテーカーのまとめ

第3章　多方面からのアセスメントが大切な心身症という病態　●心療内科クリニック

表2　問診表（質問項目のみを抜粋して記した）

1. 今日の病気・症状を記入してください
2. 当院を受診されたきっかけ
3. 今までにかかった病気
4. 本日付き添われてこられた方との間柄
5. 家族構成
6. アルコール・タバコ
7. アレルギー体質ですか・注射やお薬でかゆみや蕁麻疹などがでたことがありますか
8. 女性の方（妊娠中・妊娠の疑い・月経中・授乳中・閉経）

大切である。

　さらに，心身症の多くは慢性疾患の範疇に入るため，周囲との関係性のアセスメントや介入が不可欠となってくる。身体症状が主であっても，心療内科や精神科に受診する過程では，それぞれの病態行動は大なり小なりさまざまな修飾を受けているはずで，慎重に幅広い情報収集を意識していく必要があろう。

　このように多方面のアセスメントを要するため，病院の心療内科では，診察前にインテークインタビューをして医師の診察時間が効率的になるように工夫しているところも多い。一方，診療所においては診療時間やスタッフの余裕が少ない事情から，簡単な問診表を記載してもらう対応がしばしばである。どちらにせよ，当事者からすれば医師に直接話すよりも抵抗感が少なくなり表現しやすくなる場合がある。ちなみに，心理テストは心身症に特異性の高いものがあるわけではなく，参考資料とする程度に考えた方がよい。

　それぞれの病院や診療所で独自のインタビューシートや問診表があるが，ここでは関西医科大学心療内科学講座で使われるインタビューシート（表1）と当院で用いている問診表（表2）を載せた。主訴や経過の身体的把握はもちろんであるが，心理社会的背景の把握も意識しながら，それぞれの外来診療の時間的要素を考慮して作成してある。特にインテークインタビューにおいては，先に典型的心身症として述べた心身相関の気付きに乏しいケースも想定して，心理面に関連した質問をすることが適切かどうかを慎重に判断しながら行うのが望ましい。

　時間とスタッフに余裕があるときには，当院でも表1と同じインテークインタビューを行うことがある。その場合に特に重視するのは，6）受診歴や，16）面接時の印象，17）インテーカーのまとめの部分である。前治療の状況は身体的検査や診断がどこまでされたかを把握するのに重要で，また，心療内科や精神科受診内容を把握することで前医の考えていた精神的診断を大まかに推測できる。さらに，身体的疾患でも精神的疾患であっても時間を経て明らかになってくる疾

患もあるので，問診の際には注意が必要である。

　加えて，医師がインテーカーの臨床能力を把握していれば，インテーカーが受けた印象（16や17）から患者の病態水準が想像されやすくなろう。もちろん，インタビューや問診が絶対的なものではなく，その行間を読み取る想像力も重要となる。また，診察終了後に受付の看護師などに，患者さんやその付き添い人の待合室や処置室での行動や様子を聞くことも大きな情報となる。

VII　私の「心身症」を通した心身症の理解

　実は，筆者自身は過剰適応傾向があると感じることがしばしばである。以前に病院の勤務が過密であった頃，不整脈が頻発したことがあった。当時は「不整脈さえでなければ仕事ができるのに！」というもどかしい想いをしていた覚えがある。結局，あまりに胸部の違和感が強くなったために，迷うことなく循環器科で精査をしてもらうことにした。一通りの検査や診察を終えて，循環器の主治医から「器質的異常はないしストレス性のようですね」と笑みを浮かべながら言われたのである。心療内科医である自らが不整脈という「心身症」になっていたのかと恥ずかしい気持ちと半信半疑な気持ちを抱きながら，2週間ほどの休養を取ることになった。その後，不整脈自体は次第に消失したため，教科書的な「自己のストレスへの気付きが乏しい人が陥りやすい」という傾向を自ら再現してしまったようである。

　振り返れば，主治医から笑みを浮かべながら言っていただいた点が印象に残っている。仮に，「心臓に異常はないので心身症ですから気にしないように」と冷たく言われたなら，私は「『心身症』なんかじゃない！」と憤慨したかもしれない。さらに，私が憤慨したことで主治医の機嫌を損ねて「あなたは自覚されていない（アレキシサイミア傾向）ようですね」とでも言われたかもしれない。そうなれば，相乗的に悪循環のコミュニケーションが構成されうる。後者の『心身症』は，先に私が気付かされた「心身症」とはまったく意味が異なったものとなる。前者では「器質的異常はなく心身を無理したためにストレス性の症状として不整脈が出ている……ゆっくり休めば治りますよ」という意味での「心身症」と受け取ったわけだが，後者では「精神力や気力が弱いから強く持ち直しなさい」と『心身症』イコール心の持ちようの病気，すなわち症状をコントロールできない心の弱さを指摘されたニュアンスになろうか。身体病と思っていた私が心の弱さという問題にいきなり直面すれば，抑圧や否認といった心理機制が働いて，アレキシサイミアとよべる特性が強化されてしまう可能性もあったろう。最悪の場合は，主治医が器質的異常を見落としているに違いないといった医療不信に陥っていったかも

しれない。

　患者-医療者が語り合う言葉のみならず，笑顔や優しい口調など非言語を含むコミュニケーションを通した相互作用で治療の流れが変化し続けていくことを意識することは，どの領域の診療においても不可欠であろう。その上で心身医学的な総合的アセスメント力を向上させていく医療者の姿勢が重要であり，心療内科の専門性といえるのではないかと思われる。

Ⅷ　おわりに

　今日でいう心身症を多く診ていたフロイトが「医学的研修を積めば積むほど，心理的なものへの洞察がまずくなる」と述べている。身体医学的アセスメントとともに心理を含めた多くのシステムの関係性をアセスメントすることが要求されるのが心身症診療であり，難しさとともに奥深さを示唆した言葉といえよう。

〈文　　献〉

久保千春・中井吉英ほか編：現代心療内科学．永井書店，2003．
日本心身医学会用語委員会：心身医学用語辞典．医学書院，1999．
高橋規子・吉川悟著：ナラティヴ・セラピー入門．金剛出版，2001．
冨田和巳：小児心療内科読本．医学書院，2008．

第2部 いろいろな現場で求められるアセスメント────第4章

システミックなコンサルテーション
◉総合病院

渡辺俊之

　米国ではシステム理論を用いたコンサルテーションが行われてきた [Wynne, et al., 1986]。その対象領域の一つが身体疾患を治療している病院（総合病院，大学病院，一般病院）である。現在，この領域における治療技法はメディカルファミリーセラピーとして体系化されている [McDaniel, et al., 1993；渡辺，2002]。

　身体疾患は単に身体という独立したシステムの病ではなく，スープラシステムである環境や家族との相互作用の上にのっており，システム理論は身体疾患を広い視野から理解する上で有用なツールとなる。筆者は，病院におけるシステムコンサルテーションに必要となる概念を一般システム理論 [渡辺，2002] の中から四つ抽出して，実際のコンサルテーション活動に役立ててきた。

I　四つの概念

1．システム

　個人を当該システムと考えれば，個人をとりまく家族，集団，環境はスープラシステム，個人を構成する器官（循環器，呼吸器，消化器……）はサブシステムと考えることができる。システム間では，物質やエネルギー，情報が交換されている。人間は開放システムなので，外界（環境）から食物を取り入れ，各器官にそれらを活動のエネルギーや構成要素（細胞や組織生成）として分配している。システムが閉鎖された状態では，生物体システムは維持できない。システムは互いに連関しており，あるシステムの変化は他のシステムに影響をおよぼす。たとえば，心筋梗塞になった患者を例に考えてみよう [Engel, 1980]。心筋梗塞という器官システムの変化は，患者心理（心理システム）に変化をもたらし，さらには家族システムや患者が働いている会社システムにまで影響を与える。また逆に，就労環境や生活のストレスなどの環境システムの変化は，心理システム，そして器官システム（循環器，消化器……）に影響を与える。心筋梗塞の発病にスープラシステムの変動が影響することは，経験的にも知られている。システム論的なアセスメントでは，心臓の状態だけを評価するのではない。心臓の状態と連動して

変化する心理システム，家族システム，職場システムを評価する。

2．境界（boundary）

　システム間には「境界」が存在する。システム全体を包み込み形体を維持し，外界のストレスから内部を守っている。また，境界はシステム内部の状態を安定に保つために門戸の開閉を行い，エネルギーや情報を交換する機能を持っている。つまり，境界は外敵の進入を防ぐ城壁のような機能に加え，フィルターのような機能を持つ。人間にはさまざまな境界が存在する。皮膚は環境の変化から個体を守り，消化管は外界からエネルギーを取り入れ不用物を排泄し，目や耳などの視聴覚器官は情報を取り入れている。こうした境界は開閉コントロールされながら，内的環境を安定に保っている。たとえば，暑い時には汗腺が開き体温を調節し，睡眠の時には閉眼して外界刺激を遮断する。境界は集団にも存在する。境界を閉鎖して凝集性を高め，集団の情報が外部に流れないように調節したり，一時的に境界を開放して情報を取り入れたりしながら，安定した状態を維持する。境界の機能が低下してくると，外界からの流入や内部からの流出が阻止できなくなり，システムを正常に維持できなくなる。

3．エントロピー（entropy）

　もともと熱力学の用語であった「エントロピー」という概念は，システムを理解する上で重要である［渡辺ら，1994］。熱力学の第二法則によれば「閉鎖システムにおいてはエントロピーは最大値になるまで次第に増加し，システムにとって有効なエネルギーが徐々に減少する。エントロピーが最大値に達した時点で，その過程は静止してシステムは消滅に向かう」としている。しかし生体システムは開放システムであるため，外界との間でエネルギーや情報の交換が可能である。そのため生体維持に必要なエネルギーや情報だけを取り入れ，システム内部のエントロピーを減少させることができる。このようにして生体システムは高度な構造を維持したり，より秩序だった構造へとシステムを変化させることができるのである。

　エントロピーという概念は，治療チームなどの小集団を理解する上でも役立つ［Engel, 1980］。それには手術前の治療チームの状態を考えてもらえればよい。手術前の治療チームは，患者や疾患に対する情報など手術に必要な知識をシステム内に取り入れ，戦略（治療計画）を立て，チームを組織化して手術に臨む。情報の入力が不十分であったり，不必要な情報が入ってくれば「エントロピー」は増大してチームは混乱する。

4．決定サブシステム（decider）

　「決定サブシステム」とは，システムが目的に向かって何かを遂行していく場

合に,「決定権」を持つサブシステムのことである。システムに入力された情報は,決定サブシステムで分析され,統合され,目標が決定され実行に移される。決定サブシステムは,システム内で常に固定されている場合もあれば,システムの目的や,システムの状態によって交代する場合もある。家族を例にあげれば,決定サブシステムを常に夫だけが担っている場合(亭主関白)や,夫婦両方が決定サブシステムとなる場合や,夫の母がそれを担っている場合もある。家族が目的とする内容によって,決定サブシステムが交代することがある。たとえば,普段は父親が決定サブシステムの家族でも,週末の家族の行動に関しては,母親と子どもが決定サブシステムになる場合がある。

　パターナリズムが尊重された時代の医療では,医師が決定サブシステムとなるケースが多かった。しかし今日,治療選択について患者の意志が尊重されるようになり,決定サブシステムは患者であるという認識が一般的になった。

　病院をアセスメントする際に重要となるのは,治療における決定サブシステムが誰で,正常に機能できているか,状況に応じて交代できるような柔軟性があるか,などを評価して介入していくことであろう。

　次に事例を紹介したいと思う。なお,本事例はすでに別のところで症例報告したものである［渡辺ら,1994］。

II　事例

1．症例

患者：26歳,女性,未婚,両親と3人暮らし

　10歳の時に仙椎部のParaganglioma(良性だが転移を繰り返す腫瘍)に罹患,肺,脊椎などに転移を繰り返し,38回の手術が施行されてきた。両親は私財を売り払い,患者の治療に専念してきた。患者は1年の半分は病院で過ごしたが,自宅に戻った時の社会適応は良好で,ブティックの店員として働き,恋人もいた。平成X年,腫瘍は小脳橋角部に転移し第V,第VI脳神経障害が出現したため,X年1月に大学病院脳神経外科に手術目的で入院となった。同年1月27日に脳腫瘍摘出術が施行されたが,腫瘍からの出血が多く,結局取り除くことができなかった。術後,放射線治療を施行することになったが,患者は激しい頭痛と嘔気そして不眠を訴え,放射線治療を拒否した。患者は執拗に痛み止めの注射を要求するようになりスタッフは困惑した。両親は落胆し医療スタッフへの不信感を強めていた。しだいに患者は抑うつ気分,食欲低下を呈するようになり,手術後約40日した時点で精神科に診療依頼となった。依頼理由は「患者のうつ状態と痛みへの対応」であった。

第4章　システミックなコンサルテーション　●総合病院

2．経過

　依頼を受けた精神科コンサルタント（以下コンサルタント）はベッドサイドに行き患者と面接を行った。患者は「先生は絶対大丈夫と言ってた。腫瘍が全部とれると期待していたのに……，手術の結果は納得しない。放射線治療は頭痛や吐き気がするので絶対に受けたくない」と訴えた。家族面接で母親は「娘がかわいそう，一緒にいると自分もつらくなる」と訴えた。コンサルタントは「一番辛いのが娘さん，娘さんを支えてあげるのが大切」と母親に伝え家族の協力を促した。

　3日後，脳外科医，リハビリ医，看護師，コンサルタントが参加して第1回のカンファレンスが開催された。脳外科医は困惑した様子で「なんとかならないか」とスタッフに訴え，看護師は「患者への接し方がわからない，患者の病室に行くのが辛い」と述べた。スタッフ間で患者情報にズレがあるなど，治療チームの混乱した状態がうかがわれた。治療チーム，患者，家族の間のコミュニケーションは減っており，深い「溝」が生じている印象を受けた。コンサルタントは，患者の心理的葛藤について，患者を代弁して治療チームに伝えるようにした。ある看護師が「ベッドで看護師と話をしているときに患者は痛みを訴えない」と述べたので，コンサルタントは「患者が鎮痛剤の注射を望む背景には，スタッフとコミュニケーションしたいという気持ちがあるのではないか」と助言した。こうした話し合いのもと，「患者が痛みを訴えた時には，必ず主治医をcallして，直接，患者を説得してもらい，注射の回数を減らしていく」というチームの方針が確認された。

　第2回のカンファレンスで，看護師から「患者の痛みが減り，食欲も出てきた」と報告された。治療チームは，経口摂取量を増やし，鎮痛剤の注射を経口薬に切り替えて，最終的には中心静脈栄養を中止することを計画していた。「鎮痛剤が減り，食事量が増えたら，患者が切望する外泊を許可する」といったことを目標に，行動療法的な治療で関わることになった。この間，スタッフは患者や家族との会話を増やすように心がけた。その後，食欲は上昇し，鎮痛剤の使用も減り，2週間後，患者は外泊に出かけた。

　ところが，外泊から帰った患者の態度は一変した。患者は「痛みがひどくなった」と再び注射を希望し，家族は「娘の痛みをなんとかしてあげて」と訴え，以前の状態に戻った印象であった。この理由についてコンサルタントは「外泊中に，患者は家族で手術の失敗について話し合い，家族は一時的に不信感を強めたのであろう」とスタッフに伝え，「今までと同様に患者と家族には密接に関わっていく」というチームの方針を確認した。

　その後1カ月，患者の精神状態は落ちつき，患者，家族，スタッフとの関係も

比較的安定していた。しかし患者の主観的な症状改善とは裏腹に，CT上の腫瘍は拡大しており，治療チームは再手術についての検討を強いられることになった。

その後のカンファレンスでは，再手術に向けての環境づくりに焦点があてられた。

患者は再手術には意欲的であったが，家族は不安を強く訴えていた。治療スタッフの中には再手術に対してさまざまな意見があった。主治医は手術の困難性を訴え，看護師は再手術が不成功だった時の患者の落胆を心配した。

第5回のカンファレンスでは，「今回の手術では患者の意志を最優先し，患者や家族に充分に配慮して手術に挑む」という方針をたてた。

第6，7回のカンファレンスは，各スタッフが自由に意見を述べ合った。主治医は詳細に再手術の方法や手技をスタッフに説明し，看護師は手術の困難性を訴える主治医を激励した。チームは再手術に向けてまとまりを見せはじめていた。この状態についてリエゾン医は「チーム全体が，ともに協力し合って頑張ろうというムードになってきている」と助言し，「今後は家族を加えたカンファレンスを行い，家族にも治療チームの一員という自覚を持ってもらうのがよい」と説明した。

第8回のカンファレンスには患者の両親が参加した。患者は手術を強く希望していたが，家族は拒否的であった。主治医から，再手術の方法，危険性，成功率，合併症などが詳細に説明され，看護師は患者の気持ちを両親に伝えた。カンファレンスの後，両親は「娘の気持ちも，先生方の考えもよくわかりました。一度家に帰りよく考えてきます」と述べて帰宅した。

翌日，父親から電話が入り，手術施行が決定し，4日後に手術は行われ成功した。

III 考察

1．事例から見た治療システムの変遷

最初の手術が不成功に終わった後，治療システム，患者システム，家族システムの境界は硬直化し，情報交換やコミュニケーションは減っていた。このため各システムのエントロピーは増大し，家族は医療スタッフへの不信感をつのらせ，治療チーム内では情報が錯綜して不安が高まった。こうした状況は，患者が「うつ状態」という新たな救済信号を出して，精神科に依頼となるまで続いた。コンサルタントの介入により，患者システムや家族システムの境界が開放され，患者や家族の心理的葛藤がコンサルタントに伝達され，患者と家族の葛藤を治療チームに代弁して伝えることで，各システム間の透過性を高めるように働きかけた。その後安定していた患者も，外泊から帰ると一転して以前の状態に戻っていた。外

泊中に家族は手術不成功について話し合い、再び不信感を強め、家族連合が一時的に強化され、治療システムとの境界を閉ざすような動きが生じた。

CT上の脳腫瘍は拡大していたにも関わらず、患者の痛みの訴えは減少した。これは患者のスープラシステムにあたる治療システムや家族システムの安定が患者システムに作用した結果ともいえる。

再手術に関しては、周到な準備が必要ということで治療チームの意見は一致していた。前回の手術では、患者も家族も「すべて先生にまかせます」と執刀医に強く依存して手術に挑んでいた。しかし今回は、患者が決定サブシステムになることを強調し、再手術を決断するための時間的余裕を患者に与えた。患者は再手術に積極的であったが、家族の不安は強く、手術には拒否的であった。そこで家族を加えたカンファレンスを開催し、家族も治療チームの一員という雰囲気をつくりあげた。こうした安定したシステム状況の中で再手術が行われ成功した。

2．病院におけるシステムズアプローチ

1）介入システムの選択

コンサルタントはどの階層のシステムに介入してもよい。あるシステムの変化は他のシステムに必ず影響を及ぼすので、一つのシステムに介入する方法もあれば、複数のシステムを同時にあつかう方法もある。スタッフの間で現在問題となっている事象（患者の症状や訴えなど）が、スープラシステムやサブシステムとの相互関係に依存していることを考えれば、もっとも介入が効果的と思えるシステムを選択する必要がある。本症例の場合にコンサルタントは患者、家族、治療チームという三つのシステムに働きかけている。このように複数のシステムに介入する方法もあれば、患者システムだけに介入する方法（薬物療法、精神療法）、家族システムを扱う方法（家族療法）、治療システムだけを扱う方法（カンファレンス、スーパービジョン）もあり、状況によって使いわけることができる。

2）システム状態をアセスメントする

治療チーム内の医師、看護師といったサブシステムの境界が円滑に機能し、それぞれが主体性を持って活動している時に、治療システム全体は安定していると言える。もしもチーム内で情報が共有されていなかったり、各自が自由に意見を述べあう場がなければ、治療システムのエントロピーは増大し、チーム内の不満は高まり、チームの統制は乱れてくる。また「うわさ」などの不確かな情報の流入も治療チームを混乱させることがある。コンサルタントは医師、看護師間の情報の流れに注目し、チームの状態を理解していく必要がある。治療システムと家族システムとの関係はどうなのか、どこまでを治療システムと理解して機能させるかなどを理解する。

症例では，最初の手術の後に主治医と看護師のコミュニケーションが減り，患者情報にズレが生じたり，看護師が主治医に対して陰性感情を向けるなど，治療システム内の混乱が認められたが，カンファレンスを開催してこれに対応した。

3）情報の流入と流出を適切にする

医療チーム内外の「連携」を扱う際には，システム論における「境界」の概念が有用である。患者システム，家族システム，治療システムそれぞれには境界が存在し，この境界の機能が円滑に働いていない場合に問題が生じる。システムの境界が硬直化して外部からの情報が入らなければ，各システムは円滑に機能しない。また逆にシステムの間の境界が脆弱になれば，あらゆる情報が選択されることなく各システムに流入し，混乱を招くであろう。患者がスタッフに陰性感情を向けたり，治療を拒否したりする背景には，患者・スタッフ間の境界が硬直化して情報不足のためシステム内のエントロピーが増大し，被害的感情が生じている場合が少なくない。コンサルタントは，システムの「境界」に着目し，情報が適切に流れているかを評価して助言する必要がある。

〈文　献〉

Engel, G.H. : The clinical application of the biopsychosocial model. American Journal of Psychiatry, 137 ; 535-544, 1980.

Jacob, J. : Family therapy in the context of chronic medical illness. In. A. Stoudmire, B.S. Fogel, (ed.) Psychiatric Care of the Medical Patient, pp.19-30, Oxford University Press, New York, 1993.

McDaniel, S.H., Hepworth, J., Doherty, W.J. : Medical Family Therapy. Basic Books, New York, 1992.

渡辺俊之，池田公，長野広敬：リエゾン精神医学におけるシステム理論の臨床的意義．臨床精神医学，23 (6) ; 611-617, 1994.

渡辺俊之：海外の動向：メディカル・ファミリーセラピー・トレーニングに参加して：ジェノグラムと転移．家族療法研究，19 ; 275-276, 2002.

Wynne, L.C., McDaniel, S.H., Weber, T.T. : Systems Consultation : A new perspective for family therapy. Guilford Press, New York, 1986.

第2部 いろいろな現場で求められるアセスメント――――第5章
認知症患者本人の声をアセスメントする
●高齢者クリニック

藤本直規・奥村典子

I　はじめに

　筆者（藤本）は，1990年から県立病院に「もの忘れ外来」を立ち上げて10年間診療に携わった後，1999年から2009年の現在まで「もの忘れクリニック」での診療を続けている [藤本, 1998；2000；2002]。通算20年間「もの忘れ外来」を続けていることになるが，2000年初め頃から，全国各地で医師会による認知症早期発見のためのシステム作り [藤本, 2003] や，認知症検診などが行われるようになった。そして，2005年から始められた厚生労働省の「かかりつけ医認知症対応力向上研修」[本間ら, 2004] の実施の後，滋賀県では，認知症患者や家族の相談に応じ，認知症の早期段階での発見の窓口になり，地域の認知症介護サービス諸機関との連携などを行う「認知症相談医制度」などを立ち上げたが，全国各地の医師会でも同様な取り組みは広がっている。

　ところで，認知症の早期発見が進む一方で，診断直後で病識のある軽度認知症患者に対するデイサービスなどのケアの受け皿の不足が大きな問題となっている。その理由は，従来の認知症患者に対するケアが，認知症の行動・心理症状（Behavioral and Psychological Symptoms of Dementia [BPSD]，周辺症状と呼ばれていた）の出現を軽減することに主眼がおかれていたため，徐々に悪化する記憶障害や実行機能障害などといった中核症状の存在に悩み，その症状による生活のしづらさを何とか軽減したいと考えている軽度認知症患者が求めている援助のニーズに気付かず，それに対するケアが確立していなかったからである。

　本章では，もの忘れ患者への診療と支援を中心にした高齢者クリニックで行っているアセスメントを，1）診断のために必要なアセスメント，2）適切なケアを提供するために必要なアセスメント，の順に紹介するが，アセスメントの結果を本人への支援に生かすために，"本人の声"を丁寧に聴いていくという過程を重要視している。

　なお紙面の関係上，介護家族に関するアセスメントには触れていない。

II 診断のためのアセスメント [藤本・奥村, 2008]

認知症の診断は，アルツハイマー型認知症（AD）であれば，DSM-IV [APA, 1994] などの臨床診断基準に基づいて行われるが，これらの診断基準に忠実に従うだけでは，病初期の段階で診断を行うことは困難である。神経心理テストや Magnetic Resonance Imaging（MRI）[篠遠, 2006], Single Photom Emission Computed Tomography（SPECT）[Tanaka, et al., 2002], Positron Emission Tomography（PET）[石渡・蓑島, 2004] などの脳画像などを用いたさまざまな診断法が検討されてはいるものの，エビデンスに基づいた早期診断法は確立されておらず，最終的には丁寧に臨床経過を診ていくことが重要になる。

1．問診時に配慮すること

新聞・テレビの情報などによる啓発活動の広がりによって増加している，自らの意思によって受診した患者はもちろんであるが，家族に付き添われて来院した場合でも，患者から先に面談を行うことが重要で，受診の目的を尋ねると，ほとんどの場合がもの忘れに対する心配を訴える。また，本人がもの忘れの存在を否定し，診察に連れてこられたことの不満を訴える場合でも，面談によってゆっくりと話を聞いていくと，もの忘れや実行機能障害に基づく生活上の不具合などを"本音"で話すようになる。さらに，患者が自分の本意ではなく医療機関に連れてこられた場合では，家族との面談を先に行うことは本人にとって一層納得のいかないことであり，逆に，自分の気持ちを優先的に聞いてもらえる場所と分かると，診断後に心理教育や自助グループへの参加を促すことが容易になる。初診時の本人の訴えを紹介する。

「毎日（忘れることを）指摘されるが正直気にしています」「我ながらしっかりしろと思います」「家内はかなり気にしているようだ」「自分の中に光がない。何かいいことが起こりそうな感じがせんのよ」「頭の具合がすっきりせん。脳がやられている」「霞がかかったみたい」

2．神経心理テスト・行動評価尺度

神経心理テストは，それぞれの専門医療機関がスクリーニングのためのテストバッテリーを工夫している。全般的スクリーニング検査には Mini-Mental State Examination（MMSE）[Folstein, et al. 1975 ; 森ら, 1985] ないし改訂長谷川式簡易知能スケール（HDS-R）[加藤ら, 1991] があるが，それらが高得点であった際に組み合わされる，比較的短時間に施行できる検査には，立方体模写，言語流暢性検査 [Benton, 1968], 時計描画テスト [星野ら, 1993], Wechsler Memory Scale-Revised（WMS-R）[Wechsler, 1987] の論理性記憶，Raven 色彩マトリックス [Raven, et al.,= (杉

下・山崎）1993］，前頭葉機能検査（Frontal Assessment Battery（FAB）［Dubois, et al., 2000］などがある．

　また，認知障害・感情障害・行為障害・行動障害などの認知症症状を，患者の行動観察から評価しようという行動評価尺度は，本人の状態をみて医師や看護師が評価するものや，介護者が評価するものなどがある．短時間で施行でき，本人の協力がえられない場合でも評価が可能であるという利点がある．認知症の重症度を臨床的に判定するための Clinical Dementia Rating（CDR）［Hughes, et al., 1982］，知的機能・意欲・感情・日常生活能力を同時に評価するＮ式老年者用精神状態尺度（NMスケール）［小林ら，1988］，歩行・起坐，生活圏，着脱衣・入浴，摂食，排泄などの日常生活の能力を評価する，Ｎ式老年者用日常生活動作能力評価尺度（N-ADL）［小林ら，1988］などを用いている．

３．認知症診断の実際

　国際疾病分類第10改訂版（ICD-10）［WHO, 1992=1993］によると，認知症と診断するためには，記憶障害を中心とした知的機能の障害の他，感情障害，意欲低下，人格変化のどれかが存在し，日常生活に支障をきたしていることを証明する必要がある．

症　例

　50歳代半ばの女性Ａさんは，配達の仕事をしていたが，もの忘れの自覚が強く，某大学病院を受診した．診断時のMMSEは28点で正常レベルであり，MRIやPETでも異常を指摘されなかった．その他の神経心理テストの結果も合わせて，認知症の診断基準には当てはまらず，"境界線のもの忘れ"である，Mild Cognitive Impairment（MCI：軽度認知障害）と診断され，当クリニックへ紹介された．その後も，大学病院で定期的に神経心理テストや脳画像検査を受けていたが，それらの検査で異常が指摘されなかった時点でも，クリニックの外来受診時に，看護師や筆者に日常生活や仕事の上でのさまざまな不安を訴えるようになった．

　「98％は大丈夫と思っているが，２％は間違いを起こしていると思う」「配達を３〜４週間休むと配達順と道順が怪しくなり，仕事の段取りが悪くなるが，続けていると思い出せるようになる」「（記憶は）今聴いたことと，前聴いたことが混じります．手帳が必要です」「（仕事をしないなんて）何もないといらいらする」と記憶障害だけでなく，実行機能障害などを訴えるようになった．その後，徐々に心理テストや脳画像検査でも異常を指摘されるようになって，アルツハイマー型認知症と診断された．本人の訴えについてのアセスメントが何より重要であることを示しているが，丁寧な聞き取りが必要となってくる．

III 適切なケアを提供するために必要なアセスメント

1．若年・軽度認知症患者のケアのニード

　クリニックの外来では，ごく軽度の認知症患者，仕事をしているか仕事をやめたばかりの若年認知症患者などが多く受診するようになった。そこで，外来で看護師が個別面談を繰り返したところ，「少しでももの忘れをよくしたい」「考え方ややり方を忘れてきたが，それを取り戻したい。自分で（何かを）やりたい」「本当の気持ちを話せるところがない。同じ悩みを持っている人はいますか？」「仕事がだめならボランティアをやりたい」「役割を持ちたい。人の役に立ちたい」など，病気を受け入れながらも，もの忘れの改善，就労や社会参加，仲間作りへの要望を口々に訴えた。そこで，2004年9月，若年・軽度認知症患者が，自主的な活動として，仲間とともに助け合い，積極的に社会参加を後押しするデイサービスを始めた。もの忘れのことを茶飲み話のように気軽に話し合える場所という意味で，「もの忘れカフェ」と名付けた。

　「もの忘れカフェ」での活動の仕方は，参加者自身の話し合いによって決められ，記憶障害などの認知症の症状に向き合いながら，お互いが助け合うことと，できるだけ社会参加することを目指し，スタッフには必要な時にのみサポートを行うよう希望した。

2．若年・軽度認知症患者へのケアの実際

1）自立型・ピアサポート型・社会参加型デイサービス「もの忘れカフェ」（第1期）［奥村ら，2005；2006；奥村，2006；藤本，2005；2006］

　2004年9月22日（水），「もの忘れカフェ」スタート。カフェ参加者は，若年と高齢の認知症患者さん合計12人。いずれも要支援レベルで，発症初期のごく軽度の認知症患者さんである。デイサービスの部屋は，他の部屋が北欧風なしつらえになっているのと異なり，がらんとした事務所そのままの内装と古いテーブルが六つとパイプ椅子が15脚あるだけで，他の備品は何もない。「今日からこの新しい場所で」と説明すると「ふーん」という様子で入室する。パイプ椅子もたたんだまま，テーブルも中央においてあるだけの中に入った人たちは，自分たちの座る場所を作ろうとする。「今日はここに何人いますか？」「8人と4人」と答えると「8＋4＝……12人やな？」「12人座れるようにはテーブルをどうしたらいいかな」と女性3人で相談を始める。できる人が計算する。スタッフもその会話に入る。「テーブルを動かしてもいい？」と尋ねながら動きが始まる。結局，長テーブルを二つ組み合わせて，そのかたまりを2カ所作り，長い辺側に2脚の椅子，短い方に1脚をおく。合計6人ずつが2カ所でき，12人の座る場所がで

第5章 認知症患者本人の声をアセスメントする　●高齢者クリニック

きた。そこでやっと，椅子に座る。次に，荷物を離れたところに置くのはいやなので，自分の座る椅子にひっかけるS字フックが欲しいという。自分の場所を確保した。

　他の部屋の利用者も入ってくる。皆，「なんだ？」という表情をするので，この部屋で過ごすことになったこと，何もないのでこれからいろいろなものを揃えることを伝える。

　女性は，テーブルの汚れをダスターで拭き始め，男性には冷蔵庫とホワイトボードの運搬をお願いする。冷蔵庫を運ぶにも，お互いに声をかけながら，ホワイトボードの組立て作業が始まる。多少のヒントはこちらから出す。部屋の準備のための仕事を見つけ，参加者たちが話し合ってそれらの分担を決める。

　お茶を入れるにも急須がないと，隣のデイサービスの部屋に借りに行く。自分たちで籠を持ち，「足りないものを貸して」と交渉している。認知症の人同士の交渉で，断られることもあるが，それについても多少の文句を言いながら納得している。社会性を発揮し，他人と交渉をする。ホワイトボードの組み立てはまだ未完成だが，ボードの部分だけを置き，休憩時間を使って日時などの確認を行う。「誰か前に出て書記して」「……」「Hさんして」という具合に指名すると出てこられる。「今日は何日？」「？？？」「9月？」9月22日水曜日と書き込まれる。ぶつぶつ言う人やうまく書けそうもない人もいるが，そこはこちらの腕の見せ所。スタッフも入れて，12人の名前がならんだ。書くことで仲間を認識できた。

　休憩が終わり，作業を再開する。ホワイトボード作りや，食器，ふきん作りなど，それぞれが相談しながら動く。入り口側のガラス部分から中が丸見えであることに対して，目隠しをしようということになる。ちょうどいい和紙を持ってくる。柄を選んで皆で貼る。表側へ出てみては，「低い，高い」「色が悪い」「貼り方がどうだこうだ」など，協力し合ってどうにか完成する。自分の感想や気持ちをそれぞれが口にしている。丸見えはいやで自分たちの居場所を居心地よく，安心できる場作りを行った。どうにか，ホワイトボードの組み立ても完成。多少の失敗はあるものの，それはどうにもならないので，これでよしとする。失敗も許し合える。かばい合える仲なのである。お茶も入る。お弁当も届いた。寄せ集めの食器を洗い，なんとか昼食へ。「午前中によく動いたのでお腹がすいた」と，ほとんどの人がごはんのおかわりをする。身体を動かすことでの心地よい疲労感がある。

　食後，皆がフワーと過ごしているところで，午前中の確認と午後の予定の方向付けをする。「午前中に何をしたかを思い出して」，一人の人に前へ出て書記をしてもらう。みんなが思い出しながら声をあげる。すっかり忘れていることがほと

んどだが，もう一度確認できる。今日の日付から，したことまでをそれぞれのノートに書く。自分の名前を書き，模造紙に書いてあることを写す。記憶をたどり，記録してもらう。この間30分くらいだが，書けない人への配慮は必要だ。

次に今，足りないものの名前をあげて，ホワイトボードへ書き出す。その中で優先順位を決める。順番を考え，物事の組み立てを行う課題だ。買い物へ出かける。一人の人に1万円を渡す。買い物リストのメモを書いて買い物へ行く。商品を吟味する。わからなければ店員さんに聞く。領収書はサービスカウンターで宛名を伝え書いてもらう。買い物という役割を責任をもって果たそうとし，忘れることへの予防策でメモをする。買い物から戻ったら，お金を預かった人は即座に精算にはいるが，この人は昔経理の仕事をしていた。出納帳を渡すと，「計算機がないので筆算で」と言いながら記入する。商品代合計と残高との照らしあわせを行う。二人でやってあわせる。計算間違いがあったが，もう一度やり直すとしっかりできる。出納帳にサインをして終了。

ガラス窓が殺風景なので，外向きに「藤本クリニック」と張り紙をしたいと誰かが言った。パソコンで打ち出した紙を皆で貼る。最後は，それらを背にして全員で記念撮影をする。やり遂げたことの証である。誰かがつぶやいた。「この日は忘れない」

2)「もの忘れカフェ」(第1期)での決めごと

「もの忘れカフェ」の活動が続けられるうちに，参加者のニーズについてのアセスメントから，活動方針，記録の方法やスタッフの役割が決められた。これは，参加者たちの症状が悪化する時期まで続けられた。

活動方針：「もの忘れカフェ」の開始時の参加者との約束事は，①活動内容は当日参加者が話し合って決める，②活動内容が決まれば，活動達成のために必要な役割や準備，時間配分や手順などを決める，③参加者同士で協力していくつかのことに同時に取り組むことにした。

記録の方法：活動内容の記録の仕方として，①ホワイトボードと模造紙の両方を使い分けながら，必ず書いて残す，②1日の活動を個人ノートにも記入する。写真，ビデオなどを多く残す，③買い物がある時は金銭管理をしてもらい，簡単な出納簿をつける。

スタッフの関わり方：スタッフの関わり方としては，①手がかりときっかけ作りに徹する，②どんなことでも，極力参加者に任せる，③関わりの引き際を見極め，境界線はスタッフが引く，④自主的な活動を邪魔しない。

3)「もの忘れカフェ」：第2期の実際

「もの忘れカフェ」参加者の認知症の症状が進行し，活動の決定や動き出しや

第5章 認知症患者本人の声をアセスメントする　●高齢者クリニック

記録がうまくできなくなっていくことに伴い，参加者に支援の仕方について聞きながら，活動内容の決め方や記録，スタッフの関わり方を変えていった。

● 活動が始められないこと

「もの忘れカフェ」開始時には，当日の朝に決めていた活動内容が，開始15カ月後の頃にはなかなか決められなくなっていった。

利用者に聞いたこと：スタッフが「物事を順序立てて行うことが難しくなっているのでは？」と尋ねると，「頭の中でやることをすぐにイメージできなくなった」「さっきしていたことがなくなる」「何をしよう？　と考えている時間がもったいない」と，動き出しにくくなった理由を口にした。しかし，「わからなくなってきているのだけれど，与えられたことをするのはいやだ」と，あてがわれた活動をすることは，抵抗が強かった。そして，「到着して動き出す時に，何か決まりごとがあれば動きやすい」「毎日同じことをすれば覚えやすい」「やろうとすることが途切れるので，つなげる言葉を言うて」と，関わり方のヒントを与えてくれた。

■ 実行機能障害に対するケア

環境作りと習慣作り，記憶の補助具を利用する：話し合いの結果，活動内容を自分たちで決めるという方針は変えたくない。しかし，何をしたいかが浮かんでこないし，活動を始められない。そこで，行動へ移すときの動機付けの工夫として，環境作りと習慣作りの二つを考えた。まず，環境作りは，自主活動を少しでも継続するために，カフェ開始時からの活動記録や写真，継続している活動や，月間予定，自分たちがここへ来ている目的など，参加者との話し合いで必要と決まったものすべてを壁面に張り出した。室内に思い出すきっかけがいつでも見えるように。「そうそう，イチゴ狩りに行ったよな」と思い出すことが難しくなったことに対して，「記憶の補助具」を用意したのである。これで，少なくともかつて自らが選んだ活動を思い浮かべながら，今日の活動を選ぶことができた。

活動の手がかりときっかけ作り：到着して動き出す時に決まりごとがあれば動きやすいと思うという参加者からの意見を元に，行動の動機付けとなることを話し合った。そこで，今まで室内で測っていた血圧を3階の外来に行って測ることと，歩くことがより意識できるように万歩計をつけることを習慣にした。その結果，クリニック到着後，万歩計を装着し，2階から3階の外来まで出かけ，各自が自動血圧計で自己測定をし，打ち出された記録用紙に自分で名前を書きカフェへ持ち帰る。そして，各自でボードに貼り，今日一日の歩く目標数を決め書き込むという一連の動きを作り出すことで，バラバラに存在した健康管理のためのいくつかのことが一つにつながった。また，それを毎回続けることで，身体で覚え

ることができ，活動のきっかけとなる習慣作りができた。

● **記録が難しいこと**

「もの忘れカフェ」の初期に本人が希望していたその日の活動を記録することが，エピソード記憶障害の進行に伴って，夕方には午前中の活動内容を忘れてしまうために難しくなった。

利用者に聞いたこと：「記録をやめようか？」とスタッフリーダーが尋ねたら，次のような言葉が返ってきた。「思い出しにくくなっているが，思い出すことをやめたいとは思っていない」「記録してあれば，（忘れても）自分のことを思い出せる」「どうすればいいのかを一緒に考えて欲しい」「思い出せるようなヒントが欲しい」「潔く割り切ることもできる。いつも思い出そうとしているとしんどくなることもあるから，時にはそれも大事」

■ **エピソード記憶障害に対するケア**

記憶の整理：振り返りや個人ノートへの記録は，活動終了1時間前に行っていたが，開始後18カ月頃には午前中の活動が思い出せなくなっていた。しかし，参加者たちは，自分たちの活動を記録に残すことにはこだわった。そして，素直に助けを求めてきたが，一方では，忘れてしまっても笑い飛ばそうという現実的な割り切りも話してくれた。そこで，話し合いの結果，思い出すことを意識する時間を増やせば，一度に多くのことを思い出さなくてもよく，活動から時間がたたなければ記憶が残っているのではないかなどの意見がでた。そこで，振り返りの時間を昼食前と帰宅前の2回に増やすことにしたが，一度に思い出す内容も少なくなり，記憶を整理しやすくなった。「これなら思い出せる」

● **文字が書けなくなったこと**

一日の振り返りの記録では，何人かが字が書けなくなっていることを訴えた。

利用者に聞いたこと：「画数が多いと真っ黒にみえる。重なってみえる」「ひらがなは曲がっているところ（曲線）が多くて難しい」「カタカナは角が多いので一番書きやすい気がする」「ノートとホワイトボードの間で視線を移している瞬間にわからなくなる」「視線を移すと今書いていたことが一瞬にして消えるんや」「その距離が長いほど余計ひどいわ。だから近くに行って書いているんや」「1画目を書いて2画目のペン先をどこに下ろしたらいいのかわからない」

■ **書字障害と空間認知障害へのケア**

書字障害には，文字を思い浮かべられないこと以外に，空間認知障害が大きく影響していた。そこで，参加者が訴える症状をもとに，負担なく書く工夫を話し合った。ひらがなやカタカナの使い分け，文字の大きさや書き写す時の距離，無理はせずに自分で書く範囲を決めることなどであった。その約束事を胸において，

まだ書き続けることができている。その後，書くことがほとんどできなくなった人がいたが，ご本人とスタッフリーダーの話し合いで，「記録を残すことを大事にしたい」という希望を受けて，スタッフが簡単な記録を付箋に書き記し，名前だけを書いてもらい，その付箋を記録用紙に貼付してもらっている。

● スタッフの関わり方について

スタッフの関わりについて意見を求めると，遠慮のない意見が出てきた。

利用者に聞いたこと：「援助はほしいが，待ってほしい」「手を出していいかどうかは遠慮なく聞いてほしい」「（気を使わないで）時には笑いやノリでぶっ飛ばしてほしいが，そのタイミングはそっちが読んでな」「大きな声やがんがん言われると分からなくなる」「たくさん説明されてもわからへんなる。声も騒音になるんや」「話し合いしている時に（スタッフから）関係ない話が入ってきたりすると，思い出せへん」「（周りでスタッフが）動くだけでもわからんようになる」

■ 関わりの引き際を見極めること，わからなくなったら参加者に聞いてみること

面談内容を元にスタッフも話し合い，症状の進行に伴って関わる頻度は増え，関わり方も違ってきているが，自分で決めてもらうという部分には入り込まないこと，参加者が今の力を最大限だせるように，行動の手がかりやきっかけ作りに徹することを話し合った。できないことが増えると，つい手を出しすぎてしまうことを意識しながら，関わりの引き際はしっかりと見極めること，何よりも大切なのは，どうしたらよいかわからなくなったら，参加者に聞いて一緒に解決策を探していくことを確認した。

Ⅳ　おわりに

われわれのクリニックでは，認知症患者本人のニーズは本人が一番よく知っているという考えのもとに，"本人の声"をアセスメントしながら，支援の方法を考えてきた。

筆者（藤本）は，20年間もの忘れ外来での診療を行っているが，認知症診療を始めた頃は，認知症患者の状態をいかに客観的に表現できるかが重要であった。ここで，1998年に出版した拙著から，精神機能の客観的評価の必要性について論じた部分を紹介しておきたい。

> 「認知機能・ADL・問題行動などの認知症患者のさまざまな臨床症状を，評価スケールによって点数化することについて，批判的な意見も決して少なくはない。実際，認知症の診療に長くかかわってきた診断能力の高い精神科医達の指摘するように，時々刻々と変化する多彩な精神症状とそれに伴う行動障害

を，評価スケールの点数のみで報告し合う専門職の会合に出くわすことも皆無ではない。しかし，少なくとも認知症患者や介護者に直接かかわったことがある職種であれば，認知症症状を点数化することの限界や，点数が一人歩きすることの危険性を知った上で，一人の認知症患者とその介護者について，医療スタッフ・福祉職・保健師の間で非常に大きな認識の違いがあり，そのために効率的かつ効果的な支援策が難しくなることに苛立ちを感じなかった者はいないであろう。そこで，長年の臨床経験をもとにして作成された優れた評価スケールをいくつか組み合わせて，それらのスケールを各職種間の「共通言語」にすることで，患者とその介護者の状況についての共通認識を深め，医療・保健・福祉サービスを有機的に連携することを目指すのである。そして，それらの評価スケールの精度を高めようとするアプローチは，すなわち，患者とその介護者の状態を「腰を据えて観察すること」につながり，最終的には，評価スケールに頼らない高い診断・治療・看護・ケア技術を養うプロセスになるのである」

[藤本，1998]（「痴呆」は「認知症」に置き換えてある）

　少し長い引用であるが，評価スケールを使って認知症患者を共通に理解しようとするところから認知症の医療とケアが始まったのであるが，認知症患者がカミングアウトすることが特別ではない時代になって，本人のニーズへのアセスメントは，本人に聴いていくというやり方をすることで，本当に必要な支援が可能になると考える。

〈文　　献〉

Benton, A.L. : Differential behavioral effects in frontal lobe disease. Neuropsychologia, 6 ; 53-60, 1968.

Dubois, B., Slachevsky, U., Gaggiotti, M. et al. : The FAB : A frontal assessment battery at bedside. Neurology, 55 ; 1621-1626, 2000.

森悦郎，三谷洋子，山鳥重：神経疾患における日本語版 Mini-Mental State テストの有用性．神経心理学，1 ; 2-10, 1985.

Folstein, M.F., Folstein, S.E., NcHugh, P.R. : Mini-Mental State : A practical method for grading the cognitive state of patients for clinician. J.Psychiatr.Res, 12 ; 189-198, 1975.

藤本直規：疾病診断から「機能」をベースにした評価へ．（岡本祐三ほか著）高齢者医療福祉の新しい方法論．pp.69-142, 医学書院，1998.

藤本直規：認知症患者に対する治療とケア：介護者支援の視点を入れて．日本老年医学会雑誌，37 ; 575-583, 2000.

藤本直規：かかりつけ医と専門医の連携システムについて．Gerontology, 15 ; 41-48, 2003.

藤本直規：もの忘れクリニックにおける若年認知症患者と介護者への支援：外来から家族会，「もの忘れカフェ」まで．（若年認知症家族会・彩星の会編）若年認知症．pp.217-223, 中央法規出版，2006.

第5章 認知症患者本人の声をアセスメントする ●高齢者クリニック

藤本直規, 奥村典子：早期認知症患者外来診療：地域医療の視点から, もの忘れ外来の機能分担を見据えて. 老年精医誌, 19；1068-1081, 2008.

藤本直規：認知症の医療とケア "もの忘れクリニック" "もの忘れカフェ" の挑戦. クリエイツかもがわ, 2008.

本間昭, 栗田主一, 池田学, 植木昭紀, 浦上克哉, 北村伸, 繁田雅広, 中村祐：認知症の早期発見と地域連携推進を目的に始められた, かかりつけ医の認知症診断技術向上に関するモデル事業. 老年精医誌, 16（増刊号）；155-159, 2004.

星野晴彦ほか：簡易痴呆検査としての「時計」描画の検討. 日老医誌, 30；826-831, 1993.

Hughes, C.P., Danziger, B.L. et al. : A new clinical scale for the staging of dementia. Br.J.Psychiatry, 140 ; 566-572, 1982.

石渡明子, 蓑島聡：痴呆性疾患における脳糖代謝画像. Cognition and Dementia, 3 ; 7-14, 2004.

加藤伸司, 長谷川和夫, 下垣光他：改訂長谷川式簡易知能評価スケール（HDS-R）の作成. 老年精神医学雑誌, 2；1339-1347, 1991.

小林敏子, 播口史朗, 西村健, 武田雅俊他：行動観察による痴呆患者の精神状態評価尺度（NMスケール）および日常生活動作能力評価尺度（N-ADL）の作成. 臨床精神医学, 17；1653-1668, 1988.

奥村典子, 藤本直規ほか：もの忘れクリニックにおける社会参加型デイサービス：「もの忘れカフェ」の試み. 日本認知症ケア学会誌, 4；286, 2005.

奥村典子, 藤本直規ほか：若年・軽度自立型デイサービス「もの忘れカフェ」：症状進行に伴って参加者の自主的活動をどう支えるか. 日本認知症ケア学会誌, 5；300, 2006.

奥村典子, 藤本直規：「もの忘れカフェ」における若年認知症ケアの実際. 臨床老年看護, 14；54-60, 2005.

奥村典子：もの忘れクリニックにおける若年認知症患者と介護者への支援：外来から家族会, 「もの忘れカフェ」まで. （若年認知症家族会・彩星の会編）若年認知症. 中央法規出版, pp.223-231, 2006.

Raven, J.C. et al.（杉下守弘, 山崎久美子日本語版著）日本語版レーヴン色彩マトリックス検査手引. pp.1-58, 日本文化科学社. 1993.

篠遠仁：画像診断で峻別されるコホートの意義をどう考えるべきなのか. MRI画像で軽度認知障害を鑑別できるのか：VARADによる解析から. 老年精医誌, 17（増刊号）；39-46, 2006.

Tanaka, M., Fukuyama, H., Yamauchi, H. et al. : Regional cerebral blood flow abnormalities in non-demented patients with memory impairment. J.Neuroimaging, 12 ; 112-118, 2002.

Wechsler, D. : Wechsler Memory Scale-Revised. Psychological Corporation, New York, 1987.

WHO：The ICD-10 Classification of Mental and Behavioural Disorders：Clinical descriptions and diagnostic guidelines. WHO, Geneva, 1992.（融道男, 中根允文, 小宮山実監訳：ICD-10：精神および行動の障害：臨床記述と診断ガイドライン, 医学書院, 1993）

第2部　いろいろな現場で求められるアセスメント────第**6**章

市町村における
これからの子ども相談とは？

●福祉事務所（家庭児童相談）

志村浩二

Ⅰ　はじめに

　市町村福祉事務所は，子育て支援や老人といった幅広い施策から，生活保護や諸手当の支給のような対象が限定された制度，あるいは相談窓口まで，さまざまな対象やライフステージを担う最前線機関である．筆者は臨床心理士として20年余，県の児童相談所や保健所・児童精神科病院に勤めた後，市福祉事務所に設置される現職に就任している．そのせいか，住民から比較的距離がある県機関と，住民や生活に密着している市町村機関との違いを肌で感じることが多い．同じ子ども相談であっても，その導入や進め方などかなり異なっていることを感じていて，市福祉事務所における独自の相談スタンスを模索する必要性は，日頃から痛感していたところである．

　ところで，福祉事務所には「家庭児童相談室」という，「子どもと家庭の健全育成のために各種相談に応じる」ための部署が児童福祉法で定められており，社会福祉主事と家庭相談員で構成することになっている．私どもの「子ども総合支援室」は，この家庭児童相談室に，保健師・保育士・指導主事（教員）・心理職等を加えて，つまり「相談機能に各機関とのコーディネート機能」を併せ持つ，いわば「家庭児童相談室の進化版」といった位置付けになっている．

　今回は福祉事務所の中でも，この家庭児童相談室に限定することをお許しいただき，そこでのアセスメントとは何か？　そしてこれからどのように展開していくべきなのか？　を検討してみたいと考えている．

Ⅱ　事例からみるアセスメント

　以下はアセスメントを考える際にイメージをしやすくするための架空事例である．もちろん架空とは言っても，私どもの相談の中ではよくある一般的な内容を抽象したものである．

　親御さんの相談は"子どもに手を焼いていて，体罰でもしないと言うことを聞

第6章 市町村におけるこれからの子ども相談とは？　●福祉事務所（家庭児童相談）

かない"であり，幼稚園の訴えは"粗暴で落ち着きもなく，集団生活ができなくて困っている"である。以下のような背景がわかっている。

 Ⓐ：子どもは就学前になるが，いわゆる多動の特徴著しく，おまけに衝動的で他児童とのトラブルが絶えない。ただ医療機関への受診は保護者が拒んでおり，明確な発達障害か否かも不明な状態である。
 Ⓑ：母親は，本児のことを可愛く思えず，小言や否定的な声かけが中心になっており，最近は体罰も激しく虐待に近い状況。父親はこのような母親のことはたしなめ，なじっているが，子育てはほとんどせず，母－本児のいさかいをみてイライラしては，爆発的に本児を暴力でもって「しつけ」ようとする。
 Ⓒ：この家族は父方実家に近いところに住んでいるが，母親と父方実家との関係はよくない。特に父方祖母はしょっちゅう本児家族に口を挟み，ことあるごとに母の子育てを非難する。父はこの祖母から溺愛されて育っており，こんなときに妻（母）に味方するのではなく，この祖母の肩を持つことがほとんどである。

　子ども臨床に携わっておられる方にはお分かりであろう。Ⓐは「発達障害児支援」と呼ばれるものであり，Ⓑは「児童虐待問題」，Ⓒは「家族力動論（家族病理）」と称される視点である。この背景からどのようにしてアプローチをするだろうか？　このとき心理臨床家も含めて「支援の専門家」と言われる人たちは，どうしても自らの拠って立つ理論や標榜に基づいて回復・治療を試みようとする。その際の「方略を得るための概念」が，一般的に言うアセスメントのことと考えている。たとえば，発達障害をマスターしてきた教育士はⒶを軸に支援を進めるだろうし，児童相談所の福祉司ならばⒷを中心に据えて関与を始めるだろうし，家族療法をバックボーンにする心理職ならばⒸにまず目が行き，そこから作業が始まるであろう。ところが福祉事務所（家庭児童相談機能）におけるアセスメントとは，このような各々の専門性を基準に，一つの事例を見立てる作業とは異なっていると感じる。さまざまな市町村現場にお伺いしてケース会議や事例検討会をしていて気になるのは，こういった「自らの専門性にこだわった支援」を貫こうとすると，十中八九その支援や相談の継続は，皮肉にもその専門性が発揮される前に中断の憂き目に遭ってしまっている……ことが少なくないのである。この理由については後述する。

　反対にこういった意見（力説!?）もよくある。"事例はケースバイケースだ！そんな情報だけで事例を理解しようとするのは安易すぎる！"などである。ある意味前述の「自らの専門性を貫こうとすることへのアンチテーゼ」のようで面白

いが，現場第一主義を自認する向きに多い発言でもある。これは一見すると正鵠を射た本質のように思われるが，はたして問題は，この発言が当事例において「本質」なのか，あるいは「精神論」なのか？　が重要である。そこでこんな時，以下のように質問してみると分かる。"ケースバイケースなのはおっしゃる通りだと思います。ところでこの母親について，どう感じられますか……？"など，Ⓐ～Ⓒのどれかをなるべく具体的に尋ねてみる。不思議なことに"ケースバイケース"という個別性を主張する方の中には，"ある意味被害者で，ある意味加害者だよな……"といった至極一般論的な回答になることがある。すなわち発言とは裏腹に，具体的に理解しようとしているのでなく"ケースバイケースという一般論"で括ろうと精神論に走っていることが少なくないように感じる。もし「精神論」であれば，その言葉は市町村福祉においてはむしろ有害なことが多い（筆者なら，このような質問が出されたら迷わず"何か身勝手で腹が立ちますね！"など，自らの主観を述べるだろう……）。

　このようなⒶ～Ⓒの条件において，前者のように自らの専門性にケースを当てはめるのと，後者のようにケースバイケースでその場で判断することとは，正反対のようでいて実は同一尺度上のプラスとマイナスの極にいるようなものであろう。それは何か？　この両者はⒶ～Ⓒを，この問題を形成する「要因」と考えている点では同じということであろう。

　厳密な言葉の使い方とは違うことはお許しいただきたい。「要因」と表現したのは，ある事象（この場合だと「子どもの行動」）を形成する条件を"並列"に捉え，その事象への"影響力の大小（この場合だと「Ⓐ～Ⓒのうち行動にどれが一番寄与しているか」）"を考える姿勢にほかならない。よく「この要因が大きい」と表現すること自体，その証左であろう。前者（自身の専門性にこだわる派）は，そのうちの一つの要因にこだわって，そこから全体的な事象をこじ開けようとしているのだろうし，後者（ケースバイケース精神論派）は要因が相互に絡まり合って行動を織り成していることを否認しようとする姿勢だと思われる。

　福祉事務所において必要な姿勢は，"太郎君の場合はⒶかもしれないし，花子さんではⒷがポイントになるでしょう。トム君のお母さんのような状態だとⒸに焦点を当てます"と，一つの専門性にこだわらない柔軟性なのであろう。これだと後者と何ら変わらないだろう，と批判されるかもしれないが，筆者が述べたいのは，この発言にある背景が後者とは明らかに違っているという点である。つまり，<u>筆者はこのⒶ～Ⓒを「要因」とは考えていない。これらは循環（円環）する一つひとつの構成</u>である。長谷川氏の論を引用させていただくと図1のようになる [長谷川, 1987]。いわゆるシステム論的な図式であるが，これがすべてではなく，

第6章　市町村におけるこれからの子ども相談とは？　●福祉事務所（家庭児童相談）

```
・子どもに多動性・衝動性があり，否定的な衝動行為が出る
       ↓
・家族が，母親の子育てのせいだと非難し責める
       ↓
・体罰という形で，子どもに手を上げて統制しようとする
       ↓
・子どもの自己評価が下がり，否定感が高まる
```

図1　この家庭に生じている問題の循環（円環図）

　あくまでもケース理解の一方法であることを断っておきたい。福祉事務所（家庭児童相談機能）におけるアセスメントは，このように考えた方がいいことがよくある。

　この循環を断ち切れば，問題が反復しない，つまり解決の方向に向かうことになる。この流れのどこかに介入して，そこに応じてA～Cの専門性を発揮すればよいことになる。だったら前者と同じ結果ではないか？　の意見があろう。異なるのは，「どれを使うか？」「誰に使うか？」において自らの標榜にこだわらない点で，前者とは明らかに異なる。またその柔軟性こそが，福祉事務所（家庭児童相談機能）におけるアセスメントそのものであるし，来談者のニーズでもあろう。

　筆者の場合，面接場面において，頭の中に図を描き（場合によっては来談者に図示し）ながら，A～Cの「要因」のすべてを，（時間をかけてゆっくりと，しかも一つの立場に偏らず），欲張りにお伝えすることにしている。それこそニーズに沿っていないと思われるかもしれないが，タネ明かしをすると，実はすべてを話すことが目的ではない。時間をかけてお話しした後,必ず<u>トボけた表情で"どうでしたか？"</u>と確認することにしている。ここがミソになる。ほとんどのケースの場合，これだけあらゆる要因を話されると，逆にすべてを聞き留めることができないので，"××の部分が気になってたんですよ！"とか"そこだけはそうは思ってなかったんですが……"など，その多くは聞き流し，忘れても，一つは引っかかるところがあって，それを「ひとりでに」表明してくれる。ここが，A～Cの専門性の「どれを使うか？」「誰に使うか？」のポイントであると解釈している。

　ここで何気ない顔をして"う～ん，そうですか……実は私どももそこがポイントと思ってまして……ですので一回Aの形で幼稚園さんに協力をお願いして，お母さまと一緒にこのやり方をしたいと考えているんですよ……"ともっともらしく告げるのである。来談者も自分が言ったことだから反発のしようもない（!?）……もちろん厳密には（治療）抵抗による問題のすり替えによる場合もあるかも

しれないが、それはここでは問題にも直面もしない。とりあえず「今、引っかかったところを糸口に」する。うまくいかなくなった時点で、今度はその「要因」も先ほど同様すべてお話しして、また次の引っかかりを確認するのである。だから同一の来談者であっても、違う技法や理論を用いることは少なくないし、段階によって切り換えることもためらわない。

「面接場面や来談者が言わなくても教えてくれる」、そのための技術を凝らすのが福祉事務所（家庭児童相談機能）における入口であり出口でもあろう。

III 福祉事務所（家庭児童相談機能）におけるニーズとアセスメント

前述の部分に、福祉事務所（家庭児童相談機能）でのアセスメントの本質があるのだと感じることが多い。

私どもの子ども総合支援室（家庭児童相談室）に来られる来談者は、必ずしも望んで相談にかかる訳でもなく、中には関係機関から文字通り「だまし討ち」のように連れてこられることだってある。入口のところから、信頼関係はおろか相談の動機付けさえ希薄なことも想定しておかねばならない。ましてや無料相談の性格上、大枚をはたいて「〇〇療法の△△先生」の看板に診てもらいにくるのでもない。中断することはいとも簡単だし、看板はほとんど役に立たないことが少なくない。

他方で、児童相談所のように、親権に対抗して子どもの保護を図ったり、家庭分離を加えるような職権を与えられている訳でもないから、「アメとムチ」を使い分けて継続させるような権能も持ち合わせていない。

すなわち、来談者の動機付けや相談意欲はともすれば希薄で、法的拘束力もないために、支援の枠組は脆弱になりやすい必然を背負っている。こんな中だからこそ、来談者が「話を聞きたい・質問をしたい」枠組を意識的に作らざるを得ない。換言すれば、福祉事務所（家庭児童相談機能）の専門性とは、ありとあらゆる専門性を動員してでも、この枠組を巧みに作れることに尽きるのだと考えている。一見同じようなトラブルや問題を抱えているようでも、そこに引っかかっている事柄はそれぞれまったく異なっている。それを掴んで「ニーズ」だと示せる上手さ（すり替え!?）こそが、「アセスメント」であると考えている。一つの理論にとらわれて「ニーズ」そのものを無視してしまうのは専門家の恣意性に過ぎないし、「アセスメント」を放棄して「ニーズ」を見出せないのは精神主義の自己満足であり、いずれにしても不毛な枠組に陥ってしまうのではないだろうか。

第6章　市町村におけるこれからの子ども相談とは？　●福祉事務所（家庭児童相談）

IV　対象は相談者だけではない

　最後にもう一つ……ことに市町村の福祉事務所（家庭児童相談機能）にとって必要なことがある。それは前述の流れで，たとえばAが得られた場合なら保育所に，Bだったら児童相談所に，Cならば学校のスクールカウンセラーへつなげるなど，アプローチを私どもの部署だけでするのではなく，その実動を他の機関に担ってもらえればもらえるほどに効果が上がるということである。つまりアセスメントの中には，来談者と支援者の当事者関係だけでなく，それを実際に運用する支援機関への見立てまでが含まれているし，その効果が大きいほどに向上したアセスメントということになるのであろう。

　あるいは，上記の図1は家族内力動だけでなく，地域と家族の関係の場合もあるし，学校と他機関の間柄のことだってあり得る。いずれも同じである。一定の問題（症状）を取り除く原因探しや要因分析に走るのではなく，循環（円環関係）をさぐる。どこから介入するかについては，相手が個人であっても支援者であっても，また組織体であろうと，手順は同じこと（「その当事者が納得できること」から介入して，できる限り好ましい循環を作ること）であると考えている。だからこそ，一つの問題に対して，家族には「○○」と伝えたのに，学校には「××」と話していて，地域支援者には「△△」と説明していることも，実際よくある（もちろん"家族には○○と話してありますが，本当は××なんです……"など，学校には断っておく，またこの逆パターンもある）

　このような「八方美人さ」も，福祉事務所（家庭児童相談機能）には必要な器用さであるとも思われるし，何よりも関係機関は「支援者」でもあるし「当事者」でもあることを柔軟に切り換えられ，その（失礼な表現で申し訳ないが）諸相に応じての活用の仕方を練れること。それも求められるアセスメントであるように感じる。

V　まとめに代えて

　今回は福祉事務所の中で，特に市の家庭児童相談室とその機能に限定された章になったことは，筆者の職域の限界もあることなので，お許しいただきたい。ただ老人福祉であれ障害福祉であれ，そのスタンスとしては似通っているのではないだろうか。

　いざ論じてみれば浅薄なシステム論，しかも初歩の初歩の厚顔無恥さで，その筋の専門家からすれば批判と叱責の塊そのもので，赤面と恐縮の限りである。その見識と思慮のなさを覚悟でまとめると，システム論を活用すると言うよりは，

システマティックな発想で考えると，さまざまな「ニーズ」が浮かび上がってくるし，それに伴う「アセスメント」が見えやすくなるように感じる。

　福祉事務所における専門性とは，ある専門領域や標榜に固執することなく，かつあらゆるそれらを散りばめて活用させることである。すなわち，①いかにしてケースに動機付けや意欲を与え，相談支援体制を維持できるか？　②ときには支援機関であり，場合によっては当事者にもなり得る関係機関を，どのように取り込み有機的な働きを担ってもらえるかを，コーディネートできること，③そのためにさまざまな分野と資源を，必要に応じて取捨選択できること，この3点にあるのだろうと感じている。

　特に平成17年度以降，児童福祉法の改正によって，児童虐待対応も含めたあらゆる家庭児童相談の一義的担い手が，市町村に委ねられることになった。それに伴って，これまで以上に市町村に，「専門性と連携能力の向上」を求められるのは言うまでもない。このような時代的変遷も視野に入れて，雑駁ではあるが福祉事務所（家庭児童相談）の「ガイドライン」を論じさせていただいた。

第2部　いろいろな現場で求められるアセスメント―――第7章
施設全体へのアプローチ
◉児童養護施設

井上博晶

I　はじめに

　近年，子ども虐待の問題がクローズアップされるにつれて，児童養護施設の認知度も高まってきている。しかし，そこにどのような子どもが入所しているのかなど，その実情はまだまだ知られているとは言い難い。また年々，入所してくる子どもたちが抱える課題は複雑化しており，心のケアの必要性が叫ばれているが，多くの児童養護施設に心理職が配置されたのは，平成12年以降のことである。現在も各施設において，子どもの最善の利益のために，日々模索している段階といえる。

　そこで本章では，まず児童養護施設はどのような役割を担っているのかについて述べる。そして，児童養護施設において心理職に求められていることや，心理療法を行う上での留意点，また心理療法の有効性を高めていくためのアセスメントについて考えていく。

II　児童養護施設とは

　児童養護施設とは，児童福祉法41条による児童福祉施設であり，「保護者のいない児童，虐待されている児童などその他環境上養護を要する児童を入所させて，家庭に代わって養育すること」を目的としている［北條，1993］。「環境上養護を要する児童」とは，父母と死別した子ども，父母が行方不明であったり，長期入院や拘禁，精神疾患など何らかの健康上，経済上の理由で家庭が崩壊した子ども，保護者がいても虐待されている子どものことを指す。すなわち，家庭環境が悪く，家庭での生活が困難と児童相談所長が判断した子どもに，家庭に代わって最低限の成長や発達の保障を行う生活の場であるといえる。

　入所対象は1歳以上18歳未満であり，場合によっては20歳まで延長することができる。2005年の児童福祉法改正によって，安定した生活環境の確保や養育の連続性といった理由で特に必要な場合は，乳児も入所させることができるよう

になった。2004年，厚生労働省が実施した「児童養護施設入所児童等調査」によると，両親と死別した子どもの割合は低くなってきており，現在ではむしろ親はいるが養育不可能になったため預けられている場合がほとんどを占める。また虐待のため親から離れて生活をせざるを得なくなった子どもの割合は，全施設の平均で6割を超えるまでになってきている[厚生労働省，2004]。

被虐待児の増加にともない，集団生活の中でまるでお互いの心の傷が反応しあっているかのように子どもたちの行動化や要求は激しくなりつつある。そのため職員のストレスは増大し，子どもたちのさまざまな要求にこたえる余裕も少なくなってきている。そこで，職員と心理職の連携のもと心のケアを進めていかなければならない。

児童養護施設の心理療法には，三つの異なる立場がある。第1は「個別的心理療法を重視する立場」である。これは，治療空間を面接室などに限定し，生活の場に立ち入らないことを基本とする。第2は「環境療法の立場」である。これは，生活環境すべてを治療の場と考え，生活の場で積極的に治療的対応を行っていく。第3は「生活の場で柔軟な関係づくりを生かす立場」である。これは，生活の場面において，個別治療に限定されない柔軟な関係性の構築を重要視する[全国社会福祉協議会，2002]。

だが，児童養護施設の本来の目的は，生活の場の提供である。生活の場とは，安全で安心することができ，衣食住を主体としたあたりまえの日常を明るく楽しむことのできる環境といえる。昨今，治療的なかかわりを含んだ生活支援の必要性が叫ばれているが，まずは明るく楽しむことのできる生活環境が前提にあって，子どもの心の成長と安定につながると思われる。よって生活の場は，何よりも子どもたちを抱えてあげられる場所であることが望まれる。

また，多くの子どもたちは，親はいるが養育不可能になったため預けられているという現状を鑑み，仮に虐待ケースであっても，可能性があると判断する限り，一定の期間を経た後，親子関係の再構築を促し，家族再統合に向けて援助していくという役割がある。他にも自立支援と関連してくるが，退所した者に対する相談やその他の自立のための援助，いわゆるアフターケアの役割も担っている。

Ⅲ　心理職に求められているもの

児童養護施設の心理職には，主として「子どもの心理療法」と「職員へのコンサルテーション」という二つの役割が求められている。

まず「子どもの心理療法」は，遊戯療法や箱庭療法といった個別の心理療法を中心に行われることが多い。特に小さい子どもは言語による表現が未成熟である

第7章 施設全体へのアプローチ ●児童養護施設

ため、おもちゃを媒介として、間接的に守られた中で表現を促していくが、思春期以降になると、心理面接を実施する場合もある。

しかし、心理療法の導入の際には、施設という子どもの生活の場で実施する心理療法であるため、他の機関とはいくつかの異なる点がある。

施設の子どもたちは、過去の家庭でのさまざまな出来事によるストレスや、過去の不安定な家族の影響、早いうちからの親子分離などにより多くの心の傷を抱えている。過去の家庭での生活は一般的に見ると不適切な環境であるが、子どもたちにとってはそれがごくあたりまえの環境と捉えている可能性がある。よって子ども自身が困っていることを自覚していることは少ないため、総じて心理療法に対する動機づけが低くなってしまう。また治療が義務付けられている情緒障害児短期治療施設とは異なり、心理職の人員配置が少ないことや場所、時間などの問題で全入所児童が心理療法を受けることができないため、不平等感がある。そのため、ある種の優越感をもち特別な場所と認識する子どもがいる一方で、罰として受けさせられていると感じ、子どもが心理療法を受けたがらないこともある。すなわち一部の思春期の子どもや問題とされる行動を起こした子どもに対しては、そのことを初回面接で取り上げて、心理面接を進めていくこともあるが、ほとんどの子どもが、遊びにきているという感覚であるといえる。

よって具体的に子どもに導入する際には、現状の職員配置では、職員が一人の子どもに個別的な関わりをしていくことは難しい場合があることを踏まえ、「遊ぶことができたり、普段なかなか話せないしんどい思いを聞いてくれる場所があるのだけど、1度行ってみない？」というように勧めていく。また、その話をする職員は、一般的には担当職員であることが多い。しかし、子どもが罰として強制的に行かなければいけないと認識しないように配慮するため、施設内で心理職と職員の立場を十分に理解し、心理療法についても一定の知識をもっているような別の立場の職員から話をするほうがよりよいのではないかと考えられる。

また「職員へのコンサルテーション」は、職員と子どもの日常のやりとりの中で、ついつい見落としがちになってしまう子どもの行動が表現している意味を伝達し、職員と子どもとのかかわりがスムーズにできるように、対等な立場で具体的な助言を行う。

だが具体的な助言になるためには、職員が役に立つと感じ、実行してもらう必要がある。そのためには、まず心理職が生活の状況を知らなければならない。すなわち、子どもと職員のかかわりを中心に据え、それに心理職が合わせる形で、生活の状況に合わせた助言を行っていくことがもっとも受け入れやすいと思われる。また職員と心理職の相互が、専門性を十分に確立しており、お互いの仕

事を十分に理解していることによって，対等な関係を築くことができる。そして心理療法の具体的な効果をあげるなどして，職員がこれまで持っていなかった視点を提示し，一つの事柄について一緒に共有していく作業であるといえる［加藤，2002］。さらに子どもとのかかわりの中でもたらされることになった職員の傷つきに対して，カウンセリングを含む精神的なケアを行う場合もある。

Ⅳ　アセスメントについて

　前述したように，施設の子どもたちは何らかの心の傷を抱えており，心理療法を受ける必要性がある。だがほとんどの児童養護施設では，全入所児が心理療法を受けることはできないため，対象児を選定するためのアセスメントが重要になってくる。

　しかし，子どもの動機づけは低いため，必然的に主訴とされるものは，子どもの問題とされる行動に対する職員の困り感になってくる。だがどうしてそれを問題行動と捉えるのか，ある種のレッテル貼りをしていないかを慎重に吟味していかなければならない。また概して職員の主訴は抽象的であるため，一つずつ尋ねていき，具体化させていく必要がある。

　そして，森田［森田，2006］が詳細に述べているように，施設の子どもたちの一般的な行動特性や，過去の生活背景から予測された子どもの状況，生育歴から推測される行動を，具体化された主訴と合わせて推察していく。だがその際には，過去の生活背景や生育歴が誰からの相談で，誰に聴取したものなのかについて注目しておかなければならない。たとえば，離婚した母から聴取されたものであれば，必要以上に父のことを悪い印象で話していることも考えられる。すなわち，ケース記録の記述を全面的に信じ込むのではなく，多角的な視点を持つことが必要である。

　このように具体化された主訴とケース記録の情報に基づいて，事前に事例を見立て，どのようなアプローチで関わっていくか方針を立てて，初回に臨み，逐次クライエントや心理療法の展開に合わせて方針を修正していく。

Ⅴ　職員の困り感を具体化させていくということ

　では，どのようにして職員の困り感を具体化させていけばいいのであろうか。そもそも職員が心理療法に期待しているニーズというものは，子どもの問題とされる行動がおさまり，少しでも処遇が行いやすくなることにあるといえる。しかし，当然のことながら，心理療法を受けることだけでよくなっていくわけではない。安全で安定した生活環境があって初めてより深いレベルまで自己を見つめる

第7章　施設全体へのアプローチ　●児童養護施設

ことができるのであり，そうでなければ心理療法は現実のストレスを発散するだけの場になりかねない。

職員のニーズである子どもの問題とされる行動を改善するためには，まず「職員へのコンサルテーション」を通して，生活環境の修正を図り，安全で安心した生活環境を整えていかなければならない。その上で，子どもの問題とされる行動について，職員と対象児との関係から考えていく必要がある。

職員からの主訴としてよく挙げられるものは，落ち着きのなさや，暴力，暴言といった子どもの表面的な行動特性である。だが，これらの子どもの行動は，すべて過去の生活背景からきているのだろうか。たしかに何らかの影響はあるだろうが，行動というのは子どもが勝手に起こすものではなく，職員との関係性の中で起こってくるものである。すなわち，落ち着きのなさや，暴力，暴言はいつ，どのような状況で起こったのか，そのときに職員はどのような対応をとったのか，について振り返っていくことで，職員の意識していないことが刺激となって，子どもに問題を起こさせていることが見えてくる。それによって職員が子どもの行動をさまざまな面から客観的に見ることができるようになり，より具体的にどういったことでもっとも困っているかが理解しやすくなる。それが具体化させていく作業といえる。

心理職がアセスメントをする上で，もっとも重視する情報は，このような具体化された主訴を構成・共有することであり，これにより問題とされる行動の改善というニーズに応えることにつながると思われる。

しかし，職員の対応は，個人のパーソナリティーの問題もあるが，施設に根ざしている雰囲気や職員の人間関係の影響も大きい。職員同士がお互いを尊重し意見を言い合える関係であれば，そこに一貫性のあるケアが生まれるが，それがなされないと一貫した対応を行うことができず，一人で抱え込んでしまう状況に陥ってしまい，集団生活の中で子どもの行動化は激しくなる。つまり一貫性のあるケアを行うことができれば，よりいっそう子どもの行動の意味を，職員と子どもの関係性という視点で理解することができるようになると考えられる。よって職員同士の人間関係を肯定的な関係にするところに心理職も働きかけていくことは，職員の困り感を具体化させていくことにつながると思われる。このようなアプローチも，広い意味でのアセスメントと言えるのではないだろうか。

Ⅵ　おわりに

先にも述べたように，児童養護施設の心理療法には，三つの異なる立場がある。筆者は「個別的心理療法を重視する立場」で実践しているが，いずれの立場にお

いても，個別の心理療法を基本に位置づけていることや，子どもたちの処遇に対する職員へのコンサルテーションを重要視する点においては，共通している。

特に児童養護施設の心理職には，施設の環境自体に対してアプローチしていくことが求められている。それは安全で安心できる生活環境を整えていくことや，職員へのコンサルテーション，職員同士の人間関係の調整など多岐にわたる。だがこれらの広い意味でのアセスメントは，個別の心理療法に大きく影響しているのではないだろうか。

本来アセスメントとは，心理療法の有効性を高めるために行われるものである。児童養護施設の心理職がアセスメントをする上で，もっとも重視する情報は，主訴である職員の困り感を具体化させて構成・共有することといえる。しかし何よりも広い意味でのアセスメントを丁寧に行っていくことが，主訴を具体化させることにつながるのであり，ひいては心理療法の有効性を高めることになると考えられる。

〈文　献〉

北條正治：養護施設．児童虐待防止制度研究会編：子どもの虐待防止最前線からの報告，pp.113-124，朱鷺書房，1993．

加藤尚子：児童養護施設における心理療法担当職員導入の現状と課題．（高橋利一編）児童養護施設のセラピスト導入とその課題，pp.64-94，朱鷺書房，2002．

厚生労働省：児童養護施設入所児童等調査結果の概要．2004．

森田喜治：児童養護施設と被虐待児．創元社，2006．

全国社会福祉協議会編：児童養護施設における児童虐待への対応事業：児童養護施設における心理的援助のあり方及び児童家庭支援センターにおける地域支援のあり方検討報告書．2002．

第2部　いろいろな現場で求められるアセスメント──第**8**章
個人・社会システムをアセスメントする
◉児童福祉施設

辻　　　亨

I　はじめに

　今回の主題であるメタ・アセスメントとは何だろう？　と考えた場合，ごくごく簡単な考え方をすると，アセスメントをメタレベルで再度アセスメントするということになります。

　それを施設臨床で考えた場合，支援者が児童やその家族をアセスメントし「見立てる」ほかに，さまざまに起こる事象，対人相互作用によるパターンや連鎖などについてどのように捉え，そしてどのようにアセスメントをしたのかということについて治療者自身がさらにアセスメントすることであると考えます。

　そこで本章では，児童福祉施設での福祉臨床の現場において，施設の特色や治療的環境，役割の他，どのような治療的実践を行っているのかということについて，システム論的視点から捉えたうえで，どのようにアセスメントを行っているのか，さらにメタレベルでのアセスメントとはどのようなことなのかについて検討したいと考えます。

II　児童福祉施設臨床の現場

1．児童福祉施設

　児童福祉法（厚生労働省法令）第44条の2，第2項に定められている児童福祉施設は乳児院，児童養護施設，情緒障害児短期治療施設，児童自立支援施設に大別されています。これらをもう少し詳しく見ると，平成19年度の調べで乳児院は施設数が120カ所あり，児童定数3,700名余りに対し3,190名前後の子どもたちが入所をしています。

　また児童養護施設については，施設数559カ所が運営されており，児童定数33,500名余りに対し，30,850名前後の子どもたちが生活をし，地域の学校に通学しています。

　その他，児童自立支援施設は施設数58カ所，児童定数4,100名に対し，1,890

名余りの子どもたちが入所しています。

　これらの各施設を退所した子どもたちが一時的に利用することができる，自立援助ホームが全国に46カ所運営されており，児童定数336人に対して児童の現員は250名あまりで，その子どもたちが社会的自立に向けて努力をしています。

　こうしたそれぞれの施設（自立援助ホームを除く）には，平成11年度より常勤ないしは非常勤として1～2名の心理士が経過措置的に選択配置されるようになり，さらに平成18年度から常勤配置としての位置付けとなりました。また加えて平成19年度からは，家族療法事業に対する予算が計上されてきた経過があります。

２．情緒障害児短期治療施設における総合環境療法

　筆者が勤務する情緒障害児短期治療施設（以下：情短施設）は，平成21年7月1日の時点で，全国に33カ所が運営されており，総児童定数1,362名に対し，児童現員1,175名余りの児童・生徒（以下：児童）が入所をしています。

　情短施設には，児童10名に対して，1名の常勤心理士（臨床心理士等）が配置されています。その他，児童養護施設と異なる点として，児童養護施設に入所中の児童は，施設が所在する地域の小・中学校に通学をしているのに対して，情短施設に入所している児童たちは施設内学級や分校の他，同敷地内にある特別支援学校等との連携により学習の保障がなされています。（ごく少数，地域の学校の情緒障害児学級に通学している場合もある）

　また，情短施設に入所中の児童の約7割を超える児童が被虐待児であり，ここ数年の傾向では，発達障害の疑い（確定診断を受けた児童を含む）のある児童が年々増加の一途を辿っています。

　こうした児童に対して，施設内での日常の生活に職員が寄り添い，生活場面を通じての療育，心理治療，学校での治療教育，サークル活動の他，職場体験実習やトライアル行事などの施設外でのさまざまな活動を通して児童の社会的スキルの向上を目指しています。

　情短施設では児童の施設生活をはじめ，施設内外で実施されるすべての活動を治療の一場面として捉え，保護者との治療教育，また地域関係機関との治療的連携を含め，日々の療育にあたっています。

　このような中で，情短施設の施設内のシステムについては，施設に入所，および通所している児童に対して，児童精神科医，心理職員（臨床心理士等），生活指導員（精神保健福祉士，社会福祉士を含む），看護師，教員，栄養士，調理師，加えて管理職や事務職員までもが子どもたちに対して日々の日常生活の場面を含

め，治療的に関わること，言い換えると施設内外の環境のすべてを治療的なものとして捉える考えを総合環境療法としています。

この総合環境療法としての取り組みは，セラピストが面接室で行う治療面接のほか，治療者が意図して作成した集団を対象とした集団療法だけを「治療の場」として捉えるのではなく，施設での生活環境そのものすべてを治療システムとして捉え，上記の職員誰しもが子どもと関わるさまざまな場面で治療者となりうるというところに特徴があります。

3．施設入所と療育の流れとアセスメント

知的障害児（者）福祉施設や老人福祉施設は，平成18年10月までは措置施設でしたが，障害者自立支援法や介護保険法の成立により，利用制度のパラダイムの転換が行われ，保護者と施設等が契約を行う形式で，入所や通所等のサービスを利用するという形態に移行しました。しかし，児童福祉施設においては，児童相談所からの措置を受け，児童は施設入所をしてきます。

特に筆者が勤務する情短施設さざなみ学園では，入所を前提とした児童に対し，見学や体験入園（1泊・2泊・1週間程度の期間，隣接する特別支援学校との連携で体験学習を含め）を実施し，児童の入所動機・治療的動機を高めたうえでの入所という方向付けを必ず行っています。

図1に示すように入所に至る流れの中，入所前の見学や体験入園時に，すでに入所をしている児童たちとの生活交流の場面を通じての行動観察によるアセスメントを行います。

また，体験入園を終えた児童の施設入所が決定した場合，児童相談所での児童の面接をはじめとする社会診断，家族面接や家庭訪問時等の家庭状況把握による所見に加え，心理判定員が実施する各種心理テストによる心理診断，精神科医や小児科医による医学診断，一時保護所での行動観察等による児童の情報（児童相談所におけるアセスメントの情報）を児童相談所と施設側とが共有した上で，入所日が決定されるという運びになります。

そのほか，教育面においては原籍校での調書や体験入学を元に，教育委員会，現籍校の代表教諭および特別支援学校の委員による適正就学委員会が実施され，学習内容や成績など教育面においてもアセスメントが行われています。

以上，社会診断・心理診断・医学診断・行動観察・教育面での適正就学等，多重的アセスメントが実施された上で施設入所ということになります。

加えて入所の当日には，セラピスト・指導員等による保護者へのインテーク面接が実施されています。

図1

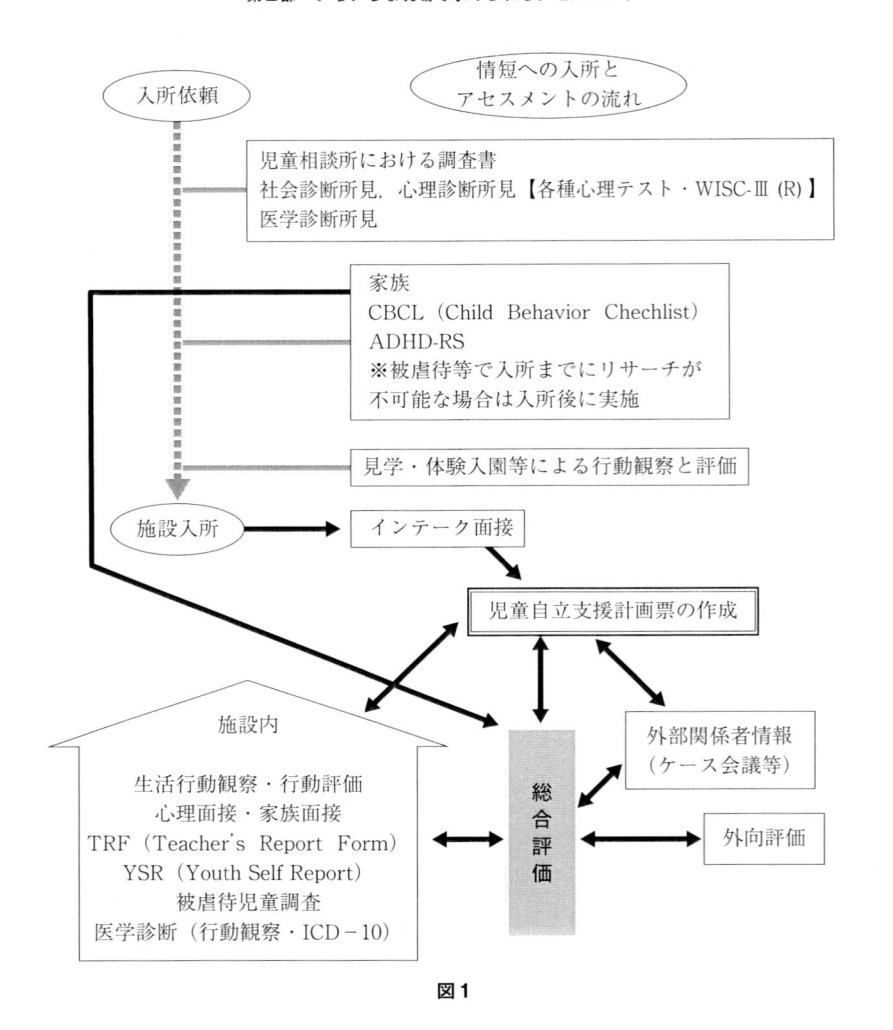

4．施設臨床の現場での多重的システムと構造（器官－生体－集団－機構－社会システム）

生物体システムのレベルから社会システムレベルまで，情短（福祉施設臨床）で療育を受ける子どもたちの各階層システムレベルでの各職種の関わりの度合いを概観してみると，図2のようになると考えます。

こうした施設臨床の場において，現在行われている施設内でのアセスメントを考えた場合，前述の総合環境療法による視点から，図1の施設内の枠内に示すように，生活面や治療場面の中で，行動観察や心理学的視点や種々の心理テストに

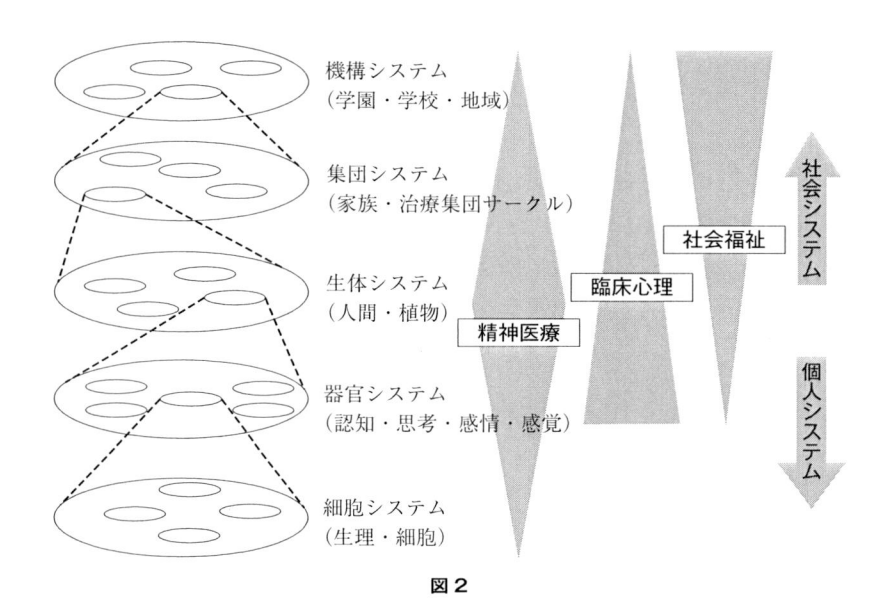

第8章　個人・社会システムをアセスメントする　●児童福祉施設

図2

機構システム
（学園・学校・地域）

集団システム
（家族・治療集団サークル）

生体システム
（人間・植物）

器官システム
（認知・思考・感情・感覚）

細胞システム
（生理・細胞）

社会福祉
臨床心理
精神医療

社会システム
個人システム

よるデータ他，心理面接，家族面接，全国情緒障害児短期治療施設協議会が行う被虐待児童調査のほか，身体の状態，ICD-10 や DSM-Ⅳ-TR などによる児童精神科領域による医学診断をはじめ，世界基準に則った「ASEBA：Achenbach System of Empirically Based Assessment」（心理社会的な適応／不適応状態を包括的に評価するシステム：TRF 施設職員・教師用，CBCL 家族用，YSR 児童個人用）などによりアセスメントを行っています。

これを大別すると，図3に示すように，種々の心理テストのデータなどから得たアセスメントのほか，認知を含む臨床心理学的な視点，心身・身体の状態や症状行動，ICD-10 や DSM-Ⅳ-TR などによる児童精神科医療の領域によるアセスメント，家庭環境やこれまでの福祉的援助，社会的状態像（虐待，不登校，いじめなど）を含む社会福祉学的観点からのアセスメント，知的能力や思考傾向，学習空

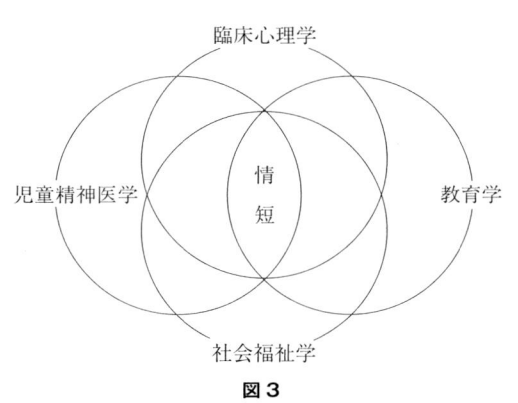

臨床心理学
児童精神医学
情短
教育学
社会福祉学

図3

白，習熟度や学習課題などの教育学的視点からのアセスメント。これら多重的なシステムがそれぞれの役割を持ちながら複合しあい，また補完しあい，相互に関連を持ちながらアセスメントする構造になっていると考えます。

Ⅲ 児童福祉施設臨床の場（風土・環境・文化など）と臨床家の立場を踏まえたアセスメント

1．児童が施設入所（生活）しているというコンテクストを利用する

　児童福祉施設で心理臨床を行う場合，児童は施設入所（もしくは家庭から施設への通所）をしており，その児童ならびに児童の家族や関係者などを対象に面接を行うことになります。

　前述のように，治療者は児童と生活場面や行事を含むさまざまな場面を共有し，児童の日常生活での出来事や他者との関係性等の細々した面を理解した上で面接を行うことになります。

　いわばこれは児童の日常，さらには直近の行動や状態像などを観察し，それを基にしたアセスメントを活用しながら面接が実施できるということです。

　また加えて，セラピストは児童を取り巻く施設環境や関係性の細々した面を含め周知しているため，アセスメントを行うことだけに留まらず，仮説の設定や変更，さらには介入のためのリソースとして利用することも可能であると考えられます。

　さらには面接直後の児童の状態を児童の日常生活の中で治療者を含めた職員チームが経過観察し，継続的に掌握していくことも可能です。

2．教育面でのコンテクストを利用する

　情短施設に入所中の児童の教育面については，県の教育委員会や市町村の地域教育委員会等，教育機関との連携の中，各施設でさまざまな形態（施設内の分教室や分校，特別支援学校，地域各学校等）で教育を保障しています。

　さざなみ学園の場合，隣接の県立病虚弱養護学校である鳥居本養護学校（特別支援学校）を中心に通学し，特別支援教育による治療教育を受けています。さらに児童個々の成長の度合いと治療の進度に応じ，市教育委員会（彦根市教育委員会）の理解のもと，地域の学校（鳥居本小学校・鳥居本中学校）に協力を得る中で，当初は数時間の交流授業から始め，徐々に徐々に時間をかけて転校していける教育システムを敷いています。

　特に特別支援学校での治療教育は，安心できる教育環境の中で大人との関係の再形成を行うことを始めとしますが，学校が小規模であるため，集団参加しやすいという利点があります。そうしたことから，学校独自で児童個々の学習の状態

を的確に掌握した上での習熟度に応じた学習が可能です。さらには対人関係や教科，教材にも児童のその時の状態により，急な変更や工夫が持てるという面があります。

また，学校の教職員と学園の職員とは常時連携が取れるシステムであり，共同した形での治療教育の構造でもあるため，児童の学校での様子や校内で起こった出来事，他者との関係性の変化などを治療面接直前でもリサーチし，アセスメントを行った上での面接が可能です。

逆に，学校と学園との治療における協力体制の中で，治療者の行ったアセスメントを学校のクラス担任や他の先生方と共有し，面接での介入の内容などを確認した上で，学校での観察をお願いすることも可能です。これをさらに一歩進めた形式で，児童の成長を施設での生活の場や治療面接の場，学校での教育の場，家庭での適応と個々に「評価」するのではなく，関係者それぞれが面接の場に同席することで，共同の場でのアセスメントを行い，仮説の設定・介入内容や介入方法の策定へとつなげていくことや，さらには児童の肯定的な評価につなげていくことも可能です。

そのほか，広汎性発達障害圏の児童や重篤な被虐待のケース，若年性のうつ，精神病圏などで服薬している児童に対して，施設より時間的に拘束されることが多い学校教育の場面（ある種，管理された場面やストレス下）において，服薬における影響や薬の効き具合などを細かく掌握してもらい，主治医の児童精神医療におけるアセスメントにつなげていくことも重要であると考えます。

日常，現場で協働することから，また何気ない会話や趣味等を通じた関係などから各教師の人間性，考え方，児童との距離のとり方，介入の方法，施設の役割や治療に対する理解度などトータルとして意識的にアセスメントをしておくことで，今後協働介入を行う時にもっとも有効な方法を戦略的に持つことが可能となるため，このような視点を持つことも重要であると考えます。

3．施設のハード面を有効に利用できるというコンテクスト

前述のように，施設環境による療育面を利用するほか，面接室や家族治療棟を利用するという視点で捉えてみると，情短施設では家族療法棟を設置しているところが多くあります。

当園も同様に，平成19年度および20年度事業で心理治療の充実のための増築にあわせて，家族療法棟（次頁写真）を設置しました（心理治療棟1階：個別面接室3・プレールーム2，家族療法棟2階：ダイニングキッチン・風呂・トイレ・和室6畳2部屋）。

家族面接を行う場合，面接室内で観察される家族間の関係性の変化などから

行ったアセスメントを面接室内の枠から広げ，家族の実生活の場面を施設内の家族療法棟で行ってもらい，一時的に治療者も介在した実生活の場の中でアセスメントできるという利点もあります。

その他，入所して間もない児童に対しての家族面接の経過の中で，児童の家庭への一時帰省を検討するために家族療法棟を利用したアセスメントができるほか，退所を控えた児童の家庭復帰に対しても同様にアセスメントを行うことができます。

4．家庭を訪問することによるアセスメント

情短施設をはじめ児童福祉等の施設の場合，入所児童の家庭を訪問するということはよくあることです。

学園や特別支援学校においては，多くの入所児童に対して家庭訪問を実施しています。このことにより入所児童の住環境や学園に来園されない兄弟姉妹，祖父母，親戚との関係，地域の方々や家族にかかわりを持つ方々との対人関係のとり方，その他，家族を取り巻く環境すべてについて理解することができます。家庭訪問は，児童や家族を総合的にアセスメントする場合に大変役立つものであると考えています。

また，家庭訪問を行うことにより，家族の実生活の中に一時的に仲間入りをした上で，家族内の相互作用をはじめ，事前に行った介入の効果など，家族の生活の中でアセスメントを行うことも可能であると考えます。

5．関係諸機関と協働することによるアセスメント

施設福祉臨床の関係諸機関については，児童相談所をはじめ，都道府県庁内および市町の福祉関係の課，場合によっては中央省庁（厚生労働省や文部科学省），児童たちの原籍校・通学中の各学校・教育委員会などを含む教育機関，病院やクリニック等の医療機関，企業（アルバイト先，職場実習先など），児童の地元地域の児童民生委員，協力者，他施設や作業所，グループホームや援助ホーム，弁護士，裁判所等の司法関係職員，警察官，そのほか職業安定所職員等にお世話になっています。そうしたかかわりの中で，個別のケース会議や相談などを行うこともあります。周知のごとく，人間は場と状況によって行動が変化します。

施設内の日常生活場面における児童の姿と，施設以外の各場所での児童の状態像を聞き取る中で差異の検討を行うと同時に，その場その場で適切な行動が取れているか，コミュニケーションの取り方など，会議に参加しているメンバー各々にさまざまな気付きがあります。そうした中で，総合的なアセスメントが行え，仮説や介入の再設定に役立てています。

また，ケース会議だけではなく，協力いただいている関係諸機関に直接治療者が出向き，施設環境と大きく異なった社会的な場面で示す児童の行動や状態像を直接観察する中でアセスメントを行うことが可能です。

Ⅳ　職員それぞれのアセスメントとニーズをコンサルテーションする

通常，ただ単にアセスメントという言葉を考えた場合，「クライエント自身の訴えを聞き確認をすること」ということになります。いわば，「主訴を確認すること」に当るものであると考えられます。

しかし，施設での福祉臨床を考えた場合，多くの児童が被虐待や発達障害などを主訴として入所してきます。これは児童自らが主訴としたものではなく，児童を取り巻く関係者が児童の状態像や環境等を客観的に捉え，困った事態が生じていることから，第三者が主訴としたものであるということになります。

また加えて前述した総合環境療法では，施設全体の取り組みの中，職員が児童個々に対して，「その時・その場（here and now）」で，治療的に関わるという構造であり，児童の生活に入り込んだ上でのきめ細やかな目配りの中で，時として「瞬時の判断」による，かかわりの「即応性」や「即興性」が不可欠となることが往々にしてあります。

またそうした状況下で職員は，個々それぞれに価値観や考え方・ものの見方等が異なる中で治療的な関わりを持つことになります。いわばこれは，職員の人数分だけ微妙に異なるアセスメントが存在するということになります。この職員個々のアセスメントが「その時・その場」でのかかわりに影響を及ぼすことは言うまでもありません。そのため，児童個々に対するアセスメントをある程度揃えておく必要が出てきます。そうした上で関わり方，治療目標を確認しておく必要があるため，施設の中（施設の内外を問わず）では，ケース会議等を持ちコンサルテーションを充分に行っておく必要があります。

Ⅴ　まとめと考察

施設では児童に対して，子どもの権利を最優先に考え，安全で安心できる生活枠の中，入所している児童が個々の課題解決に向かえるように，加えて成長につ

なげるための福祉支援としての治療的な関わりを持てるようにすることが大前提となります。

　施設臨床の現場のように大勢がさまざまな形態で，そしてその都度新しいシステムを形成しチーム治療を行う場合，他者がどのようにアセスメントをしているのかを意識してアセスメントしておく必要があります。その上で，既述のように上位システムである施設の所在地の地域性や風土，環境，施設の役割や独自の文化，加えて施設の信条やドグマ等を意識した上でアセスメントを行う必要があります。

　こうした行為は，治療者が自らの所属している職場や置かれている立場，人間関係等を含め，ある種自らが拘束されているコンテクストをはじめとし，他機関との関係や他者との相互の関係性を理解した上で行う必要があります。

　また，児童個々が取り組むさまざまな治療的な関わりに対して，肯定的な評価につなげられるように治療目標を設定し，職員をはじめ関係諸機関を含めて共有する必要があります。児童にかかわる関係者が相互に理解し合い，協働しやすくする工夫として，誰しもが確認できる児童支援計画表（児童自立支援計画表：関係

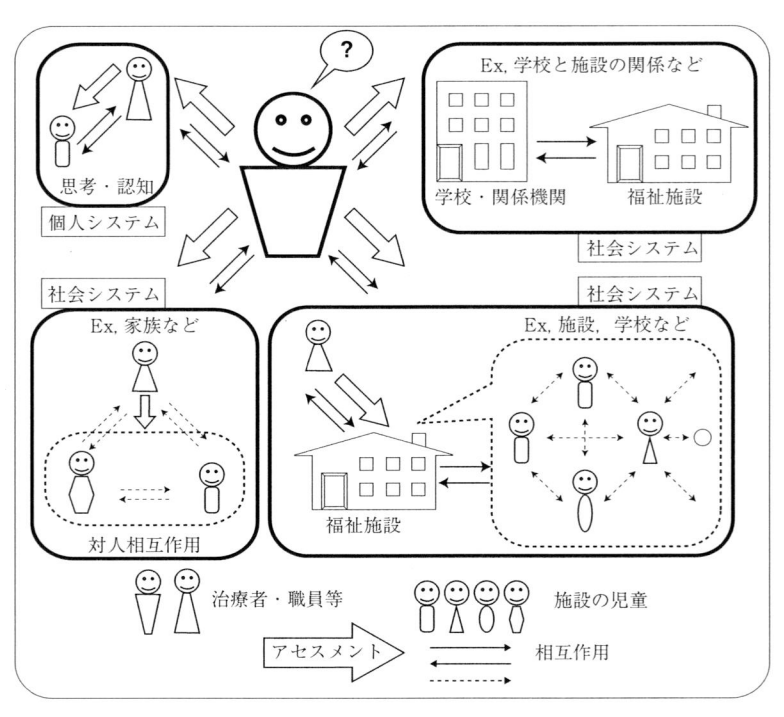

図4

者が治療目標等を確認するだけではなく，児童とも確認できるもの）の策定のための短期的・中期的・長期的な治療目標を設定するため，アセスメントはきわめて重要になります。

　加えて，児童個々の社会的スキルを高めるため，施設以外の多くの機関の方々に協力を依頼することもあります。そうした場合，その協力者をはじめ，協力機関が施設をどう捉えているのかということに加えて，治療者や施設との関係性についてもアセスメントをしておく必要があります。ある種，そうしたさまざまなレベルでのアセスメントを繰り返し行い，その都度修正を加えておくことも重要であると考えます。

　施設に入所している児童にとっての環境要因の中でもっとも大きな影響力をもつものを考えた場合，児童が日常，生活をしている「学園」や「学校」であり，また「家庭」ということになります。その視点に立って，児童を取り巻く環境である「学園」「学校」「家庭」のアセスメントを行うこと自体が，施設で生活をする児童たちの援助には欠くことのできないものなのです。そうしたことから，図4に示すように「社会システムをアセスメントする」という視点はきわめて重要であり，それを可能なものとするため，他者に対してコンサルテーションを効果的に行うための万能のツールとしてシステムズ・アプローチが存在し，意味を持つものであると考えます。

　　［情短施設の治療的取り組み等を元に検討しましたが，情短施設はさまざまな形態があり，あくまでもさざなみ学園の療育を基準に考察したものであることをご了承下さい］

〈文　献〉

井出智博：児童養護施設における心理職の多様な活動の展開に関する文献的検討．福祉心理学研究，4 (1)；44-53, 2007.

児童虐待防止対策支援・治療研究会編：子ども・家族への支援をするために．日本児童福祉協会，2004.

中釜洋子，高田治，斉藤憲司：心理援助のネットワークづくり．東京大学出版会，2008.

下山晴彦：臨床心理アセスメント入門．金剛出版，2008.

「そだちと臨床」編集委員会編：特集：社会的養護と心理職の役割／援助に役立つ対応のバリエーション．そだちと臨床，Vol. 4, 2008.

富永健一：行為と社会システムの理論．東京大学出版会，1995.

吉川悟・村上雅彦編：システム論からみた思春期・青年期の困難事例．金剛出版，2001.

遊佐安一郎：システムズ・アプローチの理論と実際．星和書店，1990.

第2部　いろいろな現場で求められるアセスメント──第 **9** 章

メタポジションに立ったアセスメントおよび支援
◉児童相談所

衣斐哲臣

I　はじめに

　「高次の」とか「〜を超えた」というメタ概念は，あるものの上位のものを意味する言葉であり，その上位のものを語ればさらにまた，その上のメタのポジションを意識する必要が生じる性質を持っている。臨床場面において問題の状況やその時々のやりとりを，高次から見据える視点にも通じ，それは刻々相対的に変化するものでもある。

　本章の試みは，それをある程度，固定的に語ることになるが，筆者が勤務する児童相談所において，どのようなアセスメントを行っているのか，そして，それはどのような児童相談所現場の特徴やニーズのもとで行なわれているのか，という「あるアセスメントを行う現場をアセスメントする」というメタ・アセスメント構造を開陳する試みである。対人援助の臨床において，このような多層性の構造を捉えた視点は非常に有効かつ必要な視点である。

　コミュニケーションにおいても，「あるコミュニケーションを規定するコミュニケーション」をメタ・コミュニケーションと呼ぶ。臨床的にはこのメタ・コミュニケーションを扱うことと，コンテンツ（内容）の上位にあるコンテキスト（文脈や状況）という枠組みを扱うことは，ほぼ同義の捉え方と考えてもよいだろう。この捉え方が治療上とても重要である。たとえば，一定の心理検査や面接などから導き出したアセスメントは，どのような文脈および状況で活用されるかによって有用にも無用にも有害にもなる。言い換えると，同じアセスメント結果でも文脈次第で意味合いは大きく異なるのである。

　本章では，先に児童相談所の特性を記述し，その特性の中で扱ったある虐待事例に対するアセスメントおよび支援の実際をワンセットとして紹介する。

II　ロールシャッハテストがよくわかるようになった！

　本論に入る前にもう一つ，メタの捉え方やシステム論のものの見方が筆者の臨

第9章 メタポジションに立ったアセスメントおよび支援　●児童相談所

床スタイルに浸透していくなかで実感した"目から鱗が落ちた"体験について述べたい。

　それはロールシャッハテストについてである。ロールシャッハテストは，10枚のカード図版を見て出された反応について形式分析や内容分析を行い，その人の人格構造や特性を探る投映法の心理検査である。検査法や解釈法に基づき分類と解釈を行い一定の所見を出す。筆者はたいていの臨床家と同様にそれを疑うことなく，過去の職場である精神科領域を中心にして数百例の実践をしてきた。

　しかし，出された反応だけを分類し解釈するのではなく，この検査事態すべてを，テスターとクライエントのコミュニケーションの場と捉え，そこにメタ・ポジションから見ているテスター自身を位置づけたとき，見えてくるものが変わった。つまり，検査場面で生じる相互作用のパターンは，まさにその人のふだんの対人関係様式の一部であり，検査法に基づく解釈知見もクライエントの反応の一挙手一投足もみなその人のコミュニケーション上の特徴として理解し，その人の日常生活の状況や文脈に照らし類推し想像したとき，生きた解釈となり，その後の治療的コミュニケーションへと展開させることが容易になった。

　このようなメタを含めた見方は，マニュアル本にはあまり書かれていない。ロールシャッハテストの実施法やスコアリングや解釈の仕方に重きが置かれているのが通常である。だが，本検査に精通した人は，それをメタ・ポジションの視点とは言わなくても，おそらく似た見方をしている。筆者のこのロールシャッハ開眼体験（？）は，数百例の経験がベースにあったことに加えて，より上位のコミュニケーションの枠組みを視野に入れた見方をすることで，さらにアセスメントの有効性が広がったと理解している。他の心理検査についても同様で，検査に精通することにプラスして，メタ・ポジションに立ったものの見方が有効な視座としてきちんと根づくこと，とりわけこれが重要であることを強調しておきたい。

Ⅲ　児童相談所システムの四つの特徴

　児童相談所は，児童福祉法に基づき都道府県や政令指定都市等に設置された児童福祉行政機関である。全国に197カ所（平成20年9月時点）ある。戦後の孤児救貧に始まり最近の虐待対応まで60余年にわたり，社会の要請と批判を受けながら，18歳未満のあらゆる子どもと家庭の問題に一貫して取り組んできた。

　児童相談所の特徴を四つに分けて説明する。

1．行政機関であり行政決定や行政処分を行う

　児童相談所は基本的に行政機関であり，業務としては行政手続法等に則ったソーシャルワークや心理判定を行う必要がある。たとえば，知的障害者の福祉制

度である療育手帳の程度判定は，今のところ児童相談所の独占業務（18歳未満の児童）であり，知能および発達検査等による知的能力のアセスメントが対象者に対し公平平等に実施される必要がある。つまり，ここでのアセスメントの構造は，"日本の福祉制度のなかの療育手帳制度を利用したいという保護者からの申請により，児童相談所の心理判定員が対象の子どもに対し，新版K式発達検査等の標準化された検査を実施し，同時に保護者等から生活状況を聞き，そこで出された結果等に基づき手帳交付の是非や程度決定のための判定会議が行われ，それに基づき決裁が行われる"というものである。この制度の構造や対象者との関係性の中でアセスメントを行う，これがメタ・アセスメント構造といえる。

　その他，児童養護施設や児童自立支援施設などへの入所措置，所長権限による一時保護，児童福祉司指導なども，児童福祉法に基づく行政処分である。これらの入所や指導の際にも，公的機関としてのアセスメントと決定にかかる手続きを踏む必要がある。手続きは所長の決裁を得て，初めて業務として成り立つのが原則である。緊急で特別な事態は別として，元来，行政とは時間も手間もかかるものである。

2．虐待対応の専門機関

　最近の虐待対応では，保護者の意に反した立ち入り調査や一時保護などの強権的な介入により，子どもを保護者から分離保護することも稀ではなく，従来のソフト路線の福祉的ケースワークと異なり，強制力をもった対応を行うことが多い。まさに行政処分の敢行である。臨床家というより行政の一員であると割り切った方が潔く思える。そのうえで，〈これ以上放っておくことはできません。私たちは専門家としてこの子どもとあなたの家庭を守ります。不服があれば県知事宛に申し立てをしてください〉と保護者に毅然と告げる。「勝手なことを言うな」と言われようとも，悲惨な虐待死亡事例をはじめ第三者の介入がなければ変わらない実態に対しては，保護者との関係よりも子どもの安全確認や安全確保を優先して行動することが求められている。

　2004年の改正児童福祉法により，子どもと家庭の相談を児童相談所だけではなく市町村が受けるように拡大された。特に，児童相談所に一極集中していた虐待ケースを市町村主体で関わるようになった。児童相談所は，市町村の後方支援ならびに虐待および要保護性の高い困難事例への関与という位置づけがされた。また，市町村を中心にして，要保護児童対策地域協議会というネットワークができて，地域で心配な子ども家庭の早期発見や早期対応などのシステムができた。これまでも市町村は住民にとってより身近な存在として，乳幼児健診や家庭訪問などの機会を活用した保護者対応を親和的に行ってきた。一方で，不適切な関

わりがありながら援助を拒否したり抵抗する保護者には，法的権限がないこともあって踏み込んだ対応は困難であった。そんな場合にこそ，上位の枠組みとして児童相談所との連携を行う仕組みができてきた。

しかし，いくら行政組織の決定といえども，保護者等からの怒りや攻撃をまともに受けるのは担当職員個人である。身も心も疲弊する。逆に，児童相談所の介入は，保護者にとっても突然の家庭内への侵入であり，子どもを奪われ保護者失格の烙印を押されることにもなる。両者にとって緊張感の高まる事態である。

職員の対人援助や交渉スキルの研鑽が必要である。同時に，組織には強固な法的後ろ盾が必要である。まだ強固とはいえないなか，全国の児童相談所では，法改正や厚生労働省の通達を受け，体制整備と実務の工夫を凝らしながら虐待ケースの危険と安全のアセスメントを行い対応を図っている。そんな実践例を後述する。

3．相談援助機能，一時保護機能，施設入所等の措置機能の三つの機能をもっている

この三つは，三位一体とも呼ばれ，児童福祉司，児童心理司，児童精神科医，保育士，行政職員などの専門職を揃えて児童相談所が自前で実践してきた機能であり，他の組織にはあまり類を見ない形態である。相談種別は，養護相談（虐待を含む），性格行動相談（不登校やしつけに関することなど），心身障害相談（知的障害，発達障害など），非行相談の四つの柱に分けられる。通所による相談が圧倒的に多いが，一時保護や施設入所となるケースもある。

たとえば一時保護を行ったケースのアセスメントについては判定会議を開き，児童福祉司による社会診断，児童心理司による心理診断，一時保護職員による行動診断，児童精神科医による医学診断をそれぞれの立場から出し合い，ケースのアセスメントと援助方針が検討される。それを受けて，援助方針会議により方針決定がなされる。施設入所が適当と決定されれば，それに基づき措置の手続きを行うことになる。会議の決定手続き自体が，それぞれの立場からのアセスメントを持ち寄り，それを統合し上位のアセスメントにもっていく作業であり，ここにもメタ・アセスメントの構造がある。

このように他の機関に頼らず，連携をしなくてもやれてきた分，連携はいささか下手かもしれない。昨今の虐待ケースの増加に伴い，児童相談所の役割は大きく変化し，虐待対応が最優先任務となり，他機関との連携と協働が緊喫のテーマの一つになった。各地域に上述のネットワークができ協働の体制が敷かれた。与えられた権限を活用しながら，有機的な協働がいかに図れるかが問われている。

4．チームアプローチと合議制

　上述のように個人よりも組織の決定という構造があり，基本的にケースに対しても児童福祉司と児童心理司のペアなど複数で対応する。対象も，子ども個人だけでなく子どもを取り巻く家族やその他の関係者など複数であることがほとんどであり，子どもを含んだシステムや全体的支援の流れの中の一部分として支援を行っているという認識や，より大きな社会集団を見据えながら個人を繊細に扱う視点が必要である。

　通常，子どもの心理アセスメントは，心理検査ツール（知能・発達検査，性格検査など）や面接を通して児童心理司が担当する。親対応等を児童福祉司が行う。複数対応は，複数人の目で見るために視点が広がり，援助者を含めクライエントや関係者との相互作用を踏まえた資源活用ができる利点がある〔衣斐，2008〕。心理アセスメントの結果も，その相互作用の中で活用されることで有効になる。

Ⅳ　サインズ・オブ・セイフティ・アプローチによる虐待ケースのアセスメントおよび支援の実際

　ここでは，上述の児童相談所の特徴や権限に基づき，強権的に子どもを保護した後，サインズ・オブ・セイフティ・アプローチ（SoSAと略）によるアセスメントを行い，家庭引き取りにつないだ虐待ケースを紹介する。SoSAとは，オーストラリアで開発され世界的に広がりを見せている虐待事例に対する実践的なアプローチの方法である。虐待したとみなされている者と援助者がパートナーシップを結び，子どもの安心と安全を確保するために，両者で子どもや家庭のリスク要因だけでなく，家族のもつ安全や健全さの要因もアセスメントしつつ共有していく取り組みである。SoSAの詳細は成書〔Turnell & Edwards, 1999=2004；井上・井上，2008〕に譲り，ケース経過を示す。

事例A子：1歳
虐待通告：職権一時保護

　ある総合病院の小児科医から「救急受診した1歳女児に骨折があり虐待が疑われる」と通告があった。すぐに筆者と地区担当児童福祉司の2名で病院を訪問。医師によると，左足踵の腫れに気づいた母と祖母が受診。検査の結果，①左足腓骨など2カ所の骨折，②右足大腿部に直径6cm程の皮下出血，③右手指の外傷（20日ほど前に犬にかまれ化膿した），④左前腕の骨折跡（推定1カ月前のもの）などが判明した。

　③の外傷以外は，母と祖母も「思い当たることがない」と言い，原因不明であっ

第9章　メタポジションに立ったアセスメントおよび支援　●児童相談所

た。家族は，A子と母と母方祖父母の四人家族。父は離婚。母が介護職として働き，育児は祖母が中心。21歳の母は育児には淡泊。その分祖母がA子を非常にかわいがっている。以上が病院の情報であった。

　その後，病院で骨折等の原因精査を行ったが，外力による原因以外考えがたく，退院可能となった2週間後に児童相談所が介入することとなった。当日，主治医が経過説明をし，外力が加わった可能性を再確認したが，母と祖母から新たな説明はなかった。児童相談所としては幼児にここまで外傷が重なれば，原因が判明し幼児の安全が保障されるまで職権による分離保護を強行するしかない。これが組織としての判断であった。ここで，待機していた筆者らが登場した。こんな登場は喜ばれるはずもなく，筆者の説明に，母も祖母も敵視の形相に変わった。とくに祖母は猛反発をし，「私たちが虐待をしたというのか？！」「子どもをひき離すなんて絶対にさせない！」「そんな権限がどこにあるのか」「こんな屈辱は初めてです」と，ありたけの怒りを示した。席を立ち病室にいるA子を連れ帰る勢いで部屋を飛び出た。追いかけ，なんとか面接室へ戻した。

　A子に対する愛情がないとはまったく思っていない，しかし骨折や怪我について思い当たることがないだけではすまされない，今後のA子の安全を確保したい。筆者も必死に思いを伝えた。すると，母から初めて以下の話が出た。深夜に泣きやまぬA子をドライブに連れ出し，チャイルドシートを使わず母が片手に抱っこしながら運転した。1時間後，寝ついたA子を車から降ろす際に足が車のサイドブレーキに引っかかったかもしれない。その際，A子は目覚め大泣きしたと言う。足の骨折はその時かと思う……と。その他，スーパーの買い物カートから子どもを落とした過去のことなど，類似の母の不適切な関わりが数点出てきた。母自身，不注意で大胆なところがあると認めたが，「不注意を治せばいいんでしょ！」と開き直るように言った。祖母も「これでお宅らの言う原因がわかったからいいでしょ！　子どもは連れて帰ります！」と口を挟んだ。〈気持ちはわかるがそうはいかない。今後に向けて不適切でない関わり方を確認させていただく必要がある〉と筆者は伝えた。それでも二人は頑として了解しなかった。

　そこで上司に電話で連絡を取り，了解が得られないなら所長職権による強制一時保護とする方針を再確認し，母と祖母に児童相談所としての決定であることを伝えた。やがて，母は子どもと面会できるのであれば同意する，と切り替え承諾した。祖母は「情けない！　預けても私は会いに行きません」と涙を押し殺し吐き捨てるように言った。夜9時，別の職員が眠っているA子を抱っこし，一時保護委託先の乳児院へ向かった。

　以上の経緯も，現場におけるアセスメントであり判断と断行である。児童相

表1 事例：A子～SoSAにもとづくアセスメント

危険・心配・疑問 ←	→ 安全・安心・強み
●児相がもっとも危惧すること 原因不明の外傷が複数ある 1．過去の左手の骨折跡→気づかずに経過 2．左足の2カ所骨折→病院を受診 3．右太股内出血→気づいたが未受診	○虐待認識のあるかかりつけ医師から聞いた話 1．家族は皆，子のことに愛情深く関わっている 2．体調が悪いときは頻回に受診しており，ネグレクト家族ではない
●その他，心配なこと 4．犬に右手指を噛まれた 5．他児に砂をかけられ目が充血 6．買い物カートから落ちたことがある 7．ケガがくり返されているが，原因がわからないまま放置している 8．母の子に対する扱い方が雑である ↓	○母親 3．担当に対しても，正直に率直な話をしてくれる 4．祖母に子を預け，そのことを感謝している 5．真面目に仕事をし，信頼されている 6．老人介護にやりがいを感じている 7．近所の人から，母も子も可愛がられている 8．子どもはやんちゃをするものと割り切り，イライラすることが少ない 9．祖母と喧嘩をしたときは，話し合いをして終わることができる
☆判明したこと 　上記2については，車のサイドブレーキに挟んだかもしれない？ 　母の不注意・不適切な関わり方がある ↓	○祖母 10．母（娘）のことをかばい，悪く言わない 11．孫に対し，ほんとうに一生懸命である（乳児院にも寒いなか1時間かけて自転車で来る，など） 12．児相の担当に対して反発しながらも，常識内の振る舞いである

●母への改善課題および帰宅の要件
①車はチャイルドシートor祖母が同席する。
②車やカートの乗降時にはやさしく抱き上げる。
③夜のドライブはやめて家族の協力を得て家で寝る習慣をつける。
④子の行動範囲内の危険物（遊び場，動物，部屋内の落下物や段差など）チェック。
⑤子の扱いについては祖母がその都度声かけをする。

談所ならではの経過であろう。法的権限と社会的責任を背負っていなければ到底できない。

アセスメント，そして家庭復帰

翌日，「絶対面会にも行かない」と言っていたはずの祖母が母と共に乳児院で

の面会に同席した。担当に対し，祖母はあからさまに反発の態度をとった。筆者は面会のルールを説明し，ルール違反があれば面会を禁止すると伝えた。祖母は「わかってますよ」と憮然と答えた。母も祖母もＡ子に会うとすぐに抱き上げあやした。担当に対する怒りや反発は強いが，Ａ子に対する愛情は十分だ。祖母のあやし方は妥当だが，母はやはり大胆でありギブスを巻いたＡ子を平気で立たせたり，熱いお茶の湯呑みにＡ子が近づいても平然としているなど，見ている方がヒヤヒヤした。この母を祖母は特に注意することもなかった。

　その後，面会や情報収集を行い，何とか冷静に話せる時期を見計らい１週間後に SoSA によるアセスメントを行った。母と祖母と別々に面接する中で，児童相談所が危惧する要因を具体的に示すと同時に，家族の安全・安心・強みと判断できるところを一緒に１枚の紙に記入していった。Ａ子の帰宅要件についても具体的に提示した。後日，表１のように清書して母に渡し再度確認した。

　表１右の「安全・安心・強み」を重点的に伝え母や家族を評価しつつ，それでも左の「危険・心配・疑問」があるため児童相談所が関わっており，それが改善すれば帰宅していただくという枠組みを明確に提示した。そのことで徐々に祖母の反発も和らいだ，家庭訪問時には丁寧な応対をしてくれた。仕事から帰った祖父も比較的穏やかだった。「うちの家庭に限って虐待はあり得ない」と言う祖父に，〈ええ，いい家庭だと思います。私らも虐待とは思っていません。お母さんの不適切な関わりがあったと思っています〉と合わせると，「そうやで，不適切な関わりやで」と祖父も同意した。そして〈そのことで今回保護をしましたが，今後そうでない関わりを工夫してもらっています〉という筆者の言葉を受け入れた。

　母への改善課題を家族が共有し実践できていることを確認し，Ａ子は３週間後に自宅へ戻った。帰宅の日，〈Ａ子ちゃんに対し，ママの今の決意を伝えてあげて〉と言うと，母はＡ子を正面に抱いて「もうこんなことないからね。ごめんね。痛い思いもさせないよ，ねえ〜」と言葉は簡単であったが涙を浮かべしんみりと伝えた。その後のフォローの中では，母がＡ子を慎重にチャイルドシートに乗せている姿が見られた。

V　おわりに

　上記事例とのやりとりの中で，祖母はたっぷりの皮肉を込めて，「お宅らは仕事だから何も思わず仕方なしにやっているんでしょう」と言った。それに対し，筆者は〈何も思わずでもないし，仕方なしにでもありませんが，児童相談所の職務としてやっていることとご理解していただきたい。子どもさんの安全を確保し今後の家族をちゃんと作るための仕事としてやっています。だから，こういうこ

とは，私ら担当も仕事でなかったら絶対しませんし，できません〉と伝えた。祖母のクレイムはなおも続いたが，やがて家庭復帰というゴールを迎えた。この家族は，将来も児童相談所を快く思わないだろうが，子どもへの関わり方は確実に変わるはずである。

　たとえ恨まれたとしても，このようなポジションが児童相談所の職務の1例であり，メタ・ポジションに立ったアセスメントであり，物言いかと思う。その場の心情に左右されたり，"木を見て森を見ず"の判断は避けたい。特に本章では，SoSAによるアセスメントを用いた事例を紹介したが，発達検査ひとつであっても，そこにテスターと子どもや保護者らとのコミュニケーションがある。また，相談援助機能あるいは行政処分機能を発揮する際にも，そこに関与する人とのコミュニケーションがある。いずれの場合でも，そこでの文脈や状況を考慮したアセスメントおよび支援が行われる必要がある。そして今後，児童相談所の機能も政策や機構改革に応じて変わっていく。組織で仕事をする限り，その変化に応じた変化が必要であり，メタ・ポジションの視点はそのための柔軟性や余裕を与えてくれる。

〈文　　献〉

Turnell, A., Edwards, S. : Signs of Safety : A solution and safety oriented approach to child protection casework. W.W. Norton, New York, 1999.（白木孝二・井上薫・井上直美監訳：安全のサインを求めて：子ども虐待防止のためのサインズ・オブ・セーフティ・アプローチ．金剛出版，2004）

井上直美，井上薫：子ども虐待防止のための家族支援ガイド：サインズ・オブ・セイフティ・アプローチ入門．明石書店，2008．

衣斐哲臣：子ども相談・資源活用のワザ：児童福祉と家族支援のための心理臨床．金剛出版，2008．

第2部 いろいろな現場で求められるアセスメント────第 10 章

医療？　保健？　福祉？
◉精神保健福祉センター

冨岡拓身

I　精神保健福祉センターとは

1．精神保健福祉センターの概要

　精神保健福祉センターは，精神保健の向上および精神障害者の福祉の増進を図るための機関で，精神保健および精神障害者福祉に関する法律によって，各都道府県および政令指定都市に設置することが定められている（平成20年12月現在全国に66カ所）。その業務内容は企画立案，技術援助，教育研修，精神保健福祉相談，組織の育成等多岐に渡っているとともに，自殺対策や社会的ひきこもりへの支援といったその時々の精神保健福祉に関する課題について，地域の技術的中枢機関として対応することが求められている。

　それぞれの精神保健福祉センターの組織・運営体制や実際の業務内容は大幅に異なっているため，ここでは筆者の青森県立精神保健福祉センターでの勤務経験を基に，精神保健福祉センターにおけるアセスメントについて検討することとしたい。

2．精神保健福祉センターの診療・相談の概要

　センターにおける相談は「電話相談」「精神保健福祉相談」「精神科クリニック」の3部門で行われている。

　電話相談では一般の電話相談に加えて，原則予約制となっている精神保健福祉相談および精神科クリニックの予約を行っている。予約の際には相談の概要を聴取し，センターでの相談・診療が適当でないと判断された場合には他機関を紹介するなど，電話相談での予約が一定程度インテーク機能も果たしている。

　相談者が来所すると，インテーク面接を行い，本人が来所し希望がある場合には精神科医による診察を行う。両親のみ等本人が来所していない場合や本人が診察を希望しない場合には精神保健福祉相談とし，主に心理士による継続的な相談を行っている。

　他の診療・相談機関と比較するとセンターの特徴は，本人が来所した場合には

必要に応じて診療を行う一方で，社会的ひきこもりなど本人がなかなか来所しない場合には両親などを対象に相談を行うという，精神科クリニックとしての機能と相談機関としての機能を併せ持っている点にあると言える。

Ⅱ　精神保健福祉センターにおけるアセスメント

それではセンターにおけるアセスメントの特色として以下の3点を挙げて検討する。

1．期待の把握
2．多職種により構成されている組織内における合意形成
3．社会資源のアセスメント

1．期待の把握

一般にどの診療・相談機関においても相談者がどのような期待を有しているのかを把握しそれに対応することは，治療を進める上で重要と考えられる。特に精神保健福祉センターの場合，（少なくとも青森県においては）一般住民の方々はもとより行政や医療の関係者にもその存在はあまり知られておらず，したがって「精神保健福祉センターとはこのようなことをするところである」という一般的なイメージは形成されていない。したがって来所者のセンターへの期待は多岐に渡っており，それを把握することの重要性は高い。

たとえば医療機関を受診する場合，そこに医師がいて診察を受けることは当然の前提となっているが，センターへの相談者の中にはインテーク後診察を勧めると「え，お医者さんですか。そこまでは考えていなかったので……」と戸惑う例もある。一方でうつやアルコール依存症などをテーマとした書籍の巻末に相談先として掲載されているのを見てセンターの存在を知る相談者もいるが，書籍の内容によっては認知療法や自助グループなど特定の治療が有効と書かれていることもあり，こうした場合相談者も当然そうした治療が受けられるものと期待して相談に訪れる。また名称に「病院」「クリニック」という言葉が入っていないため，医療機関の受診をしぶる本人を家族が「病院ではないから」と説得して連れて来たので何とか診察を受けさせたいなど，センターへの相談者はさまざまな期待を有している。

より具体的には，医療機関として治療を望む例から，「病気かどうか知りたい（病気であれば近くの病院を受診したい）」「親がうつではないかと心配」，「子どもがひきこもっているが，どのように対応をしたらよいか」「現在他の医療機関を受診中であるが，治療内容に不安がありこのまま受診を続けてよいか」「自分

第 10 章 医療？ 保健？ 福祉？ ●精神保健福祉センター

は発達障害だと思うが，専門の医療機関を紹介してほしい」などさまざまなものがある。

　また精神保健福祉センターの相談のもう一つの特徴として，他機関からの紹介が多いことがあげられる（平成19年度の実績では，相談の約半数が他機関からの紹介）。他機関からの紹介の場合，相談者だけでなく紹介者の「センターではこのような対応を行ってくれるはず」という期待もそれぞれ異なっている。たとえば教育領域からの紹介では勧めやすい医療機関としての役割（本人の診断や投薬を含めた治療）が比較的求められる一方で，市町村保健師などからの紹介では「ゆっくり話を聞いてもらえる」「対応について助言が受けられる」といった相談機関としての役割を求められることが多い印象がある。当然相談者はこうした紹介者の期待を聞いたうえで来所しており，極端に言えば相談者は満足しても紹介者にとっては「そんなつもりで紹介したのではなかった」ということも起こりうるため，紹介者の期待の把握も必要となる。

2．組織内のアセスメント

　前述したように精神保健福祉センターは法に基づき設置されている行政機関の一つであると同時に医療機関であり，保険診療を行っている（青森県の場合）。職員の構成としては，医師，精神保健福祉士，臨床心理技術者，保健師，看護師，作業療法士といった専門職に加えて，一般の行政職の職員も配置され，そうした職員が保健所・福祉事務所・児童相談所等の勤務経験を持つ場合もある。

　このように職種や領域が多様な職員で構成されている組織であるため，たとえば医師と保健師と生活保護ケースワーカー経験者では，同じ「相談者に会う」ということであってもその意味合いは異なる。保険診療を行っている事例であれば医師が中心となって対応が進むが，たとえば社会的ひきこもりの相談のように本人が来所せず両親のみの相談を継続する場合，保険診療ではなく「精神保健福祉相談」として行政機関による相談として行い，当然料金は発生しない。こうした対応に病院臨床のみの経験者は「相談者と会って一定の関わりをしているのに料金が発生しないのは不自然である」「そもそも行政機関での相談における責任とは何か」などの違和感を感じることもある。このほか予約外の相談への対応，予約しているのに来所しない場合，状況確認のため電話などを行うかどうかなど，通常と異なる対応を必要とする場面においては，それぞれの職種や経験領域の違いにより判断が分かれることもある。

　したがって，相談を行う際に「この相談はセンターとしてはどのような位置づけなのか」「他職種はどのように判断するのか」について，組織内部のアセスメントを行い，他職種と大きなずれを生じないように配慮する必要がある。同時に，

事前に「こうした場合センターとしてはどのように位置づけて対応するか」について合意形成を行う必要がある。

3．社会資源のアセスメント

先に述べたように精神保健福祉センターは「精神保健の技術的中枢機関」として位置づけられており，センターにおける相談事例や保健所・市町村などの関係機関における状況，各種調査などにより地域の精神保健福祉の支援体制全体を見渡した支援を行うことが求められている。このため個々の相談事例に対応しながら「こうした相談に必要な社会資源は十分に存在しているか」「不足している社会資源はどのようなものがあり，それを補うためにセンターとして何ができるか」といった地域における社会資源のアセスメントも一方で必要となる。

全国の精神保健福祉センターでの実践をみると，統合失調症を主な対象とした精神科デイ・ケアやアルコール依存症の本人や家族を対象としたグループに始まり，ギャンブル依存，青年期の発達障害や社会的ひきこもりの当事者グループ，うつの社会復帰のためのデイ・ケア，自死遺族の集い等さまざまな取り組みが行われている。精神保健福祉センターにおいては積極的に先進的な取り組みを行うとともに，そこでの実践を技術支援という形で他機関に提供することが求められている。

青森県立精神保健福祉センターにおいても設立時（平成16年11月）より精神科デイ・ケアを開設しているのに加えて，平成20年11月現在では社会的ひきこもりの親の会，ひきこもりの当事者を対象とした思春期・青年期本人グループ，自死遺族の集いを開催している。

Ⅲ　アセスメントの実際：社会的ひきこもりへの支援を例として

これまで述べてきたように，精神保健福祉センターにおけるアセスメントにはセンター独自の役割や機関としての特性が反映されているが，ここでは具体的に相談事例へのアセスメントの検討を行うため，社会的ひきこもりの初回相談におけるアセスメント（母親のみが来所した場合）について考えてみたい。

社会的ひきこもりを主訴とする相談を考えた場合，伊藤［伊藤, 2004］が述べるように統合失調症など生物学的要因が強く関与しているかどうかや，暴力行為など緊急対応の必要性についてのアセスメントを行うことは必須である。したがって，ここではこのようなアセスメントを行うことは前提として，実際の場面でどのようなことに注目し，どのような対応を心がけているのかについて述べる。

1．初回相談のポイント

基本的に筆者は社会的ひきこもりの初回相談において，以下の点をポイントと

している。

1）相談者のモチベーションを上げること

吉川が述べるように，ひきこもりの家族は本人への対応や周囲からの批判（お前の育て方が悪い，など）により疲弊し，「弓折れ矢尽いた」状態で来所している[吉川, 2001]。したがって，初期の相談においては相談へのモチベーションを高め，中断などを防ぐことが重要となる。また以下で述べるように，面接内の相談者の変化だけでなく，日常生活において「これまでと違った振る舞い」をしてもらうことを考えるため，この点においてもモチベーションを上げてもらうことが必要である。

2）見通し・方針を相談者と共有すること

誰でも困ったことが生じた場合「何が起こっているのか」「なぜこうしたことが起こっているのか」「どうしたらよいのか」について考え，それに基づいて対応を行っていると考えられる。診療・相談に来所するということは，こうしたその人なりの見方・考え方が有効と感じられる対処法を生み出さなくなっている状態と言える。

したがって，「大体こんなふうにしていけばよいのか」など相談者・治療者双方が有効と考えられる見通し・方針を形成し，共有することでモチベーションを上げるとともに，具体的な対応方法について話し合う基盤を作る必要がある。

3）2）の方針に沿った具体的な振る舞いをしてみてもらうこと

特にひきこもり相談の場合，最初から本人が来所することは少なく，当面は相談者（この場合は母親）と当事者や他の家族への関わり方について相談することとなる。廊下でばったり出会ったときにどう声をかけたらよいか，食事を一緒に食べている時にどんな話をしたらよいかなど具体的な関わりがわからず戸惑っていることが多いため，2）で共有できた見方・考え方に沿った具体的な振る舞いについて相談し，実際に日常場面で振る舞ってもらい，それによる当事者や他の家族との相互作用の変化を確かめながら問題の解消を図ることを目指す。

このため，アセスメントの主要な点としては，以下の4点となる。

①相談者のモチベーションについて
②現状やこれまでのことをどう考えるか
③これまでの対応方法
④現在の本人や他の家族との関わり

以下ではこの4点のアセスメントをどのように行うかについて述べる。

2. アセスメントの実際
①相談者のモチベーションについて

　電話による予約の時の様子やインテーク面接の初期の段階で相談者のモチベーションの度合いは把握することができるが，これは面接中の治療者の対応により変化するものであり，相談に入る段階でのモチベーションの把握以上に，「どのように働きかけたらモチベーションが上がるか」の把握の方が重要である。

　このため，本人を連れてきたい，本人グループに参加させたい，親としてどうしたらいいか教えてほしい，病気かどうか心配など「今センターでの相談にどのようなことを期待しているのか」を把握し，治療者がそれを把握していることを示すとともに，それについて対応することが必要となる。もちろん，何を期待しているかが明確となっている相談者は少ないので，面接の中で何が相談者の期待なのかを確かめ，それを共有することの方が多い。

　また多くの相談者（特に母親）は，自分の子育てや対応のまずさを周囲から指摘され，また自分としても「あの時こうしていればよかった」という自責感を感じている。「なぜこうなったのかわからない」と話す場合でも，「子どもがこんなふうになっているのに，その理由もわからないなんて」と自らを責めている場合が多い。こうした自責感が本人に積極的に働きかけることを妨げていることも多いので，自責感にどのように対応するかはモチベーションの高低に影響する。自責感は常に一定の状態で感じられている訳ではなく，本人・他の家族とのやり取りの中で強まったり弱まったりしていることから，こうした点について把握することは対応する手掛かりとなる。

　さらに，顔が上がる，身を乗り出す，口調が早くなる，手振りが増えるなどモチベーションが上がった場合の非言語的なメッセージの特徴としてどのようなものがあるのか，逆にモチベーションが下がった場合にどのようになるのかを初期の段階で把握しておくことは，以後の面接を進めていく上での手がかりとなる。

②これまでの経過や現状をどのように考えるか

　相談者がこれまでと違った振る舞いをするためには，ひきこもっていることやその原因に対する理解が違ったものになる必要がある。しかし，それまでの相談者なりの理解と大きく異なるものをいきなり提示されても相談者は受け入れることはできないことから，まずは相談者の理解を知る必要がある。ただし，原因・理由や解決が相談者の中で一定のストーリーとしてまとまっていることはあまりなく，個々のエピソード（不登校になった，もともとこの子は内気だった等）が緩やかに一定のテーマ（この子は人付き合いが苦手）の元に位置づけられていることが多い。さらに，あるエピソードの繋がりの強さやテーマの確信度はそれぞ

れ異なる。したがって，原因・理由を聞く際に，できるだけそう考える元となる具体的なエピソードを聞くとともに，それが他のエピソードやテーマとどのようにつながっているのかや確信の強さを把握することが手がかりとなる。また，原因・理由についての考えが相談者一人の考えではなく，他の家族や以前に相談した人，書籍などの情報などにより強化されていることも多いので，そうしたことも確認していく。

　もちろん，こうしたことを治療者の頭の中だけで行うのではなく，「もともと人付き合いが苦手なところがあったから，大学へ行ってもうまく他の学生となじめなかった」「真面目だから，一度休むと行きにくくなってずるずると休んでしまう」といったエピソードや考え方のつながりの一部を提示し，相談者がそれにどのように反応するかにより，治療者の理解でよいかどうか確認していくことで，相談者と治療者が共有できる理解を作り上げていく。

　③これまでの対応方法

　たとえば「うまくいかなかった」と判断している対応を再び助言することは，相談に対するモチベーションを引き下げることになる。したがって，これまでどのように対応してきたか，それによりどのようなことが生じたのか，その結果をどのように判断しているのかについては，詳しく聞いておく必要がある。

　また多くの場合多様な対応方法を取っていることは少なく，「有効だと思っているある一群の対応方法のマイナーチェンジをいろいろ試している」ことが多い。たとえば，親と顔を合わせようとしない本人とコンタクトを取るために声をかけたり手紙を置いたりすることはするが，本人に直面化するような対応はまったくとらない相談者がいる一方で，叱責や「これからどうするんだ」と問い詰めることは場面や人を変えてしているが，「本人と一緒の時間を過ごすこと」をしてみようとは夢にも思わなかった相談者がいる，などである。「このあたりの対応は取られていない」と相談者が気付いておくことは，後で対応について相談する場合の助けとなる。

　④現在の本人や他の家族との関わり

　本人と相談者との関わりについてまずポイントとなるのは「相談に来所することを本人に話しているか」である。本人からの暴力あるいは本人を傷つけてしまうことなどを恐れて，本人に相談に来所することを告げていないことが非常に多い。もちろん，「本人に告げていないようでは駄目」なのではなく，どのようなことを考えて本人に告げていないのか，またそのことについて他の家族とどのように話し合ったのかを聞くことは，本人や他の家族とのどのように関わっているかを把握する手がかりとなるとともに「本人に相談に来ていることを知らせるこ

と」自体が当面の課題となることも多い。

　次に普段の本人との関わりの状況を聞くが，相談者に限らずわれわれは通常「相手がどう振る舞ったか」については注意を向けているが「その前にもしくはその後に自分がどう振る舞ったか」は意識していないことが多い。このため相談でもひきこもり本人の行動は多く話すことができるが，その前後での自分の振る舞いについては覚えていない，忘れてしまったということが多く生じる。また一人で相談に来ている場合，あくまでも相談者から見た関わりの記述であるため，相談者の思いが先行して印象的な振る舞いが実際よりも多く生じているように（たとえば実際にはそれほどでもなくても「あの子は私と会うといつも嫌そうに顔を背けてしまうんです」など）話される可能性もある。本人の振る舞いだけでなく，相談者の振る舞いや状況を含めて聞いていく中で相談者自身が相談者の振る舞いと本人との振る舞いとの繋がりに意識が向くようになり，相談者から「今までは食事を取りに来ると何も話しかけずに渡していただけでしたが，今度本人が台所に来て食事を準備するのを待っていたら，お皿取ってとか簡単な手伝いを頼んでみます」などのこれまでと違った対応を話し出すこともある。

Ⅳ　おわりに

　初回相談では，インテーク後医師による相談を実施し，医師より精神医学的な見立てを伝える。「うちの子は病気だろうか」とほとんどの家族は心配しているので，直接診察を行った結果ではないという留保は着くものの，医師としての判断や助言を得られることは家族が「相談してよかった」と感じる材料となることが多い。その後再度インテーク担当者と面接を行い，医師との相談内容を踏まえて次回までに行ってほしいことを提案・確認し，次回の予約を行う。

　繰り返しになるがまず目標とするのは「相談してよかった」という気持ちで相談者に帰ってもらえるかどうかである。初回相談でのアセスメントは，特にこの点に資するように，つまり相談者のモチベーションを上げ，「わかってもらえた」と思ってもらいつつ「何となくこうしていけばいいんだ」という見通しの下，「家に帰ってこうすればいいんだ」という具体的な手がかりを持って帰ってもらうために行うものと考えている。

〈文　　献〉

伊藤順一郎：地域保健におけるひきこもりへの対応ガイドライン．じほう，2004
吉川悟：家族療法からみたひきこもりの家族内で起きていること．（近藤直司編著）ひきこもりケースの家族援助．pp.66-78，金剛出版，2001.

第2部 いろいろな現場で求められるアセスメント────第11章
ホケカン臨床における支援の基準
◉大学保健管理センター

大西　勝・兒山志保美

I　はじめに

　私（大西）が，保健管理センターに赴任してから，約5年になる。赴任当初の印象は，病院勤務に比べ，制約が少なく自由度が高いことであった。開放感に浸っていたのを思い出す。その後，事例を経験する中で，保健管理センターには病院とはまた違った難しさがあることがしだいに分かってきた。
　その難しさが，大学という教育機関の中にある医療機関という枠組みからきているのだと分かったのは，赴任して一年が過ぎた頃である。それから，保健管理センターにおける支援の基準について考えるようになった。本章では，いくつかの支援の基準を紹介しようと思う。読者の保健管理センターへの理解が深まれば幸いである。
　なお，ここにあげた支援の基準は，あくまでも筆者らの支援の基準であることを付け加えておく。また，この本のタイトルでは「援助」という表現を用いているが，大学生の援助に関わる業界では，「援助」よりも「支援」という表現を用いるのが一般的なので，本章では，「支援」を用いることにする。

II　保健管理センターについて

　保健管理センターは，学生と教職員の健康管理を行う部署である。一般には「保健室」と理解されているが，実は，れっきとした「医療機関」として認可されている。スタッフは，医師，看護師，保健師，カウンセラーなどである。診療費は無料のところが多いが，大学によっては，保険診療を行ったり，大学独自の補助金制度を導入しているところもある。
　多くの保健管理センターでは，フィジカル部門とメンタルヘルス部門の2部門体制をとっている。基本的な業務は，フィジカル部門では，定期健康診断・診療・健康相談などであり，メンタルヘルス部門では，診療・カウンセリング・心理教育などである。

なお，保健管理センターは通称「ホケカン」と呼ばれているが，本章では保健管理センターメンタルヘルス部門を「ホケカン」と略すことにする。

1．ホケカン臨床の特徴

全国のホケカンでは，前述の基本的な業務に加え，さまざまな取り組みが行われている。メンタルヘルス啓発の講演会や研修会，講義，リラクセーションやコミュニケーションスキルなどの研修会，新入生全員対象の心理検査実施や24時間メール相談，さらには，精神障がいのある学生のデイケアや産学協同プロジェクトなどを行っているところもある。

このように，「自由度が高いこと」がホケカン臨床の特徴である。これには，基本的業務以外については大学からの制約が少ないこと，収益を考えなくてもよいことが大きく関わっている。

2．学生相談室との違いについて

ホケカンと同じように学生支援に関わる部署として，学生相談室がある。両者の違いについて，簡単に触れておく。

もっとも大きな違いは，スタッフの職種である。ホケカンには精神科医がいるが，学生相談室にはおらず，カウンセラーが相談を行っている。組織的には，両部署は別組織であることが多いが，大学によっては，学生支援センターなどの名称で，一つに統合されているところもある。

役割分担としては，ホケカンはメンタルヘルスに関わる相談，学生相談室はメンタルヘルスに関わらない学生生活上の相談と一応区別しているところが多い。しかしながら，学生生活とメンタルヘルス問題とは密接に関連しているので，両者の役割の明確な線引きは難しい。学生からは，病気で困ったらホケカン，生活で困ったら学生相談室と理解されているようである。

3．学生のアセスメント

1）来所する学生の特徴について

来所する学生の特徴は，以下の通りである。

- 精神的健康度が高い学生が多い。
- 学外医療機関（以降，クリニックと略す）に比べて，精神症状や問題行動が出現してから早い時期での受診が多い。この理由としては，無料診察であることや，ホケカンが大学内にあることなどから，クリニックよりも受診しやすいのだろうと考えている。
- 診断的には，ストレス反応レベルの適応障害がもっとも多い。筆者たちの所属するホケカンでは，来所者の20％以上を占める。

2）診療スタイルについて

　適応障害の学生の場合，数回の診察で終了することが多い。これには，学生の精神的健康度が高いこと，早期受診のため心身が疲弊しきっておらず，学業や友人関係などの問題も深刻化してないことなどが関係していると考えられる。

　診察では，まずは，問題に対するさまざまな角度からの見方を提示し，学生の問題に対する認知的枠組み（問題をどのように見るか）が緩むことを目指す。そして，枠組みが緩むのを待ってから，解決案を提示するのだが，学生自身が解決案をひねり出してくることも多い。いったん問題に対する認知的枠組みが変わると，比較的スムーズに行動変容を起こす事例が多い。

　統合失調症・うつ病・神経症・摂食障害などの場合は，基本的にはクリニックを紹介し，ホケカンでは学生生活を送る上での症状との折り合いのつけ方について相談にのることが多い。不登校や引きこもりの場合は，ホケカンだけで抱えこまず，学科の教職員，保護者，学生相談室などと連携するようにしている。

　診療スタイルとしては，青年期の真っただ中で自立を模索している学生たちが相手なので，病気のあるなしを問わず，学生たちの問題解決力を信頼し，手を出しすぎないことを心がけている。

3）「精神的成長」について

　ここ数年の間に，多くの大学が，「人間力の形成」や「人格の形成」などのように「精神的成長」をテーマにしたスローガンを掲げるようになった。この影響もあるのだろう，ホケカンの全国研究会に参加すると，「精神的成長」を視野に入れた研究発表が目につくようになってきている。

　このような時流なので，私（大西）も，ささやかながら「精神的成長」を意識した診療を行っている。それは，「人生の先輩枠」に立ち，私（大西）が大学生の頃の昔話や，人生訓を語ることである。たとえば，留年が決まり落ち込んでいる学生に対して，「昔の大学生は，留年したら箔がついて，周囲から尊敬されていたものだ」と言ったり，彼女にフラレて悲しんでいる学生に対して，「悲しいとき，男は一人旅に出るものである！」などと言ったりしている。男子学生の半分くらいは興味をもって聞いてくれるが，女子学生には煙たがられることが多い。このため，最近では，女子学生に語ることは少なくなってきている……

　「精神的成長」というのは，「自分で考え・自分で選んで・自分で行動する」ことで成し遂げられるものである。ささやかな支援くらいがよい塩梅ではないかと考えている。

4）学生との関係性について

　あるカウンセラーの話である。彼女は，週の半分をホケカンに勤め，残りの半

分をクリニックに勤務しているが，ホケカンに赴任当初，数人の学生から「話しにくい」との指摘を受けたとのことである。彼女は，クリニックと同じようにホケカンでもスーツを身にまとい敬語を使っていたのだが，試しにジーパンにトレーナーといったカジュアルな服装に変え，方言丸出しに切り替えてみた。すると，「話しにくい」との指摘を受けることはなくなり，逆に「話しやすい」と言われるようになったとのことである。実際に私（大西）も，大学病院での外来では白衣を着ているが，ホケカンでは白衣を着ることは滅多にない。

学生たちには，病院における「治療者－患者関係」のようなフォーマルな関係性よりも，大学における「教員－学生関係」のようなカジュアルな関係性の方がフィットするようである。「親しみやすい先生」と思われるくらいがちょうどいいのだろう。

5）「母親枠」について

ホケカンにおける伝統的な学生との関わり方に「母親枠」というものがある。これは，下宿生活をする学生をあれこれと心配して個人携帯を使って連絡をとったり，時には食材を学生に分け与えたりするなどのように，母親代わりのように関わることである。熱心なベテラン保健師に多く，その関わりは美談として語られることが多い。

たしかにホームシックの学生や，ショックな出来事で気持ちが落ち込んでいる学生の一時的な「心の居場所」としての意味はあると思う。しかしながら，熱心で保護的な関わりが長期間継続されたために，学生がその関係性に依存してしまい，抜け出せなくなった事例もあるので，注意が必要である。

4．保護者のアセスメント

1）保護者からの連絡について

定期的に通所している学生の保護者から電話がかかり，学生の様子について尋ねられることがある。下宿生の場合，電話やメールをしてみても，学生の応答がそっけなければ，保護者としては心配になるのも無理はないだろう。

このとき，保護者から「電話したことを本人には内密にしておいてほしい」と頼まれることがある。その際には，「以前，保護者との内密の電話が学生にバレて，結局ホケカンに通所しなくなったケースがあり，結果的に本人のためにならないことがあった」と伝え，基本的には，極力本人の同意をとるようにしているが，このあたりのやりとりはかなり難しい。

そこで，最近では，学生の情報から，保護者がホケカンに連絡をしてくる可能性がある場合には，あらかじめ，保護者から連絡があったときのホケカンとしての対応について，学生と話し合って決めておくようにしている。案外と，「話し

てもらっても，別にいいですよ」と言う学生が多い．

2）保護者への連絡について

　自立を目指す青年期の学生が相手である．極力，本人だけの力で問題を解決してもらいたいとは思っている．しかしながら，校舎の屋上から飛び降りようとしたり，過量服薬を繰り返すなど，命の危険があるときは保護者に連絡しないわけにはいかない．いわゆる安全配慮義務である．

　連絡をすると，ほとんどの保護者は何はともあれすぐに駆けつけてくれる．遠くは九州から，何時間もかけて自家用車で駆けつけた保護者もいる．問題は，その後，保護者にどのように関わってもらうかである．

　状態的に自宅療養は不必要であり，学生と保護者ともに学業を続けたいとの意思がある場合には，保護者が学生の安全を監督する体制をとってもらうようにしている．具体的には，しばらくの間は保護者に下宿に住み込んでもらう，自宅通学に切り替える，何かあれば保護者にすぐ大学に来てもらうなどである．また，このような体制をとることで，大学側の不安も下がり，学生の学業継続に対する拒絶感が少なくなる．

　ホケカンは学生の健康，とりわけ命を守る部署である．安全配慮に関わる場面では毅然とした態度をとるようにしている．なお，こうした一連の出来事が，治療的変化の契機になることが意外に多い．

3）いわゆるモンスターペアレントについて

　つい最近のことだが，「うちの子が留年したのは，オリエンテーションが説明不足で，履修登録がきちんとできなかったのが原因である」と大学の対応を批判する保護者がいた．いわゆるモンスターペアレントと呼ばれる保護者であり，大学にも登場し始めている．

　学生に健康上の問題がある場合には，ホケカンがこうした保護者に関わる最初の部署になることがある．その際には，保護者の怒りを助長しないこと，さらには，保護者と学部・学科の対立に巻き込まれないことが肝要であろう．

　筆者らの対応であるが，学生をめぐる問題状況については共感しながらも，大学側の対応を擁護したり非難したりせず，極力，「事実」だけを伝えるようにしている．そして昨今の大学におけるメンタルヘルス状況が悪化していることの説明，その学生と同じような問題を抱えた事例の紹介，大学の学生への対応の仕方（基本的には「大人」として学生に対応すること）の解説，学則や内規についての説明などをするようにしている．そうこうするうちに，大学に対する批判がトーンダウンしてくることが多い．

　つまり，大学の「現実と限界」を理解してもらうことで，大学に対する過剰な

期待や被害感を持たないようにしてもらうのである。そうはいっても，実際の対応は難しい。とりあえずの対策として，クレーマー対策の本を診察室の隣の処置室に置いて，もしもの時にはすぐに読めるようにしている。

4) 保護者サービスについて

少子化，全入時代となり，各大学とも，受験生獲得のために，学生だけではなく保護者に向けたさまざまなサービスを展開している。成績表の保護者への送付はもはやあたりまえとなりつつあり，保護者への学内通信送付，保護者を対象とした懇談会や就職相談会などを行っているところもある。各大学とも生き残りに必死である。

しかしながら，保護者サービスの内容をみると，成績をはじめとして大学での学生の様子など，学生の情報を保護者に伝えるものが多い。私（大西）が受け持っている講義で，学生たちに「最近の大学の保護者サービスへの取り組みについてどう思うか？」と尋ねてみると，「もう高校生じゃないんだから，ほっといてほしい」という意見が多かった。

青年期の自立は周囲から大人扱いされる中で進んでいくものである。この点からすると，今はやりの保護者サービスは，大学生を子ども扱いしようとすること，つまり学生の自立を妨げる方向に作用しているのではないかと思う。

このような流れの中で，ホケカンとして，保護者と今後どのように付き合っていけばよいのだろうか？　今後の課題である。

5．連携のアセスメント

1) ホケカン臨床における連携について

ホケカン臨床では，学生本人だけではおさまらず，学内外の関係者をはじめとして保護者も関わってくる事例が多い。一つの事例に，関係者が5〜10人関わるのは普通であり，事例によっては，20人以上になることもある。このため，支援の方向や結果は，関係者の関わり方に大きく影響を受ける。

筆者らは，ホケカン臨床における連携について次のように考えている。

- 関係者を社会資源と位置づける。
- 連携とは，問題解決に必要な社会資源が結びつき，それぞれの持ち味が発揮される支援システムが作られることである。
- 連携におけるホケカンの役割は，支援システムをコーデイネートすることである。
- ホケカンのクライエントは学生ではなく支援システムである。

2）教員の見立てについて

"メンタルヘルス"の問題を抱えた学生に対する教員の反応は，大きく二つのタイプに分かれる。一つは，"メンタルヘルス"の問題は専門家に任せて素人は手を出すものではないと言って距離を置くタイプ。もう一つは，"メンタルヘルス"の問題があることが分かると過度に保護的に関わろうとするタイプ。教員から学生の紹介を受けたときには，その教員がどちらのタイプに属するのかを見立てるようにしている。というのは，紹介してきた教員は，指導教官や担任などのように学生に影響を与えられる立場にあり，支援におけるキーパーソンになることが多いからである。

前者の距離を置くタイプの教員に対しては「問題解決の主体は学科であり，ホケカンはあくまでもお手伝いである」とのスタンスをとるようにしている。後者の過度に保護的に関わろうとするタイプの教員に対しては「問題解決の主体は学生本人であり，学科やホケカンはあくまでもサポーターである」とのスタンスをとるようにしている。

ともに極端な意見であり，かなり矛盾したことを言っているのだが，頑固な大学教員（だからこそ研究者としてやっていけるのだが）を相手にするには，こちらも，こうした極端さと矛盾を意に介さないくらいの神経を持っておかないと太刀打ちできないのが実情である。

3）教員へのアドバイスについて

教員から，学生への対応方法を教えてほしいと言われることがある。その際には，その学生の行動特性は伝えるが，具体的な対応方法については教員に考えてもらうようにしている。このとき，同じような問題を抱えた学生の経験例があれば，その際の教員の対応方法を紹介するようにしている。

この理由は，一つは，実際の教育現場に詳しい教員のほうが，筆者らなどより，よいアイデアが出ることが多いからである。もう一つは，教員に学生支援に対して主体的に取り組んでもらうためである。

中には，実習先などの教育現場まで出向き，具体的な指示を出すタイプの支援者もいる。その指示が効果的であり，その支援者が熱心であればあるほど，教員は支援者に頼り（もちろん，教育現場まで踏み込まれることを嫌がる教員もいる），自分たちで考えないようになってしまう。実際に，このようにして教員の支援における主体性が損なわれてしまった事例を経験している。

支援システムにおいては，教員のモチベーションが維持されることが重要である。そのためには，ホケカンはあまり頼りになりすぎない方がよいと考えている。このあたりのさじ加減は微妙なところではあるが……

4）「内々の依頼」について

教員から内々に診断書を依頼されることがある。これは，診断書を使って，学生に何らかの学業上の配慮をするためである。また，問題行動のある学生に対してホケカンの方から指導してほしいと，内々に依頼されることもある。

このような依頼は，本来ならば学科内で解決すべき教育的な問題を，医療的な介入で解決しようとするものである。極力断るようにはしているが，学生や学科内の状況を考えると，むげには断れない場合もある。かといって，受けてしまうと，「ホケカンが診断書を書いて学生を甘やかそうしている」と勘ぐる教員は必ずおり，今後の火種を作ることになる。また，学生の問題が解決しなかった場合には，いつの間にか責任の片棒を担がされてしまっていたということにもなりかねない。

このような内々の依頼への対応であるが，「診断書」を書く場合には，学科の教員にも診察場面に同席してもらい，教員から学生に，診断書が必要な旨を直接伝えてもらうようにしている。「指導」をする場合には，学科から指導するようにと頼まれた旨を学生に伝えることを条件に受けている。つまり，責任の所在が学科にあることを学生（第三者）の目の前で明らかにしておくことで，責任の片棒を担がされることを防ごうとするわけである。

5）クリニックについて

ということもあり，最近では，補習や再試など，学業上の配慮が予想される学生については，早めにクリニックを紹介するようにしている。診断書はクリニックに書いてもらうのである。そうすると，前述のようなリスクを回避することができる。

もうひとつメリットがある。それは，主治医がいると，学科との調整が格段にやりやすくなることである。職場のメンタルヘルスにおける産業医をイメージしてもらうとよい。ホケカンが産業医の役割をとり，主治医の意見を参考にしながら，学科との調整を行なうのである。一人で，主治医と産業医の役割をするのはけっこう骨が折れる作業なのである。

6）「死にたい」訴えについて

大学としてもっとも防ぎたい事故の一つが学生の自殺である。自殺がおきると，保護者や同級生，関わりのあった教職員の心の痛手は大きく，なにより未来のある若者が自ら命を絶ったことに深い悲しみを覚える。

ある学科でおきたことだが，学生が「実習が辛くて死にたい」と担当教員に訴えたところ，その教員は，自習の許可やレポート提出期限の延期などの配慮をした。すると，この出来事はたちまち学生の間に広がり，「あの先生は，ちょろい」

とばかりに，多くの学生が何かと理由をつけて実習をサボったり，レポートを遅れて提出するようになったのである。

　ホケカンに来所する学生も，「死にたい」とすぐ口にする。このとき，「死にたいくらい，しんどい」という枠組みに乗ってくれ，「しんどいけれども，どうすればよいか考えていこう」という方向に話題が展開すればよいが，いつまでも「死にたい」に固執する学生もいる。この場合には，「死にたいうちは大学を休んで実家に戻り，死にたくなくなってから大学に出てくるように」と言うようにしている。つまり，「学業よりも命の方が大事」とのあたりまえの前提に立ち，安全配慮義務に基づいて，保護者の監督下に入ってもらうのである。

　昨今の学生支援ブームの中で，問題を抱えた学生に対して「学業上の配慮」をするのが「是」であり，配慮しないのは「非」との風潮がある。この事例において，「死にたい」との訴えに対して「学業上の配慮」が行われたのは，こうした風潮も影響していたのかもしれない。

Ⅲ　おわりに

　以上，ホケカン臨床における支援の基準について述べてみた。参考にしていただければ幸いである。

　最後に，ホケカン臨床の魅力について簡単に触れてみたい。最近思うのは，よい意味で，予想が裏切られることである。病院臨床では，変化がおきても大体この範囲だろうという予想が外れることは少ない。ところが，ホケカン臨床では，引きこもっていた学生が，突然に自転車で日本一周に旅立ったり，これはもう満期除籍処分になるだろうと思っていた学生が，最後の年，奇跡のふんばりを見せて卒業するなど，こちらの予想を越えた変化が起こることが意外とある。

　こうした学生たちの変化は，さなぎから蝶へと劇的な成長をとげる様にも似ており，傍らで見ている者には，感動的でさえある。ホケカン臨床。マイナーな領域ではあるが，意外に奥が深いと思う今日この頃である。

第2部　いろいろな現場で求められるアセスメント────第12章
臨床実践プラス育成のアセスメント
◉大学附属臨床心理相談室

小正浩徳

I　はじめに

　筆者の所属は大学院附属臨床心理相談室である。その主な業務は，相談室でのカウンセリング並びに事務運営と臨床心理実習を行っている院生への助言などである。カウンセリングの対象となるのは，地域に住む子どもから大人までとなる。しかし，日常の会話の中で，所属を尋ねられ，大学院附属の臨床心理相談室ですと答えると，次に決まって尋ねられる質問が，「学生さんたちは，いっぱい相談に来るの？」である。つまり，大学の学生相談室と思われているのである。
　そこで，まずは大学の学生相談室と大学（院）附属臨床心理相談室（以下，心理相談室）の違いを明らかにしつつ，心理相談室におけるアセスメントを考えていくこととしたい。

II　学生相談室と心理相談室

　筆者の勤める大学の学生手帳から，学生相談室の説明を抜粋してみる。「学生生活の中で直面する問題や悩みについて臨床心理士が相談にあたり，学生生活への適応支援を目的とした心理的なサポートを行います（なお，当相談室は治療機関ではありませんのでご了承ください）」とされている。学生相談室の対象となるのは，主としてその大学の学生である。現在は社会人入学も増えてきたとはいえ，年齢層としては，18歳から20代半ばが中心となるだろう。相談内容としては，学生生活における問題や悩みであり，対人関係や性格，学業についてなどが中心となるだろう。こうした問題・悩みを抱える学生に対して，カウンセリングを行うことになるが，学生相談室の目的が，より充実した学生生活への適応支援であることから，そのカウンセリングは，多くの場合，開発的カウンセリングとなり，時には情報を提供しつつ，自我に働きかけるような対応を行うこととなる。終結としては，問題や悩みが解決された時であるが，絶対的な終結として，その学生の卒業がある。

第12章 臨床実践プラス育成のアセスメント ●大学附属臨床心理相談室

表1　学生相談室と心理相談室の相違

	学生相談室	心理相談室
設立目的	学生生活の適応支援	・臨床心理学の実践と研究，研究成果の地域還元 ・臨床心理士養成のための実習施設
対象	大学生	地域すべての人
主訴への対応	自我の発達とそれに伴う問題の解決	症状や問題の解決
利用料金	無料	有料
スタッフ	相談員，事務員	相談員，事務員，臨床心理実習生
終結時期	悩みや問題の解決，卒業	症状や問題の解決

　次に心理相談室についてみてみる。筆者の勤務する心理相談室規定から，目的や業務について確認してみたい。心理相談室の目的は「臨床心理学の実践にかかわる教育と研究を行い，その成果を社会に還元すること」であり，業務については，①心の健康に関する心理相談，②子どもの発達援助に関する相談，③大学院生に対する臨床心理学の実習，④臨床心理学に関する学術的調査・研究，⑤その他，となっている。このような目的・業務の中，対象となるのは地域住民であり，年齢層もそれこそ子どもから大人まで，すべてとなる。こうした対象・相談に対して，カウンセリングやサイコセラピーを行うこととなるが，学生相談室では開発的カウンセリングが主となるのに対し，心理相談室では開発的カウンセリングだけではなく，治療的カウンセリング，サイコセラピーによって，無意識や認知のあり方等に焦点を当てつつ，症状・悩み・問題を解決していく。終結は，この症状・悩み・問題が解決される時までであり，長短の違いはあっても，解決されるまでは相談が続く。表1は学生相談室と心理相談室の相違をまとめたものである。このように，同じ大学内の機関であるが，違いがあることがわかる。

III　実習施設としての心理相談室

　心理相談室は上述した目的を今一度整理してみると，①臨床心理査定や臨床心理面接，臨床心理的地域援助等を通じて，地域の方々が抱える悩みや問題の解決や解消を図る，②相談活動等を通じ，調査・研究を行い，報告を行うこと，③大学附属臨床心理実習施設として，所属する院生に実習の場を提供し，随時必要な指導を行うこと，となるだろう。

　心理相談室の大きな特色としては，③の実習施設という教育目的を持っていることといえる。これは，同じ大学内の機関である学生相談室との対比で考えてみてもその特殊性がはっきりする。学生相談室は教育施設としての機能をもってい

るが，その機能は学生が相談者つまりは臨床心理サービスを受ける側にたつことで果たされる。一方で，心理相談室は，学生はそのスタッフとしての立場であり，つまりは臨床心理サービス提供者の側に立つことで，教育施設としての機能を果たすのである。別の表現をすれば，大学の医学部における附属病院とよく似ているといえる。

IV 心理相談室での実習とアセスメント

　心理臨床の場では，人（クライエント）と人（カウンセラー・セラピスト）との関係において，クライエントを取り巻く物事や人々との関係を踏まえ，クライエントの"こころ"にアプローチする。心理相談室では，ここにもう一人，臨床心理実習生との関係が生まれる。それはつまり，心理相談室における実習形態が次のようなものであるからである。

　通常の相談の場では，相談者（クライエント）と相談員（カウンセラー・セラピスト）との1対1の関係となるが，心理相談室では，ここにシュライバー（陪席者）として大学院生（臨床心理実習生）が同席し，相談の記録をとる場合がある。臨床心理実習生は相談に陪席し記録することを通じて，カウンセラー・セラピストの行う心理面接や心理検査・査定の実際を学び，また，クライエントとカウンセラー・セラピストの相互作用などを学ぶ。

　また，臨床心理実習の一環として，臨床心理実習生は心理相談室の受付業務も行う。ここでは，クライエントに申し込み用紙の記入をお願いすること，相談費用の授受の補助，相談室へクライエントを案内するなど，心理相談室事務員に教わりながら，心理相談室の事務運営を体験し学ぶのである。

　こうした実践を踏まえて，徐々に実習生が相談を担当することとなっていく。

　この実習形態を基に，心理相談室での人間関係を挙げてみると，クライエントとカウンセラー・セラピスト，クライエントと心理相談室事務員の関係に加えて，クライエントと臨床心理実習生，カウンセラー・セラピストと臨床心理実習生，心理相談室事務員と臨床心理実習生というさらに三つの関係が加わり多彩な関係を生み出している。そして，この関係は短期間に限定して起こるのではなく，1年間たゆまなく続いているのである。

　この多彩な関係性が生じている中行われるアセスメントとは，通常のクライエントとカウンセラー・セラピストとの関係におけるアセスメントだけではなく，クライエントと臨床心理実習生，カウンセラー・セラピストと臨床心理実習生，心理相談室事務員と臨床心理実習生という関係におけるアセスメントも必要となり，ひいては，臨床心理実習生自身のアセスメントも必要となってくる。この目

的はなにかというと，将来臨床心理士となるべく学んでいる臨床心理実習生への教育のためである。つまり，臨床心理士養成のために，臨床心理実習生をアセスメントし，個々人に必要な教育を行うのである。

では，なにを心理相談室で教育するのか。もちろん，臨床心理査定技法や，臨床心理面接技法，臨床心理的地域援助技法ということになる。そうした技法を学び，実践で生かすために心理相談室では，その基礎を教育していると考える。そこで，筆者が臨床心理実習生の何をみているのか，陪席と受付実習を例に挙げてみてみたい。

1．陪席に至るまで

新規の相談に陪席として臨床心理実習生を同席させる場合，クライエントの主訴等をよく検討し，臨床心理実習生全員に陪席可能な相談として情報を公開する場合と，直接臨床心理実習生の一人に声をかける場合とがある。

これは，実習の目的として，臨床心理実習生すべてにさまざまな主訴，相談の陪席を経験させる必要があり，特定の臨床心理実習生に偏らないようにするためである。同時に，クライエントの主訴内容や，性別，年齢などから，クライエントに対する配慮の点から，陪席者を検討する。

この検討の際には，臨床心理実習生が興味関心のある領域をあらかじめ知っておくことと同時に，心理相談室での臨床心理実習生の立ち居振る舞い（言葉遣い，服装等）なども考慮している。

陪席中においては，臨床心理実習生の態度・姿勢などを見て，陪席後においては，陪席記録とその感想を求める。

陪席記録や感想では，陪席中に臨床心理実習生が何を見聞きしていたのか，そのときどう思っていたのかなどを確認する中で，読み手として，記録の書き方，体裁などにも注意を払っている。

2．受付実習において

受付実習においては，臨床心理実習生のクライエントへの立ち居振る舞い，心理相談室事務員への立ち居振る舞いなどを見る。特に，クライエントを面接室に案内した際に，どのような情報を事務室に待機するカウンセラー・セラピスト，心理相談室事務員に伝えるかを聞いていると，実際に臨床心理実習生が相談を担当し始めた時のクライエントへの接し方やアセスメントなどをうかがい知ることができる。

V　臨床心理実習生を育てるためのアセスメント

陪席や受付実習において，何をみているのかを挙げたが，さらにまとめると次

のようになる。

1．自学自習の態度

これは，たとえば，陪席や心理検査や相談を担当する際に，クライエントの主訴や，相談の中で明らかとなった症状や薬，クライエントを取り巻く社会福祉や法律についてなどを，自ら文献等から調べているかどうか，そして何より，クライエント，カウンセラー・セラピストから積極的に学ぼうという意識があるかどうかをみている。

2．社会人としての態度

挨拶や言葉遣い，服装など，場に合わせた言動がとれているかどうか，遅刻や勝手な早退をしないかどうか，陪席時の態度，相談担当時の態度，受付時の態度，つまりは，相手が自分をどう見ているのかという意識と相手に敬意を払い，相手の気持ちにどれだけ寄り添おうと努力しようとしているのか，という意識の有無をみている。

臨床心理実習生と接する中で多く感じられるのは，「カウンセリング，サイコセラピーを一人で担当したい！」という気持ちである。この気持ちが強ければ強いほど，自ら学ぼうという意識は薄れ，逆に教えてもらおうという気持ちが強まっているように見え，クライエントの気持ちや，場合によっては，カウンセラー・セラピスト，心理相談室事務員の気持ちを考えないような言動をとることが多いように思える。このような，クライエントを見ている自分のみに意識がとられるのではなく，クライエントからも，心理相談室スタッフからも見られている自分に気づき，それを踏まえた行動をとれるようになれるかどうかが大切となる。そのために，臨床心理実習生を迎えいれる立場である心理相談室スタッフは心理相談室にある資源を用いて何が可能かを考えることが重要だとも考える。このようなことを踏まえつつ，臨床心理実習生と接する中で，①自学自習の態度，②社会人としての態度の2点からアセスメントし，それぞれのパーソナリティやキャラクターに合わせて随時補完し，長所を伸ばしていけるよう教員の先生方と相談しつつ，実習を行っている。

VI 終わりに

心理相談室の実習施設としてのニーズは，高度専門職業人としての臨床心理士として，地域に貢献できる人材の育成であると考える。臨床心理実習生たちも，臨床心理士になって活躍したいという気持ちのなか，臨床心理査定や臨床心理面接の技術，技法を学ぼうと必死になっているし，その必死さはよく伝わってくる。しかし必死になればなるだけ，思いが強くなればなるだけ，視野が狭くなり，相

第12章 臨床実践プラス育成のアセスメント ●大学附属臨床心理相談室

手の気持ちに立っているつもりがそうでなくなってしまっている現実があるように思える。

　こうした中，心理相談室での実習とは，理論をどう柔軟に実践へと結び付けていくのかという応用力の育成と同時に，臨床心理相談というサービスを行うために社会人としてのマナーを身につけさせることが重要であると考える。すなわち，臨床心理士になるために必要な一定水準の技術と社会性を備えさせ，世に送り出せるようすることが心理相談室の責務となる。

　そのために，通常のクライエントへのアセスメントだけではなく，臨床心理士育成のための教育的視点にたったアセスメントを臨床心理実習生に行う必要もある。このように，臨床心理査定・臨床心理面接のためのアセスメントと育成・教育のためのアセスメントを同時に行っている場が大学（院）附属臨床心理相談室であるといえる。

第2部 いろいろな現場で求められるアセスメント────第13章
家庭裁判所における
メタ・アセスメントの活用
●家庭裁判所調査官

岡本吉生

I　家庭裁判所という場

　家庭裁判所調査官（以下，「調査官」という）は，文字どおり家庭裁判所（以下，「家裁」という）に配置されているスタッフである。そのため，家裁の業務の一部を専門的な知識や技術から遂行することが本来職務である。家裁が対象とする事件は主に2種類ある。一つは犯罪を起こした（あるいは起こしそうな）少年に対して保護処分の必要性を判断すること（少年事件）で，もう一つは家庭内や親族間の問題を処理すること（家事事件）である。この二つは地方裁判所でいう刑事事件と民事事件に相当する。

　家裁に調査官が配置されていることは，それだけで家裁の独自性を表現している。調査官は心理学や社会学や教育学などの人間関係諸科学といわれる試験に合格して採用された家裁内の専門職員である。裁判所の中にこのような専門職を抱えるということは，家裁が司法機関でありながら，他方できわめて福祉的色彩の強い仕事を行っていることを表わしている。一般に，司法的色彩の強い家裁の機能を「司法的機能」，福祉的色彩の強い機能を「福祉的機能」と呼び，この二つの機能を常にあわせ持っているところに，家裁独自の性格がある。

II　司法的機能と福祉的機能

　このようにいうと，調査官は福祉機能的な部分だけを担えばよいとの印象をもつかもしれないが，実際には司法機能的な部分も意識しながら福祉機能的な部分に重点を置いた活動をしている。司法的機能は裁判官が担当し，福祉的機能は調査官が担当するという単純な分業型の構造ではない。むしろ，両機能は相互に交差し，相互関係をもちながら全体を構成している。これを仮に図式化すると図1のようになる。これは，横軸の両端に司法的機能と福祉的機能を配置し，縦軸にその程度の強さを高さで表わしたものであり，家裁（領域Ⅲ）は事件の種別や事件の処理プロセスに応じて領域Ⅲのどこかを揺れ動いている（横軸で示すと↔に

第13章　家庭裁判所におけるメタ・アセスメントの活用　●家庭裁判所調査官

入る部分[注1]）。この揺れ動く幅が大きいほど家裁にある複数の機能が十分に発揮された事例ということになろう。

この司法的機能と福祉的機能は，いろいろな点で水と油の関係にある。表1は，司法的機能と福祉的機能とでいくつかの点で対称的であることを示したものである[注2]。この表を見てわかるように，たとえば，司法的機能は外的・客観的な基準が重視され，それとは逆に福祉的機能は内的・主観的な基準が重視されやすい。司法的機能では「公権力」を背景にしているため，裁判所の利用者は下位の位置に置かれやすい。これに対し，福祉的機能は「公民力」を背景にしており，利用者の自由意志はできるだけ尊重される。少年や当事者を「クライエント」とみなす調査官がいるが，これは彼らを自発的な相談意欲のある人物と考える調査官自身の姿勢を反映したもので，時として臨床志向の強い調査官に見られる傾向である[注3]。この両機能のどちらを重視するかによってアセスメントや臨床活動がどう違ってくるか，父親殺害の罪で家裁に送致された16歳の少年の事件を例にとって説明したい。

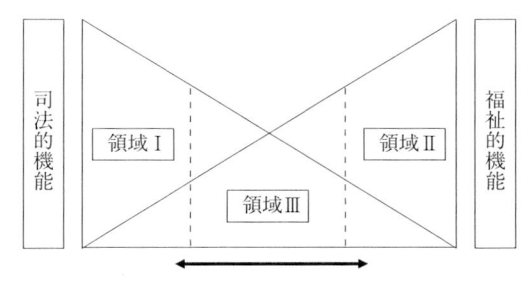

図1　家庭裁判所の臨床構造

（領域Ⅰ，領域Ⅱ，領域Ⅲ　司法的機能／福祉的機能）

A調査官がその少年の担当となった。この調査官は司法領域で働いていることに自負がある。A調査官と少年との面接で，少年は「長い間父親から虐待を受けて来たので，仕返しに父親を殺した」と動機を述べた。A調査官はこの少年に多少同情する気持ちもあったが，父親の殺害は尊属殺人に該当し（一級重い罪），すでに16歳に達している。よって，原則逆送[注4]の規定に従い，「刑事

表1　司法的機能と福祉的機能の比較

	司法的機能	福祉的機能
重要な事実	客観的事実（いつ，どこで，誰が，何をしたか？）	主観的事実（どんな気持ちか？どう感じるか？）
公平さの判断	客観的基準に基づく	主観的満足度に基づく
重視される関係	社会との関係	当事者個人・家族との関係
契約	強制的な誓約	自由意思に基づく約束
事件処理の手順	画一的	専門家による裁量幅がある
当事者の態度	対立的，抗戦的，従属的	調和的，協調的，協働作業的
当事者の精神状態	緊張	弛緩

［岡本，2003］を一部改定

処分相当」という意見を裁判官に提出した。少年は「親から虐待されて一緒に生活するのが耐えられなかった」「長い間の恨みがあって頭が真っ白になってしまった」など少年なりの背景を語ったが，A調査官はそれを自己の行為に対する弁解と判断した。それも「刑事処分相当」という意見の根拠になった。A調査官のスタンスは法律という外的基準を重視したもので，司法的機能重視の姿勢と言いかえることもできよう。

これに対して，B調査官は少年が親を殺害した経緯を少年の心情に沿いながら聴いていった。そのことで，少年は徐々に，父親との関係を振り返り恨みの気持ちを表明しながらも自らの行為を悔い，「憎いけど本当はもっともっと自分を愛してほしかった」などと，父親に対してアンビバレントな感情や，どうにも自分の心が収拾できない「すわりの悪さ」を語った。そして，「父親を殺した罪を償いたいけど，やっぱり法廷には出たくない」などと精一杯の要望を言葉にした。これを聞いた調査官は，少年の立ち直りを確信し保護処分として少年院に送致するのが相当かもしれないと考えたが，かたや社会的な制裁を受けることが少年の父親への弔いになるかもしれないとも考え，最終的にはA調査官と同様に「刑事処分相当」の意見を提出した。B調査官はこうしたアセスメントを再度少年との面接で伝えた。少年はB調査官がどれだけ自分の処分のことで悩んだかを知り，調査官の意見に納得した。

A調査官もB調査官も結論としては同じ「刑事処分相当」であるが，内容はまったく異なる。A調査官が画一的に少年の処分意見を考えたのに対して，B調査官は少年とのかかわりの中で少年の主観的世界を共有しアセスメントを行った。そして，そのアセスメントを少年に伝え，少年から更なる意見を聴いた。つまりB調査官は，少年と共有した体験を問題性としてアセスメントし，それをさらに少年にフィードバックしてアセスメントのアセスメント（メタ・アセスメント）を行った。少年事件では，とかく少年の窺い知れないところで彼らの処分が決定されるので，メタ・アセスメントは少年が自らの問題に向き合い，家裁の決定を真摯に受け取る有効な手段となる。

Ⅲ　家事事件の臨床構造

さて，家裁には家庭に関するさまざまな問題（家事事件）を扱う部署があることは，すでに冒頭で述べた。家事事件の処理手続きは少年事件に比べて格段に多様性があり，心理臨床家でも馴染みの薄い分野ではないかと思うで，本項以下ではこの家事事件を取り上げたい。

家事事件には，大きく分けて審判事件と調停事件の二つの事件種別があり，そ

第13章　家庭裁判所におけるメタ・アセスメントの活用　●家庭裁判所調査官

れぞれ手続きが異なる（前者を審判手続きといい，後者を調停手続きという）。また，紛争性のある事件によっては審判手続きと調停手続きを行ったり来たりすることもある。手続きや事件種別の詳細は最高裁判所のホームページ等を参考にされたい[注5]。ここでは，調停での話し合いが中心となる「夫婦関係調整事件」を例にとり，家事調停や調査官調査という多重システムのなかで行われるメタ・アセスメントについて述べる。

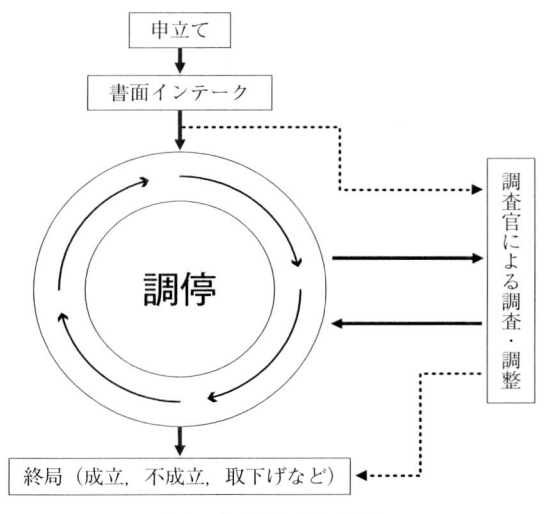

図2　家事調停事件の流れ

調停手続きのおおまかな流れは図2に示した。申立てからはじまり，調停を経て終局にいたるが，その中で調査官の活動としては，調停開始前に行う事前調査，調停期間中に行う進行中調査，調停場面への立ち会い（立会）などがある。

　　30歳になる妻から離婚を趣旨とした調停の申立てがあった。申立書をみると，夫婦はすでに半年ほど別居し，申立ての動機の欄には「暴力をふるう」という項目にぐるぐるとマルがしてある。妻は同居時の住所に居住している。申立ての実情を見ると，「これまで夫婦で何度か話し合ったが折り合わなかった」「相手方の夫は離婚には応じるが慰謝料は支払わないと言っている」と書かれてある。

　いわゆるDVの事例であるが，一般に自分が被害者だと思っているほうから申立てがある。「書面インテーク」を担当した調査官はすぐに調停を開くよう意見を出したが，その根拠は，次の点によるものだった。妻の住所が夫婦で暮らしていた時の場所になっていることから，別居のさいに出ていったのは夫のほうであること，夫婦はこれまでも話し合いを行っており，夫の暴力はある程度コントロールがきいていること，「慰謝料を払いたくない」と言う夫には夫なりの言い分があるということ，である。この「書面インテーク」は，夫婦にどのような問題があるかを判断することよりも，申立てられた当該事件がどれくらい調停という制度になじむものであるか，なじむものとすればすぐに調停を開くことが可能かど

うかを判断するものであり，言いかえると夫婦の持ち込む問題と調停システムとの相性を判断するものである。インテーク担当の調査官はもちろん「相性あり」と判断した。

　　　　調停開始の通知を受けた夫婦は調停期日に夫婦でそろって出席した。調停委員は，結婚生活の様子，どの程度の暴力なのかという問題状況，それに対する夫婦の認識などについて事情を聴取した。そして2回目の調停のとき，どうにも方向が定まらないということで，調査官に調停への協力を依頼した。調停委員は，夫婦を待合室で待機させ，これまでの進行状況について調査官に説明した。要は，妻のほうは夫の暴力を問題としているし夫もそれを認めているが，夫にすれば妻というのは「何を話しかけてもはぐらされる相手で，そのストレスが暴力になってしまう」ということだった。「妻は爬虫類」と語気荒く言うこともあるが，基本的にはストレスとうまく付き合っていき，妻と楽しい会話がしたいというのだった。妻も「夫が自分の問題を認識するのならやり直しも考えたい」とのことだった。そのため，調査官にしばらく夫婦和合の可能性と調停での方向性を探ってほしいということになり，これが調停委員の依頼の趣旨だった。

　調停委員会は，通常，民間から選ばれた男女2名の有識者である調停委員と1名の裁判官からなる。裁判所という司法システムの中に外部の人間である調停委員（社会システム）が参入するという構造をとっている。しかし，当事者は調停委員会をやはり裁判所の人間であると認識していることがほとんどで，調停場面であっても「勝ち負け」の論理を持ち込みやすい。DVに関しては，暴力の有無を被害者とされる側が訴え，加害者になる側のものが否認する構図が生じやすい。このような抗争は，どちらが不和の原因を作ったかという責任の所在をめぐる争いとなり，離婚の条件を決めるときに重要な事項となる。とはいえ，いくら暴力があったからといって，それだけでは夫婦不和の原因を特定することは容易でない。システム論的にいえば，どこにパンクチュエーションを打つかということにすぎないともいえる。調停での解決とは，あくまで話し合って妥協点を探ることであり，決して相手をやりこめることではない。「その妥協点を探すお手伝いをするのが調停である」という言い方もする。

　調停委員が男女2名であることは男女平等の新憲法の理念を具体化したものだが，彼らが「協働しながら」調停を進めることは，「協働できない」不仲な夫婦に協働し合う異性の姿を提示するというメタ・メッセージである。また，「妥協点を探るお手伝い」という表現は，「合意形成が調停での仕事」という意味のほかに「解決の主体を当事者に求める」という意味も含まれている。そのことを調

停委員が裁判所という権力機関の中で伝えることは,「自主的な解決」という内容をメタのレベルで「強要している」ということを示している。これは一種の治療的パラドックスを当事者に与えていることになる。このことを感じ取れない当事者は調停での解決が図れない。この事例の夫婦がそうしたメタ・メッセージをキャッチしたかどうかはわからないが,少なくとも延々と主導権争いをすることの無益さは理解したようだった。

IV 家事調停と調査官活動

　この事例での調査官の仕事は,夫婦和合の可能性があるかどうかということと,調停での方向性を探ることだった。調査官は進行中調査という命令を受け,日を改めて夫婦双方から話を聴いた。夫婦はお互いにコミュニケーションがうまくとれないことが最大の問題である,との認識で一致した。夫婦で話し合えることこそ調停での合意の可能性を示唆する。その作業過程で夫婦の気持ちが通じ合えるなら和合の可能性も見えてくる。調査官は,「ということはお互いにコミュニケーションのとり方が問題なのですね」と問題を再定義し,「あなたが〜だから」というYOUメッセージを「私は〜と思う」というIメッセージに転換する訓練をしたり,夫婦のコミュニケーションパターンを調べるという名目で合意ロールシャッハを実施したりして,試行的にコミュニケーション訓練を行った。そうするうちに夫婦は,「もうしばらく夫婦で話し合い,時機を見て同居も考える」と知らせるまでになり,そのことを調停でどう言うかをリハーサルした。その後,予定の期日に調停が開かれ,事件は取り下げになった。

　調停委員からの依頼の内容に従いながら,調査官は夫婦との協働作業が円滑に進むよう問題を再定義し,調査の最終段階では調停での話し方まで予行演習している。つまり,調査官の調査は,調停という上位システムとの連続性を常に意識しながらも,そこから少し距離を置くことのできる場であることを利用したアプローチをとった。調査官による調査システムは調停システムに対して半開放系になっている。そのことを調査官が活動の中で上手に利用することがシステム論からみたメタ・アセスメントの重要な視点であろう。

〈注〉
1) 岡本吉生:援助を求めない事例への援助.平成13年度全国児童相談所心理判定セミナー第29回報告書:社会的介入と援助関係,2002.領域IIIの代表が家庭裁判所であるとすれば,領域Iには司法機能が前面に出る機関で,地方裁判所,検察庁,刑務所などがそれに含まれ,領域IIには医療機関,福祉事務所,教育機関などがそれに含まれると考えられる。
2) 岡本吉生:「司法」は「臨床」たり得るか:非行,離婚,虐待をめぐって.第20回日本家族研

究・家族療法学会自主シンポジウム配布資料. 2003.
3）少年や当事者の一人を IP（Identified Patient）と呼ぶ調査官がいるとすれば，家族療法的あるいはシステム論的志向性のある調査官といえるだろう。
4）原則逆送とは，2000 年の少年法改正によって新たに制定された少年法 20 条第 2 項の条文に規定されたもので，被害者を死亡させた犯罪行為は原則として成人と同様の公開の法廷で裁かれるという趣旨のものである。ただし，その判断はまず家庭裁判所にゆだねられている。
5）最高裁判所ホームページ（http://www.courts.go.jp/saiban/syurui/kazi/index.html）

第2部 いろいろな現場で求められるアセスメント──第14章

少年鑑別所における収容鑑別
◉法務技官（心理技官）

生島　浩・岩﨑陽子

筆者のうち，生島は，犯罪者・非行少年に対する社会内処遇を担う保護観察官として20年余りの臨床経験を経て，特に，家族療法の実践からシステム論に基づく犯罪心理臨床を専攻する大学教員である。また，岩﨑は生島の大学院ゼミ出身の法務技官（心理技官）であり，臨床心理士資格も有している。

なお，法務技官は，少年院，刑務所などにも配属されるが，本章では主要な勤務場所である少年鑑別所におけるアセスメント業務について述べる。

I　非行臨床における少年鑑別所

少年鑑別所とは，非行を犯した少年を収容し，審判に向けてその心身の鑑別を行う施設であり，全国に52庁ある。鑑別にあたっては，医学，精神医学，心理学，社会学等の知識および技術に基づいて調査や判定が行われ，鑑別は少年の素質，経歴，環境および人格並びにそれらの相互的な関係を明らかにし，少年の教育に関して最良の方針を得ることを目的としている。少年鑑別所への入所は，家庭裁判所が決定する「観護措置」に基づいて行われる。具体的には，1）少年の資質の鑑別が必要と認められた場合，2）家出中などで身柄の確保が必要な場合，3）逃走・自殺・自傷のおそれがあると認められた場合などで，少年を収容する期間は審判までの4週間が限度，否認事件などでは最長8週間である。

平成19年の統計では，家庭裁判所新規受理人員約19万5,000人のうち，少年鑑別所に入所したのは1万5,800人（男子1万4,012人，女子1,788人）にすぎない。また，どのような処分となって退所していったのかを，家庭裁判所に係属した一般事件全体と比べると，保護処分である保護観察は12.8% → 40.7%，少年院は3.3% → 23.9%とその多さが際だっており，非行性が進んでいる少年を対象としていることも特徴的である。

実際の少年鑑別所の中での生活は，外部への接触や行動の制限こそ厳しいものの，学校や寮のような雰囲気であり，少年は規則正しく睡眠・食事をとり，運動や学習・就労支援の機会も与えられていて，読書やテレビなど娯楽の時間もある。

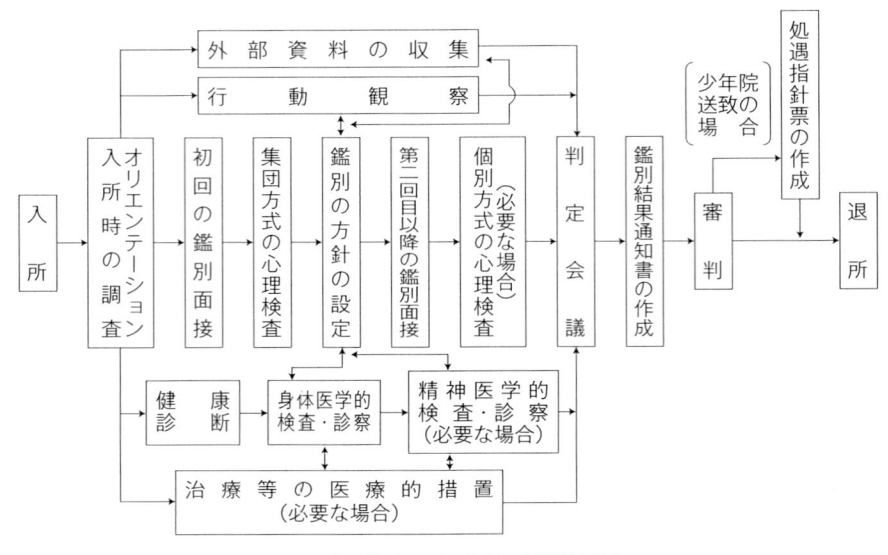

図1 少年鑑別所における収容鑑別の流れ
（法務省法務総合研究所編『平成20年版犯罪白書』p.156 より）

　鑑別所とは，少年たちがそうした落ち着いた環境に身を置いて，鑑別所職員をはじめ，家庭裁判所調査官，他の教育・保護機関，家族など，さまざまな人からの教育的働きかけを受け，これまでの自分自身や非行について見つめ直し，審判に向けて準備をするための場所である。

　臨床的な偏りから言えば，少年鑑別所は，少年または保護者などの自らの意思によってではなく，非行という問題行動があった者に対して，適正な調査・審判遂行という家庭裁判所のニーズから，身柄拘束により外界と遮断して，心理的なアセスメントが行われる場所ということが挙げられる。また，図らずとも人生の重大な岐路に立っている少年たちに対し，その心情の安定に努め，落ち着いて審判に臨めるよう準備ができるよう援助を行うと同時に，少年たちの変化の可能性を観察し，的確な処遇選択の資料を得ることも少年鑑別所の重大な機能である。

II　少年鑑別所における法務技官

　少年鑑別所における標準的な鑑別の流れは図1のとおりである。

　法務技官は，担当する少年が決まると，できるだけすみやかに初回の鑑別面接を実施する。これは，通常の心理臨床面接で行われるインテーク面接と同様であり，家族歴，生育歴，教育歴および職業歴，問題行動歴などを聴き，概括的な情報収集を行いながら，今後の面接を組み立てるための材料を得る。ただし，法務

技官が他の臨床現場の心理職と大きく異なる点は，これまでの非行歴について詳細に把握することが求められる点であろう。警察に補導・検挙されたものはもとより，それまでには至らない触法行為や，児童相談所・家庭裁判所・保護観察所への係属歴，少年院の在院歴などについて詳しく聞き取ることが不可欠であり，そうした包括的な情報収集から，少年が観護措置をとられた非行に至った背景を明らかにすることが必要となるのである。

インテーク面接が終了すると，入所した少年全員に集団式の知能検査と心理検査が行われる。担当した少年に関しては，そうした資料とともに，健康診断による医師の医学的診断の結果などを踏まえて，その後の鑑別面接の方針を設定し，実践していくことになる。通常は数回にわたって面接を実施するが，少年や各担当技官の手法によって，その回数は変わってくる。精神疾患や，発達障害が疑われる少年については，個別知能検査や投影法の心理検査など個別式の心理検査も実施し，心理学的な知見を明らかにした上で，精神科診察につなげ，診断や治療を仰ぐことも法務技官の重要な役割である。また，特に精神疾患や発達障害を有している少年でなくとも，性格面の特徴を詳細につかむため，個別で心理検査を実施する法務技官は多い。加えて，家庭裁判所調査官とカンファレンスを行ったり，ときには保護観察所や児童相談所からも必要な資料の提供を受けたりしながら，社会内での少年の様子や家族関係などについて客観的な情報を得て，少年について総合的に把握するよう努めている。

こうした鑑別面接や少年に関する情報収集を行った後，所内で判定会議が行われ，少年に関する見立てや，今後の処遇指針について話し合いが行われる。そして，その会議の結果に基づき，「鑑別結果通知書」を作成するのである。「鑑別結果通知書」には，レポート形式で，少年の資質面や発達面の特徴，少年が非行に至った理由，非行を重ねている要因，改善・更生に資する処遇選択やその後の指導・援助方法などを記載し，これを家庭裁判所に審判のための資料として提出するのである。

また，法務技官は，保安や生活指導に関する業務を行っている法務教官も兼任していることが多い。そのため，心理学的な専門家であると同時に，組織の中での一職員としての役割も担いながら，24時間少年たちを観察できる少年との距離感の近さも，法務技官の仕事の特徴であろう。

Ⅲ　法務技官のアセスメントの実際

アセスメント業務の中核を占める鑑別面接と心理検査について詳述する。

1．鑑別面接

　鑑別面接は，面接を通して，少年たちの資質面での特徴を明らかにすると同時に，少年たちが自分の感情を整理し，不安を軽減し，前向きに所内生活が送れるようにするための援助を行うことを目的としている。

　また，鑑別面接では，少年の「非行性の程度」を認定することが重要である。具体的には，少年の非行がどの程度進んでいるのか，すなわち，どれくらいの頻度で非行をしているのか，積極的に単独で非行をしているのか，非行が繰り返されるおそれはどれほど高いのかなどを見極めるのである。鑑別所には，初めて非行で入ってくる少年もいれば，非行がかなり常習化している少年もいる。面接では，少年たちの非行の背景にある心理機制や状況要因，常習性などを鑑みて，少年たちの非行を抑制し，更生させるためにはどのような処遇が適切なのかを選択することが重要である。

　よく，「非行少年が自分のことをべらべらしゃべるのか？」と尋ねられることがある。たしかに，社会で「つっぱって」いる非行少年を相手にしているだけに，初めのうちは，面接がなかなかスムーズに進まない場合も多い。親や教師とぶつかり合い，問題行動を繰り返し，いわば社会から「問題児」と烙印を押されてきた彼らの中には，最初のうちはなかなか自分のことを素直に話そうとしない者もいる。不本意な入所にふてくされている者もいれば，これまでひどい虐待を受けてきたり，繰り返し大人に裏切られたように感じたりしていて，「大人は信じない」と決め込んで無言で押し通す者もいる。

　一方で，表面的に愛想はよくても，適当に嘘をついてその場をうまく取り繕おうとする者がいる。しかし，そうした少年たちにとっても，外界から隔離された場所で，短期間の濃厚な関わり合いの中で行われる少年鑑別所の特異的な面接は，大きな効果を発揮するように思っている。社会と距離を置き，鑑別所で一人きりになって，少年は自分を取り囲んでいた家族・友達・学校・会社などを改めて客観的に振り返る。また，少年たちにとって，身柄を収容されることのインパクトは大きく，自由がきかない生活を送る不便さを体感する中で，自分がこのような措置をとられるもとになった「非行」について考えるようになる。来談動機はないにしても，少年鑑別所までの一連の法的措置を経て，少年たちは，少なくとも，このまま非行に走っていては，うまく立ち行かなくなっている自分を幾分かは感じている。鑑別面接では，少年のそのような感覚に焦点を当てながら，少年自身が問題意識を持ち，「悩みを抱える」ことができるように働きかけを行っていくのである。

　また，入所している少年たちは皆，審判によって，社会に帰れるのか，それと

も少年院や他の施設に収容されてしまうのかといった瀬戸際にいる不安や焦燥感を抱えている。面接では，そうした不安や焦燥感を取り上げながら，自分が置かれている状況を冷静に理解させ，受け止めることができるように援助していく。

鑑別面接においては，他の臨床領域における心理面接のように，継続的・治療的かかわりはできない。また，審判のための心情の安定や身柄の確保に十分配慮した上で，心理的なアプローチを行わなければならない前提がある。反面，面接構造は確固としており，法務技官はその仕事量につぶされそうになることはあっても，通常のカウンセリングのように少年の行動化に巻き込まれそうになったり，振り回されそうになったりすることは少ない。そうした枠組みの堅さは，少年にも面接者にも，安心感を与えはするものの，筆者自身はときどきその牢固さに物足りなさや抵抗を感じたりすることもある。しかし，家族や社会に対する怒りや恨みを涙ながらに訴えていた少年や，どうにもならなかったとあきらめがちに笑っていた少年たちが，面接を重ねる中で自分なりの「答え」や「目標」を見つけ，明るく穏やかな表情になって，審判に臨んでいく過程を見守ることは，法務技官の醍醐味であろう。

加えて，非行が社会に与えた影響の大きさを考えれば，心理学的な知見を用いて，少年の再非行を防止し，更生させるための的確な処遇方針を選択する責務は大きい。また，それと同時に，そうした処遇選択の意味を当の少年が理解・納得できるよう方向付けることが必要であると思っている。鑑別面接の終了時には，少年に向かって，鑑別面接の結果をフィードバックしながら，ときには「少年院に行ったほうが，こうした点で，あなたのためになるように思う」と法務技官としての意見を少年に伝えることもある。そうした際の少年の反応は，自己洞察の深まりを知る手がかりとなる。また筆者自身にとっても，表面的なやりとりに終始していたかもしれないと反省する材料ともなるのである。

2．心理検査

少年鑑別所に在所している期間は短いものの，24時間少年が滞在しており，比較的しっかりと心理検査を行う時間を確保できる。入所してくる少年に対しては，全員に集団式の知能検査と性格検査が実施される。その後，法務技官は，担当する少年に対して，個別的に心理検査を実施する。

精神疾患や発達障害が疑われる場合では，個別の心理検査は必要であるが，少年の性格特徴をより正確に把握したり，面接では出てこない少年の気持ちを探ったりするのにも非常に役立っている。以下に，分かりやすく説明するため，少年鑑別所で心理検査がどのように実施され，どのように役立っているのかについて，具体例を挙げてみる。ただし，いずれの事例も筆者が自験例をもとに創作したも

のである。

TATを実施したA君

　A君は、毎日のように不良仲間と遊び、仲間と一緒に暴走族に入ってバイクで集団暴走を行い、鑑別所に入所してきた。家族関係については、父母が離婚し、実母が再婚して継父と暮らすようになっており、このころから少年の夜遊びや無断外泊も増えていたようである。しかし、面接で家族関係について尋ねても、「べつに」「普通」という返事が返ってくるばかりで、なかなか家族に対する気持ちを話そうとはしない。集団式の性格検査でも、防衛尺度や虚偽尺度の高さが目立っていた。そこで、個別心理検査では、TATを実施することとした。TATを実施すると、家族関係に関して、望まれるような対応ができず自分の失敗を悔やむテーマや、疎外感を強く感じているテーマが繰り返し出てくる。また、抑うつ的な刺激に弱く、適切な対処ができなかったり、他の登場人物の心情を踏まえたりすることができず、対人関係の希薄さなどもうかがえた。そうしたテストの解釈を、次回の面接でフィードバックすると、少年自身も家族への葛藤があったことや、うまく対人関係が深まらず、居場所としての暴走族を求めていたことなどを素直に話し始めた。

　バイクの集団暴走をしているような少年については、法務省式の運転態度検査を実施することも多い。テストの結果についてフィードバックしながら、運転態度に関する価値観の偏りや、無謀運転の危険性について話し合っていくのである。

ウェクスラー式知能検査を実施したB君

　B君は、中学卒業後、仕事がうまくいかず、万引きを繰り返していた。集団式知能検査ではIQが90台であったものの、所内で行う作文などの課題では漢字がまともに書けず、面接場面の言語表現でも不器用さが目立っていた。所内で行っている学力検査の結果も、小学校低学年ほどのレベルしかない。そこで、個別心理検査では、ウェクスラー式の知能検査を実施した。テストの結果、有意に言語性IQが動作性のそれに比べて低く、項目によって得点のばらつきも大きかった。能力面でのむらが目立っており、学童期には学習障害をきたしていた可能性も考えられた。そうした資質面の問題が、学習への意欲の持てなさや、学校生活での不適応感に結び付いていたようであり、社会生活において引け目を意識しやすくなっていた。家庭裁判所調査官とのカンファレンスでも、学校照会の結果から、B君の授業での不適応ぶりが明らかであった。

　面接では、テスト結果をフィードバックしながら、そうした能力面のばらつきからくる学校や職場での不全感や不適応感について確かめていった。同時に、大工の職人になりたいと思っているB君に対して、これまでの職場でうまくい

かなかった場面を取り上げて，能力のばらつきを考慮した具体的な対処方法をアドバイスした。判定会議では，万引きがかなり常習化しており，その他の非行も出てきていたため，B君には少年院での矯正教育が適当であると判断された。実際に，家庭裁判所の審判で少年院送致となれば，こうしたB君の資質を踏まえた上で，必要な矯正教育のプログラムを処遇指針という形で提案するのも法務技官の重要な職務である。

IV 「心身鑑別」というアセスメント・システムの課題

　非行少年を対象とするアセスメントという点では，家庭裁判所調査官と同様であるが，これまで述べてきたように，非行性が進んでいること，そして，身柄が拘束され外界と遮断された環境の中での治療・教育効果もある点が大きく異なる。ちょうど，精神科クリニックの外来と精神科病棟への入院との違いでもあるが，看護師やコーチのような役割に当たる法務教官が夜間も含めた生活の様子を観察したり，家族との面会に立ち会ったりすることによって得られた情報を鑑別に活用できることは大きなメリットである。一方，家族や職場などの社会システムにおいて「生活する少年」を的確に把握することが難しい点は，大きなデメリットと言わざるを得ない。

　また，非行臨床システム全体の問題だが，事例の予後を直接知る機会は再非行した場合だけであり，いわゆる「成功事例」から学ぶことはできず，この点は少年鑑別所でも同様である。非行性の進んだ少年を対象としていることの偏りもあり，法務技官は問題点ばかりを指摘しがちになるという批判にも，自覚的でなくてはいけないだろう。

　予後を知ることのできる例外として，少年院送致になった少年などの処遇プログラムを再検討するときに，「再鑑別」を依頼されることがある。特に少年院への収容が長期間にわたる少年や，少年院での処遇になじめず，問題行動を起こしたりして何らかの対処が必要とされる少年が対象となっている。少年院の矯正教育によって，少年のどのような面が変わったか，逆にどこが変わっていないのか，今後，どのようなアプローチを行っていくことが適当であるかを「再鑑別結果通知書」にまとめて，少年院のプログラムに還元する。少年の成長を直接確かめ，その処遇経過をアセスメントする機会として，法務技官にとって貴重な経験となるものである。

　最後に，少年鑑別所のアセスメント結果は，審判の資料として家庭裁判所に通知されるものであるが，当事者である非行少年自身が使えるツールになり得ているか検討されなくてはいけないだろう。まず，鑑別の結果を適切な形で少年本人

にフィードバックすることが不可欠であるが，少年が「鑑別所経験」の影響をどう受け止めていくのか，前述の「再鑑別」の機会を除けば，少年にたずねることは現実には難しい。こうしたシステム上の偏りを自覚し，鑑別所の見立てが，実際の社会生活で生かされるよう，適切な援助の方法を模索していくことが求められる。また，非行臨床のアセスメントは，家庭裁判所調査官との協働作業であり，そのフィードバックにおいても同様である。特に，多感な時期を自由が制限される少年院送致を選択するにあたっては，そのプラス・マイナス面を多角的に検討しなければならない。家裁調査官は，少年と家族や社会環境における相互作用に可能性や力点を置いて処遇を考えていることが特徴的である。しかし，法務技官としては，目の前にいる少年の資質に一番の重点を置くことが本務であると筆者は考えている。

　さらに，非行少年特有の「歪んだ」あるいは「偏った」フィードバックの受け止め方にも配意が必要である。近年，非行との関連で注目されている発達障害の認められる事例などでは，特段の技量が求められる。家庭裁判所での審判を控え，高い緊張感を抱いている少年に加えて，支援すべき親も多くの問題を抱えている事例を扱う非行臨床において，障害を受容し，適切な支援へつなげるアプローチを行うことは多くの困難を伴っている。それを可能にする「治療的・教育的フィードバック」の臨床的蓄積が，喫緊の課題であることを強調したい。幸運にも，筆者の一人は知的障害・発達障害のある非行少年を収容する特殊教育課程を持つ少年院に勤務することができた。処遇に直結したアセスメントの力量向上はもとより，出院後の立ち直りを支える家族の支援をも視野に入れた臨床実践が求められている。

〈文　　献〉

法務省法務総合研究所編：平成 20 年版犯罪白書．時事通信社，2008.
犬塚石夫編集代表：矯正心理学：上・下巻．東京法令出版，2004.
小林万洋：少年鑑別所．(下山晴彦・松澤広和編) 実践心理アセスメント．pp.102-111, 日本評論社，2008.
生島浩・村松励編：犯罪心理臨床．金剛出版，2007.

第2部　いろいろな現場で求められるアセスメント ——————— 第15章

会社組織・職場を見立てることの大切さ
◉事業所内心理相談員

和田憲明

Ⅰ　はじめに：見立てる前に環境・歴史・法律について知る

　自分の職場の時代背景や歴史，風土や仕組みを知ること。これは何も産業場面だけでなくどのような臨床活動の場においても最初の一歩ではなかろうか。現在筆者は，創業150年の歴史をもつ大型重機（造船や火力発電プラント機器）の製造業の現場を抱える事業所に勤務している。従業員は，正社員約6,000人，パートナー会社員約4,000人がいる。いわゆる一流大学を卒業した研究職や設計職から，地元の中学・高校を卒業して現場でたたき上げた人までさまざまであり，社員の大部分が男性である。また，九州という土地柄と50歳以上の世代が多いことも影響し「メンタルな問題を起こすような人間は弱い。使い物にならない」という意識があることは否めない。

　また，企業には，労使問題や組合対策などの労務管理の仕方についての独自の取り組みや歴史がある。労働者の権利や安全と健康を守ることは企業に一番求められる義務であり，そのために，これに関する法律による規制がある。とくに労働者の安全と健康に関しては労働安全衛生法によって規定されているが，その中にメンタルヘルス対策が盛り込まれるようになって約20年になる。しかし，その後，増え続ける働き盛りのうつ病や自殺を背景に，本法のメンタルヘルス対策に関する内容は労働災害としての認識をより強めるようになってきている[注1]。国によるメンタルヘルス対策の指針[注2]は，その内容よりも「ストレス対策」が枠組みであることを理解していることがポイントである。この考え方をベースに「長時間労働の規制等」などの指針が出されている。ストレス対策の枠組みは，安全管理の手法に即しやすいということを知っておくと産業臨床の特徴が理解しやすい。

　しかし，働く人の健康や安全を守るという背景は，法的な義務や危機管理的側面からの見方だけでは一面的である。よいモノやサービスは，安全で健康な職場からできる，という企業理念があり，それに安全衛生の担当者が連綿と取り組ん

できた歴史があることを見落としてはならない。

II 職場・組織に対する見立てのポイント

　以上に紹介した時代背景やニーズに応じるために今や企業のメンタルヘルス活動は，診察室や面接室で心の不調になった従業員を待って治療やカウンセリングを行うだけではなく，職場へ出向いて行き，そこの事情に即した支援や教育，コンサルテーションを行うという視点を持ち，人間関係を調整し組織を動かしていくことが求められる。そのためには，心理相談員[注3]を含む企業のメンタルヘルス担当者は，組織間の関係調整をする能力が求められる。問題の指摘を誰にどのように伝えれば実効性があるのか，異なった組織で働く社員の誰とチームを組み，どのように計画を立てれば効率がよいか，こういったセンスが求められる。

　その対象となる会社という組織は，それぞれ独自の風土を持ち利益を出すために縦のラインを中心として動いている。あらゆる業務はそのライン上の権限がないと動かないものである。だから，見立てとは，まず職場や組織に対する風土やルールを知り，協同・関連する人たちの役割を知り，自分の専門性がどのように影響するのかといったまさにシステム論的な見立てを行うことが大切なのである。

1．メンタルヘルス対策の発達段階と必要度を知る

　産業場面でのメンタル活動はまだ規模が小さく歴史も浅く，それに従事する専門家も少ない。自分が働く職場のメンタルヘルス活動は，どの発達段階にあるか，まずこの見たてをしてから仕事にとりかかるべきである。他の会社でうまくいったやり方もそれを受け入れる準備の土壌が育っていなければうまく機能しない。「相談室を作りカウンセラーを置いてみたがさっぱりだった」という失敗例は，まずこの見立てができていなっかったことによるものと考えられる。そこで筆者は，各企業のメンタルヘルス活動の発達段階を次の3段階に分けることができるのではないかと考えている。

　　第1段階：これから新たに始めるという段階
　　第2段階：すでに産業医や保健師が産業保健の枠組みで活動をしているが，専門の心理相談員を入れることで今後強化させたいという段階
　　第3段階：すでにメンタルヘルス活動の実績があり従業員もメンタルヘルス対策についての教育を受けている，今後さらに組織活性化など新たな取り組みへと発展させていきたいという段階

　また，メンタルヘルス活動の必要度についても見立てる必要がある。教育啓発

第15章　会社組織・職場を見立てることの大切さ　●事業所内心理相談員

活動の一次予防，早期発見・対応の二次予防，復職支援の三次予防のどこに重点をおくのか，それはトップの意向と必ずしも一致しない。

「メンタルヘルス活動の発展は，コミュニケーションの活性化をさせ，明るく元気な職場作りをする」という一次予防の考え方は，新たにメンタルヘルス活動に取り組もうとする会社のトップにとっては，大きな動機づけになるが，うつ病社員の復職支援，繰り返す休職者に対する取り組み（三次予防）が現場管理職にとっては急務になっている場合が多い。

２．トップや管理職に対する見立てかた

利益追求と安全（健康）優先。本来であれば，この両面が一致しているのが理想的であるが，現実は必ずしもそうはならず，企業のトップは常にそのジレンマに立たされることになる。業績がよいと福利厚生費は厚くなり，悪くなるとお金と人員が一番先に削除される。トップと直接話す機会は稀であるが，その経験から述べると，メンタルヘルス活動に前向きなトップは，実は個人的なエピソードを持つ場合が多い。身内にメンタルヘルスの問題を抱えていたとか，かつて管理職にいた頃，メンタルヘルスの問題を抱え苦労したとか。もちろん表向きは，社会的責任であり従業員の健康を第一に考えているからこそのメンタルヘルス活動であるが，こういった個人的な体験が大きな推進力になっていることは否めない。

たとえば，新たに職場全体に介入（教育や全員面談，アンケート調査など）する場合，対象の部門のトップの決断なしでは実行できない。先述したようにメンタルヘルス活動をマイナスのイメージで捉えている風土はまだ強く，コンサルテーション活動を行うには，彼らがどのような意識を持ち，どのように語るか，そこに注意を払う必要があるだろう。

さらに管理者の余裕といった見立て方も大切である。時間や予算の余裕だけでなく，気持ちの余裕である。メンタルヘルス活動が必要であると頭で理解してもらうだけでは実施にいたらない。「前例がないことでもすすんで取り入れよう」となるためには，心のゆとりが大切である。こういった会話は，会議の場よりもインフォーマルな雑談の場（飲み会やゴルフ場）で，話が弾んで決まる場合が多いのも事実である。

３．協同者や推進者に対する見立てかた

大きな事業所では病院や診療所を持ち，産業医や保健師が医療の枠組みで行っているが，メンタルヘルスの問題は，塵肺などの職業性疾病や作業中に起きる災害対策からすれば傍流である。また，そういった専門職のいない小さな事業所では，労務管理の枠組みとして行う場合がほとんどであるから，担当しているのは，

採用から人事教育，昇給，福利厚生までこなしている総務部門のベテラン職員であったりする。彼らの判断基準は，会社にとって利益となるか不利益をもたらすか？　である。そういった意味では，「メンタルな問題を抱えた社員＝不活性の問題社員」ととらえられやすい。

彼らに対する見立てのもう一つは，メンタルヘルス対策への「関心」と「自信」である。メンタルヘルスに関心を持っていないと「本来はこういう仕事はしたくはないけれど，上からの命令で仕方なくやらされている」ということになりやすく，先述の心理相談職へのマイナスの影響も及ぼしかねない。

「自信」というのは自負とみてもよい。「カウンセリングの専門家ではないけど，自分が世話をやき，相談にのってきた」，「大学で心理学を専門的に学んではいないが，民間主催のカウンセリング講座などに参加して勉強してきた」という自負心は，心理相談職に対して「後からやってきておいしいところだけ持っていかれた」という思いを抱かせやすい。カウンセリングは関心のある人にとっては魅力的な仕事であり，お互いの持ち味を生かすことも必要であろう。ちなみに筆者の場合は，ベテランの保健師や労務担当者にはこれまでどおりカウンセリングをしていただくようにお願いした。その上でどうしても必要な場合，声をかけていただければお手伝いをさせてもらうと宣言した。そうしていくうちにお互いに棲み分けができ協力関係ができていった。

4．心理相談「職」の権威と独自性を意識する

仕事をすすめる上で，特に相手になんらかの影響を与えるという場合，権威は大切な手段である。では，産業臨床における心理相談員の権威とは何であろうか？筆者は，「相談」の専門家でなくて相談「しやすさ」についての専門家であることだと思っている。それを基盤に専門家としての意見がどの程度影響を及ぼすか，これについて吟味する必要がある。心理学的に正しいことを伝えること以上に，心理学の知識を踏まえて納得しやすい言葉であり説明となっている，そこを心がけている。

会社の中では，業務は指示命令系統がはっきり決まっている。その中で専門職の仕事は，ライン管理による仕事ではなく，指導助言というコンサルテーション業務である。産業医と違って心理相談員は資格の面からも業務内容の面からもあいまいである。論旨から外れるが，こういう状況では，自分の存在に自信を失うと，権威を権威主義的な振る舞いをすることとはき違えやすいので注意が必要であることを一言申し添えておきたい。

もう一つは，心理相談員の活動の独自性もしくは独立性をどこまで保てるか，これについての見立ても必要である。この点が正規雇用されている心理相談員が

企業内部で活動する場合の難しさの一つである。必ずどこかの組織に属することになり，必ず上司がいる。所属先によっては産業医が上司になる場合が多い。この上司に何を報告するのか？　他の課の課長や部長へコンサルテーションを行う場合，彼を通じて行うのか？　などの明らかなルールと，上司は心理相談員を配下に持つ場合，どうような結果や出来事になることを嫌がり，またどのような結果を出せば満足するのか？　といった隠されたルールに関心を払うことは，効率的に業務を遂行するためにも必要である。

Ⅲ　おわりに

　日々のメンタルヘルス活動とは，パソコンに向かって書類を作り数字にまとめることではない。実際に相談を受けることである。目の前にいるクライアントとは，「部下や従業員の健康作りこそが一番大切だ」と思いつつも「厳しい競争を勝ち抜いてこそ，従業員やその家族の生活が成り立つ。心の健康とは，安定した生活の保障があればこそ，叶うものである」という事業主や管理者であり，「自分に向いた職場で生き生きと働きたい」と願いつつも「残業が減れば生活が苦しくなる。ストレスがあっても今の仕事を失いたくない」という人々である。

　その中で心理相談員もジレンマを抱えるのはあたりまえである。しかし，事業所内で働く心理相談員はほとんどの場合一人であり，産業臨床ならでの苦労も抱える。

　そんなときは視点を変えて足元を見てみる。「仕事」は「暮らし」に直結し，家族を養い地域を支える毎日の生活がそこで営まれているという中に自分もいるということである。迷ったときに立ち返るのはそこであり，自分が誰に対して何をどうすれば役に立てるのであろうか？　と考えてみる。答えは，見立てからである。

〈注〉
1) 中央労働災害防止協会（労働災害防止団体法に基づいた特別民間法人）のホームページ：http://www.jisha.or.jp/index.html にくわしい。
2) 労働安全衛生法第70条の2第1項の規定に基づく「健康保健増進のための指針に関する公示健康保持増進のための指針公示第3号」安全情報センター：http://www.jaish.gr.jp/menu.html を参考にされたい
3) 心理相談員とは注2で紹介した指針の中で用いられる職名である。資格は，必ずしも臨床心理士でなくても産業カウンセラーでなくてもよい。また企業に設置の義務はない。

〈文　　献〉
足立智昭，和田憲明：企業と従業員にとって役に立つメンタルヘルス活動のあり方．（日本ブリー

フサイコセラピー学会編）より効果的な心理療法を目指して．pp.118-126, 金剛出版, 2004.

児島達美：コンサルテーションからコンサルテーション・リエゾンへ．（宮田敬一編）産業臨床におけるブリーフセラピー．pp.27-37, 金剛出版, 2001.

森晃爾：メンタルヘルスケアと安全衛生マネジメントシステム．産業精神保健, 9 (4)；294-300, 2001.

森崎美奈子：職場のメンタルヘルス：メンタル支援活動での心理職の役割．心療内科, 4；200-206, 2000

日本産業カウンセリング学会監修：産業カウンセリングハンドブック．金子書房, 2000.

和田憲明：企業内メンタルヘルス活動におけるリスクマネージメントについて：組織が持つ解決資源の活用に向けて．日本ブリーフサイコセラピー学会第12回大会抄録集, 28, 2002.

和田憲明：心理相談員が行うメンタルヘルス活動について：大規模事業所における取り組みから．日本精神科病院協会雑誌, 25 (8)；842-846, 2006.

和田憲明：指定討論：品質向上と管理技法という見方から．ブリーフサイコセラピー研究, 16 (1)；55-59, 2007.

渡邊忠：産業カウンセリングと組織開発的アプローチ．（渡辺三枝子・渡邊忠他編）現代のエスプリ別冊：産業カウンセリングの理論的な展開．pp.132-144, 至文堂, 2002.

第3部

立場の違いからみたアセスメント

　ここでは，メタ・アセスメントを用いて即時的な援助組織を構築する際，他の組織で援助実践を行っている近接領域の他の専門性の視点からみたアセスメントについて述べていただくこととした。援助実践を行うためには，それぞれの経験や立場ごとに留意すべき点に違いがあることを理解しておく必要があるからである。

　読者に留意していただきたいのは，援助の専門性を獲得するには，やはり社会的な「役割」や「立場」ごとに，どのように専門性を習得していくかが大きく異なることである。これは，援助実践の中で「何を留意すべきか」について，その違いが「役割」や「立場」の違いによって生じているためである。メタ・アセスメントによって即時的な援助組織を構築するためには，経験や立場の違いを含めた相手の専門性を十分に理解し，それに応じた援助における接点を作り出すことを考えるべきであろう。それは，それぞれにとって要請されていることが，その経験や役割，立場にとって受け入れやすいものであるかどうかを知り，それに配慮することが協働的な援助組織には必要だからである。

　そして，ここで取り上げた経験や役割，立場の違いから見える特徴から，面前のクライエントにとって必要な即時的な援助組織が，互いにとって負担や負荷の少ないものとなるかをイメージするための基礎情報にしていただきたい。

第3部 立場の違いからみたアセスメント――――第1章

多様な現場に参入していく学生の混乱とそのアセスメント

◇学生

伊東秀章

I　はじめに

　「心の問題」に対する社会的関心の高まりを受け，臨床心理士を志望する学生が多くなっていると言われている。臨床心理士になるためには，大学院を修了する必要があり，まずは大学院へ入ることを目標にする学生が多い。大学院に入学すると，学生はこれまでの受験のための知識とは異なる実際の現場の情報に触れていく。そうして，これまでの知識と現場の情報をすり合わせ，整理し，活用できるようにする必要にせまられてくる。さらに大学院の授業や実習において新しい知識，情報を吸収し消化していかねばならない。そのような中で，大学院生はアセスメントについても学ぶことになる。

　まず，アセスメントについて『新・臨床心理士になるために』の中で，大塚は「『診断』とは診断する人の立場から対象の特徴を評価する営みです。『査定』とは，その査定（診断）される人の立場から特徴を評価する行為です」と，医師が行う診断と心理士が行う査定を比較して述べている [大塚, 2008]。このことは，医療モデルである診断がDSMやICDなどの基準を重視しているのに対して，アセスメントがクライエント自身の価値観や生き方などを重視していることを述べている。また氏原は「状況によって心の動きは左右される。だから状況についての判断も心理アセスメントには必要である」と述べた上で，それでも「それらもろもろの状況をすべて踏まえた上で，『こころ』はおのれを顕在化させようとする」として，「こころ」についてのアセスメントが必要であると述べている [氏原, 2003]。両者ともに，クライエントの価値観や生き方などについての把握を述べていることがわかる。

　しかしそのアセスメントの活かし方は，セラピストのそれぞれの立場や役割，志向性によって相違がある。あるセラピストは，生育歴や症状からアセスメントを考えるだけ考え，実際の臨床場面に入る場面で，すべて忘れて関わろうとするが，もう一方では，アセスメントを仮説と捉えて，積極的に修正しながら使おう

とする［東山，1980：吉川，2001］。これらから，アセスメントについての基本的な捉え方の共通項はあると考えられるが，それを臨床の場に活かす場合には，そのセラピストによって違いがあると言える。

　また，アセスメントという言葉が指し示すものは非常に莫大な情報になっている。アセスメントの説明は『心理臨床大事典』［氏原ほか編，2004］の「心理アセスメント」の部では，200頁以上（「1．心理アセスメント」「2．面接による心理アセスメント」「3．家族関係の心理アセスメント」……など）にわたって記述されている。たとえば，「5．心理テスト」については，52の方法が記載されており，そこではたとえば「発達検査」「知能検査」「ロールシャッハ・テスト」「MMPI」など，大量の心理テストについての記述がなされている。これらの膨大な技能について臨床心理士として実施・解釈できるよう求められており，実習と授業が課せられている。

　以上のように，学生は自らの知識と現場の情報などの多様な情報を整理することに必死であり，さらにアセスメントについて述べられていることはさまざまであり，その結果，初学者の学生が混乱していることが予想される。すべてのことはより適切な対人援助のために臨床家として必要なこととはいえ，複雑で非常に膨大な量になっているように思われる。

　次に，実際に実習などで現場に出た学生について考えてみたい。

II　学生の現場との出会い

1．福祉現場における学生の対応

　多くの学生は，大学院での授業と平行して実習や実際の業務につく。一人の学生が行く現場は一つの場合もあれば，二つ以上の場合もあり，また自分以外の学生の実習先の状況について聞く事もあるだろう。その現場の様子はもちろん同じということは決してないが，その前提はわかっていても，高度なレベルが要求される経験が少ない学生にとっては，それだけでも混乱する可能性がある。まずいくつかの福祉の現場の学生の対応について見てみる。

ケース①：福祉現場にて I

　ある学生が児童養護施設へ実習に行ったケースである。大学教員の紹介で行くことになり，子どもの担当セラピストとして活動することとなった。週に1回50分のプレイセラピーである。学生が対応するのは基本的に子どものみであり，施設のケースワーカーや生活指導員との関わりは基本的になく，施設のセラピストとの対応が主で，生活指導員とは年に1回の面談ということであった。本施設は心理職員が20年以上も関わっている施設であった。

第1章　多様な現場に参入していく学生の混乱とそのアセスメント　●学生

　まず，最初に説明会があり，臨床に求められる基本的なことを施設職員から聞いた。そこではクライエント中心療法と精神分析をベースとした関わりが求められており，書籍の紹介を受け，読んでおくことが求められた。また，担当児童の生活状況についての生活指導員の記録による基本的な情報と，前任セラピストのプレイセラピーの記録を閲覧することができた。それを元にクライエント中心療法と精神分析をベースにしたアセスメントをし，それをもとにプレイセラピーを行った。また本施設に20年以上関わっているセラピストからスーパーヴィジョンを毎回受けることが求められていた。年度の最後に心理職と施設職員との集団での面談があり，施設職員から日常の行動を心理の立場から見た場合の解釈について求められたり，プレイセラピーの様子などを聞かれたりした。

ケース②：福祉現場にてⅡ

　ある学生が母子生活支援施設へ行くことになったケースである。大学教員の紹介で行くこととなり，施設長を大学教員から紹介され，非常勤職員という形で紹介された。その後,非常勤職員のセラピストとして配属となった。本施設は，50年以上も心理職がいない状態で生活指導員のみでの指導が中心の施設であった。心理職が1年半前から配属されていたが，そのセラピストが施設を辞めた後であった。

　職員室での待機が基本となり，電話応対などの基本的な日常業務も任されることがあった。生活指導員の職務とセラピストの職務についての線引きが不明確であり，そのことについて職員会議で話されることがしばしばあった。その中での仕事の一つに，母親との面接と子どもへのプレイセラピーも加えられた。

　しばらくして，学生は本施設から心理職部門に予算が出ており，心理テストを購入できると思ったので，施設長に許可をもらい購入した。しかしながら，それを実施するという時になり，「そんなことをしていったいどういう意味があるのか」と，施設職員から疑問の声が上がった。

ケース③：福祉現場にてⅢ

　ある学生が情緒障害児短期治療施設へ行くこととなったケースである。不登校児を担当することになり，「学習支援」という立場で入ることになった。大学教員の紹介で行くこととなり，施設長を大学教員から紹介され，挨拶へ行った。その後，実際に施設を見学した後，実習生として配属となった。施設に心理職員は四人いた。

　学生は不登校児へ英語と数学を中心に学習支援をすることになり，実際には，世間話から始まり，1時間半ほどの勉強を教えた。不登校児は大人とは話せるけど同年代とは話が苦手であるということであった。生育歴については療育部

長，担当の指導員・セラピストから聞き，担当の指導員と毎回は話ができなかったが，ノートのやり取りをしていた。指導員の先生から「勉強するよりもしゃべってしまうことがあって，そればっかりにはならないように，メリハリをつけてやってください」といわれた。

また，その後，グループワーク（サッカー）の子どもたちと関わるようになった。この施設ではグループワークは対人関係を試す場所として捉えられ，日常とは違った場面で子どもが活動する場面として捉えられていた。グループワークでは，対人関係内でネガティブな交流に対しては，「気をつけて見て，できればやんわり注意するように」と求められた。

2．福祉現場の学生の対応から見えるもの

ケース①，②，③から言えることは，同じ福祉という現場においてもその場の心理職に求められるものは違うということである。ケース①においては，心理職が20年以上にわたって関わってきている施設であり，セラピストと施設職員の関係が明確であり，その役割に準じることで学生は適応できた。この場合では，子どもとプレイセラピーを50分間して，そのスーパーヴァイズを受けるということが大半の仕事であった。

しかしながら，ケース②においては，心理職が面接やプレイセラピーだけをしておけばいいというわけではなく，日常場面でのやり取りを求められ，それに応える必要があった。もしそれに応えなければ，セラピストと指導員の協力関係ができなかっただろう。なぜならば，前任セラピストは1年目に面接とプレイセラピーだけを行い，日常場面での関わりを一切しなかったことから，指導員から「ほんのちょっとだけ関わっただけで何がわかるというのか」と不信感を持たれていたからである。

さらにケース③は，非常に複雑な関わり方の構造といえる。本施設での彼女のアプローチは，一対一の個人的な空間の中での関わりと，グループでのアプローチがあり，さらに指導員から直接，かかわり方についての要求がある。

これら三つのケースの心理職のアプローチをごく簡単に比較すると，ケース①は面接・プレイセラピーのみのアプローチ，ケース②は面接・プレイセラピーと日常場面のアプローチ，ケース③は面接・プレイセラピーと日常場面，指導員との協力的なアプローチ，と分類できる。これら三つの施設は同じ福祉という領域ではあるが，心理職に求められているものはまったく違うものである。これはその施設の文化や歴史，指導員の力動によって違うと考えられるだろう。

次に，学校・医療の現場での学生の対応を見てみる。

3. 学校・医療現場における学生の対応

ケース④学校現場にて

　ある学生が高等学校の準スクールカウンセラーとして出勤したケースである。前任の準スクールカウンセラーがおり，その後任として配属された。出勤初日に職員室であいさつをし，教頭から出勤場所として相談室を割り当てられた。週に1日の出勤で，生徒への面接が基本的に求められた。

　ある時，保健室で養護教諭から高2女子を紹介され，「ちょっと調子が悪そうだから少し話しを聞いてやって」ということであった。学生は相談室へ案内し面接を実施した。その面接では，高2女子は自身の非行行動について罪悪感を覚えていた。その後，高2女子とその担任が相談室へ来談し，ケースについて相談した。担任は高2女子の行動について強く問題視し，「それは人間としてアカンと思うで」と，積極的に高2女子へ指導を行った。

　また，高2女子の非行が明らかになった時，担任と養護教諭から「この問題は当学校では扱えないので転校を考えましょう」と言われて，学生はどうしたらいいのかと考え込んだ。

ケース⑤病院現場にて

　ある学生が個人開業している精神科のクリニックへ実習で行くこととなったケースである。週に1回で，病院の受付の流れの理解や，診察の陪席，インテーク面接の心理テストなどが学生の実習対象となった。担当医師から，神経心理学的検査の必要性について指摘され，基礎疾患についての知識の理解を求められた。このクリニックでは，心理士が3名働いており，心理士からも直接アドバイスを受けることになった。

　ある時，心理テストを行ってほしいと依頼された。バウムテストとエゴグラムだったので，学生はそれについて勉強し実施した。実施後，担当の医師からは，より患者さんに伝わるような記述になるように練習する必要があることを指導された。

4. それぞれの現場の差異

　ケース④，⑤は福祉以外の学校と病院の現場について述べている。ケース④において，今まで見てきた福祉とは違って，担任や養護教諭が関係者として出てきている。学校現場においては，生徒と担任教諭の関係は常にあり，当然注意しなければならない関係である。また養護教諭がケースについての情報を持っていたり，関係することは多い。さらに，セラピストの事務的な管轄として教頭との関係もあるだろう。セラピストが日常的に関係者と関わる機会があることから，これらの関係も臨床上考慮しなくてはいけないだろう。また，学校という文化の中では，生徒への支援に特別支援学校や夜間学校への転校という方法がとられるこ

とがあり，また退学や休学，卒業や留年といった問題も考える必要が出てくる。

ケース⑤は，医療現場のケースである。医療現場においては基礎疾患についての知識は当然であり，十分注意するようにいわれるのは当然である。医療現場のケースにおいては，薬物による治療が当然のように行われたり，脳波検査やMRIなどの設備のあるところもあり，これらの専門知識の習得も必要とされてくるだろう。また，本施設ではセラピストもおり，日常的に心理テストなどがされていることから，心理テストがアセスメントとして認められており，積極的に使うことができるという点で，ケース②とはまったく違った環境といえる。

以上を見てみると，同じ領域の現場においても差異があり，また違った領域ごとにそれぞれ特徴があることがわかる。

III 学生が現場へ出て機能的に働くために

1．現場へのアセスメントの必要性

以上より，それぞれの現場によって，求められているものが違うことは明らかになった。福祉・学校・病院という領域ごとによる特性の差もあれば，さらに福祉という領域の中でも求められることが違うことがわかる。それぞれの現場によって特徴があり，心理職に求められているものがあるが，それが何であるかを，施設の特徴から予測ができる点と，実際に入ってからではないとわからない点があると思われる。

施設の特徴から予測できる点は，その施設が対象とするクライエントはどのような人かということや，施設が地域や他の連携機関から何を求められているのか，ということである。たとえば，児童養護施設であれば，対象は児童・生徒であり，施設としては，子どもの保護と，親の引き取りや里親などの引き取り，もしくは児童が自立するまでの成長の援助というのが目標になるだろう。母子生活支援施設であれば，対象は児童・生徒と母親であり，施設として求められることは，母親のDVからの保護・経済的援助・就職支援・自立の援助と，それまでの期間において児童の成長の援助が目標になるかもしれない。このように，施設の特徴によって対象と目的性が違うのである。

一方で，実際に現場に入ってからではないとわからない点は，その学生に施設が何を求めるかということである。先ほどのケース③の情緒障害児短期治療施設では，学生に学習指導やグループ内での交流の指導が求められた。この場合にも，もちろん個人へのアセスメントは不可欠だが，施設から求められていることにも応えねばならない。それに応えなければ，他の指導員と学生の関係を構築することができず，結果的にクライエントに不利益な影響を与える原因を作り出す可能

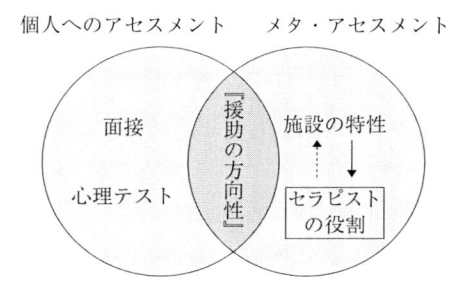

第1章　多様な現場に参入していく学生の混乱とそのアセスメント　●学生

図1　個人へのアセスメントとメタ・アセスメントの位置づけ

性がある。クライエントに対する個人へのアセスメント以外にも，関係者のニーズを捉える必要がある。

　また，これまでに心理職との関わりの中で円滑な連携が取れてきた施設であれば，それに準じた行動をするならば，受け容れはスムーズであると考えられる。一方で，そのルールに反した場合や，これまでに心理職との連携がない施設であれば，他職種の指導員やケースワーカー，医師などがどのように心理職を扱っていいのかがわからないのかもしれない。そのため，心理職は，今自身に何を求められているのか，どの範囲でそれに応えることができるのか，自分は何がしたいのか，ということを常に意識し，応える姿勢が必要だと思われる。

　以上のことをまとめると，図1のように捉えられるかもしれない。個人へのアセスメントとメタ・アセスメント，つまり，関係者のニーズを捉えることを意識することで，クライエントのより適切な援助の方向性が見出せるということである。また図1で「施設の特性」と「セラピストの役割」について相互に矢印を引いた。これは，施設から求められることとそれに対するセラピストの応対によって，施設の一部の考えが変わる可能性があり，それによってまたセラピストの役割も変わっていくと考えられるからである。

2．学生が自身の専門領域に焦点を絞ることの有益性

　学生がより有効に臨床能力を習得するための一つの可能性として，自分の専門領域の確定と，その分野に特化した学習が有効であると考えられる。なぜならば，現状では大学院を修了後，学生が就労する施設によっては，大学院で学んだことがほとんど役に立たないことも起こりうるからである。たとえば，大学院で学んだ内容が福祉領域での臨床であった場合，それはそのままでは，学校臨床の場では適切に機能しない場合が考えられるからである。

　つまり，学生の問題・目的意識に照らし合わせて，自身の今後の希望職域に合わせたアセスメントや臨床技能を身につけることが効果的だと思われる。たとえ

ば，学生の志望する施設の特徴や文化，社会背景，専門知識，法律などの勉強をすることも，その場で適切に振る舞うためには有益な知識であると考えられる。具体的には，それぞれの領域で対象疾患となるクライエントの学習や，施設内力動の理解のための学習を，文化人類学や民俗学から借用したり，雑誌やマンガなどから学ぶことができるかもしれない。これがかなり多量にある大学院のカリキュラムの中で，学生が主体的に学ぶための方法の一つかもしれない。つまり絞り込むことによって，より積極的に効果的に学ぶことができるということである。また，学生が自身の専門分野を絞り込むことによって，全体の中の一つの分野としての自分の専門性を理解していれば，その能力の転用の可能性は広がるようにも思われる。

3．最初から「心理職として」働くことの難しさ

そして，学生がどれだけ大学院で学習しても，施設に入った当初から自身の理想どおりに振る舞うことは難しい。なぜなら，細かくアセスメントを見た場合，施設職員一人ひとりの主導権や関係，援助方針などが違うからである。その中で自然に振る舞っていくことは，学生には非常に難しいことだと思われる。「たまたまうまくいった」ということは起こりえるが，それは偶然であって，次の職場で同じようにできるとは限らないだろう。

場合によっては，最初は施設内での適切な振る舞いが，「心理職としての仕事をしないこと」という場合さえ起こりえる。たとえば，ケース②の場合は，心理査定をすることを主張することで，他職種との摩擦が起こった。最初から「心理職として」働くことを主張するよりも，その施設内で適切に振る舞い，他職種から信頼を得ていくほうが，結果として「心理職として」働くことができるように思われる。この過程を踏まずに，「心理職とは！」という話をしても，施設職員と連携がうまくできずに，結果的にクライエントの福祉を損なうことになる可能性がある。

施設へ入るために参考になるものの一つにジョイニングが挙げられる［吉川，1999］。また，施設への「巻き込まれ」によって適切なメタ・アセスメントができなくなることを防ぐために，組織の扱い方になれたセラピストによるスーパーヴィジョンが有効であると，筆者の経験から考えられる。

IV　終わりに

学生にとって，大学院で学ぶことは複雑で膨大であり，すべてを完璧にできるようになることは難しいように思われる。個人へのアセスメントについての学習も大切であるが，メタ・アセスメントに基づいた個人へのアセスメントの学習の

方が効率的であるように思われる。

　メタ・アセスメントを意識することで，施設内での心理職の役割が明確になり，無用の負担を減らすことができる。しかしながら，実際はメタポジションを意識してもそれをすぐには使いこなせず，むしろ失敗してから「あぁ，このことだったのか」と思うことのほうが学生は多いように思う。しかし，この気づきこそが，次の臨床での失敗を減らすためのアセスメントでもある。学生がより効率的に学ぶことのできる一つの方法として，メタ・アセスメントを前提とした学習が挙げられ，この学習方法であれば，クライエントへのより適切な援助ができ，また学生は効果的に臨床を学ぶことができる可能性があると考える。

〈文　　献〉

東山紘久：遊戯療法の世界：子どもの内的世界を読む．pp.22-24, 創元社, 1982.

大塚義孝：臨床心理士に求められるもの．(財団法人日本臨床心理士資格認定協会監修) 新・臨床心理士になるために [平成20年版]．誠信書房，pp.2-10, 2008.

氏原寛：心理アセスメントと臨床心理行為．臨床心理学，3 (4)；439-446, 2003.

氏原寛ほか編：心理臨床大事典 [改訂版]．培風館，2004.

吉川悟：学校とかかわるためのシステム理論：システムとの関係形成としてのジョイニング．(吉川悟編) システム論からみた学校臨床，pp.28-46, 金剛出版，1999.

吉川悟・矢野かおり：システム論からみた治療の基本的なことがらについて．(吉川悟・村上雅彦編) システム論からみた思春期・青年期の困難事例，pp.223-234, 金剛出版，2001.

第3部 立場の違いからみたアセスメント────第2章

初学者の分かれ道
◆現場が一つの常勤職・かけもち現場の非常勤職の違い

赤津玲子

I　はじめに

　近年，臨床心理士を養成するための大学院制度が整い，資格取得を目的として入学することができるようになった。そのため，臨床心理士を養成するための指定大学院の入学は狭き門となっており，大学院に合格するための予備校まである。
　しかし，実際に入学してみると，卒業後の就職先がないかもしれないという厳しい現実に直面する可能性が高い。このような就職事情は，地域によって大きく異なるかもしれないが，多くの学生は，この現実に不安を抱くと思われる。特に新卒者にとって，卒業後は社会保障制度の整った常勤職に就くというのがいわば王道のようなものであるが，心理士として働くことができる常勤職というのは非常に少ない状況にある。そのため，臨床心理士を目指して大学院に入学したものの，就職の不安や，親からのプレッシャーによる焦りもある。
　このような現状でも，修了後は常勤であろうが非常勤であろうが，何とかそれなりの希望や不安を持って現場へと向かうことになる。初学者が現場に入った時に想定している不安というのは，主に自分自身の乏しい臨床能力であろうと考えられる。どんなケースを任されるのか，実践経験がほとんどない自分にはたして務まるのか，などの不安である。その予想通り，現場では，どのようなアセスメントをして，どういうアプローチで，どのように働きかけて治療を進めるのかということに責任を持たなければならないし，その現場でケースに関わる他の関係者に対して，自分のケースについて説明できなければならない。
　しかし一方で心理臨床家の働く現場は多様化し，初学者が初めてであろうとも，現場で求められるのは，独立した個々のケースのみ，言いかえれば面接室内だけに限定された臨床能力ではなく［一丸, 2004］，面接の場の置かれている機関・施設の目的や，ケースに関わる他の専門職の人たちの心理士へのニーズに基づいて，「独自の現場で求められている心理士としての対応」という臨床能力である。
　そのため，現場に出たばかりの初学者の立場から，「独自の現場で求められて

第2章 初学者の分かれ道 ●現場が一つの常勤職・かけもち現場の非常勤職の違い

いる心理士のとしての対応」のために必要なアセスメントについて考えてみたい。初学者が，臨床心理士の仕事として想定している「心理臨床面接」を行うためには，現場のニーズに合わせたアセスメントが不可欠だと考える。その際に，前述のような「常勤」，「非常勤」という勤務形態によって，その困難さに違いがあると考えた。

ここでは「独自の現場で求められている心理士としての対応」に必要なアセスメントについて検討するために，「常勤」と「非常勤」という二つの勤務形態に分けて，その違いを明確にしたいと思う。ここでいう初学者とは，臨床心理士養成のための大学院を卒業後，資格を取得して現場にでて1年～2年目の臨床心理士とする。

Ⅱ 常勤職として一つの現場に入った場合

経済的な基盤を確保しながら臨床心理士としてやっていくためには，数少ない常勤勤務は非常に魅力的である。非常勤に比べさまざまな社会保障がついていて，将来的にも安定している。ただし，自分のやりたいことがどの程度できるかどうかの判断を，応募あるいは採用の段階で想像することは難しいかもしれない。機関・施設の特色と仕事内容について，就労前に一応概略を理解はしていても，その機関・施設によって，心理職に求められる対応が異なるためである。

たとえば，精神科クリニックの心理士として働く場合，あるクリニックは予診を中心とした面接が業務になるかもしれないが，他のクリニックだと，心理検査の実施が中心的な業務になる場合がある。そのため，一見似たような機関・施設でも，現場によって，心理士に求められている対応が異なるのが普通である。ここでは，常勤職勤務を前提として，いくつかの現場のアセスメントのポイントを述べたいと思う。

1．心理士の置かれているコンテクストについて

まず始めに，病院や学校，福祉施設などといった，機関・施設の種別に関わらず，現場が心理士に対してどのような見方をしているか，使い方をしているかというアセスメントが必要である。現場に入ってみて「こんな風にするんだ」と初学者が理解する機関・施設の心理面接に関わる流れやその方法は，前からいる先輩心理士や，前任者のやり方に負っている場合が多い。

いわゆる心理職が一人しかいない「一人職場」の後任だと，ほとんどは，前任者の行っていた仕事の仕方が，後任者に対する周囲の見方に大きく影響する。極端な言い方をすれば，前任者の評価が低ければ後任の評価も低い。また，心理職に対するそれなりの評価があったとして，それを維持しようと努力をしても，前

任者との間にアプローチの違いがあると，関係者の方が戸惑うだろうと思われる。たとえば，人間性心理学的アプローチや，認知行動療法的アプローチ，精神分析的アプローチなど，アプローチの違いは説明言語の違いとなって表れ，ケースについて関係者に説明するときに，相手に違和感を与える可能性があると思われる。万が一前任者の評価が低い場合は，自分が前任者とは違うということを，面接のみならず，職場内での態度で示していく必要があるだろう。他の例として，機関・施設が，心理士を必要としている前提があったとしても，前任者の影響によって，施設内の関係者との連携が取りにくい場合がある。それは「心理の人って○○だから，やりにくいよね」という評判が，心理職全般への評価となって定着していたりするためである。そのため，このような現場に入った心理士は，簡単には変えられない現場の雰囲気を変えるための努力を重ね，心理士としての自分の立場を，少しずつでも周りに提示していく必要があると思われる。

複数の心理士のいる職場だと，先輩心理士を頼りにできるという利点がある。スーパービジョンを受けなくても，カンファレンスや先輩心理士とのやり取りの中で，その現場で求められている心理士の対応について徐々に理解し，周りに合わせた形で振る舞えるようになるだろう。ただし，先輩心理士に対する周りの評価が低かったり，自分とのアプローチの違いがあまりにも大きかったりすると，前述のように関係者が戸惑う可能性が高い。一人職場ではないために，自分の志向するアプローチとの間で，やりにくさが生じるかもしれない。

心理職が初めての現場だと，やりがいがある半面，現場が心理士をどのように使っていいのかわからないという状況が生じる可能性が高い。そのため，面接を成立させるためのガイドラインを施設内で作る必要が生じるだろう。そのためには，自分の心理士としてのアプローチを明確にし，周りの関係者に対する広報活動をしなければならない。心理士の使い方に戸惑っている関係者と自分との間で，お互いにやりとりをしながら，関係者のニーズを反映する形で心理としての仕事を成立させるために，その流れを構造化していく必要がある。

2．ケースの置かれているコンテクストについて

ここでは，領域や機関種別による特徴や関係者の主訴など，ケースの置かれているコンテクストをアセスメントすることについて考えてみたい。保健医療領域で一番多い勤務先は病院やクリニックである。その中には，総合病院，単科の病院，開業の精神科，心療内科クリニックなどがある。

総合病院だと，外来か病棟かの違いや，何科からの依頼かというアセスメントが必要である。内科領域からの依頼では，まず心身症を疑うことができるだろうし，病棟であればうつ状態などを想定するかもしれない。その中でも，複数の医

師がいる場合は，どの医師からのリファーなのか，その医師の主訴は何か，を把握することが必要だと考える。たとえば病棟からの依頼なら，もしかすれば医師の主訴以前に，何らかのトラブルに伴うコ・メディカルの主訴もあるかもしれない。また，医師の主訴と患者の主訴が必ずしも一致するとは限らない。たとえば患者は薬物療法で治ると信じているかもしれないが，医師から面接を勧められて，不本意に，半ば強制されたような気持ちで来談する場合があるだろう。病棟であれば，医師の主訴の前に看護師の主訴があるかもしれない。看護師や周りの入院患者への迷惑行動がきっかけとなって紹介される場合もある。これらの情報は，スタッフ間の意思の疎通に関わる問題であり，臨床心理士がコーディネーター的役割を引き受けなければならない時に必要となる［吾郷，2005］。

　精神保健福祉センターであれば，子どもの発達支援やデイケアなど自立支援の場が多い。たとえば発達支援だと，子どもに問題があるかもしれないと考えている親が子どもを連れてきている前提がある。しかし来談のきっかけは，保健師が検診時に勧めたものかもしれないし，保育士，小学校の教員などが勧めたものかもしれない。そこでは，母親にとって不本意な来談なのか，不安な状態でやっとの思いで来談したのかなど，その紹介者と母親の関係が大きく影響する。また紹介者が，何を問題として母親に来談を勧めたのかというアセスメントも必要である。

　福祉領域の中では，児童福祉施設が多い。このような施設だと，日常生活を共にするということが前提となり，心理士が一人で子どもの問題に対応することはほとんどない。そのため，心理士のスタンスとして，日常生活と面接の場の違いを明確にすることが必要だと考える。ケースの依頼者はどのような立場の人か，何を問題として，どのようなアプローチを求めて面接の依頼をしてくるのかをアセスメントする必要がある。また，その現場における心理士として，どこまでマネジメントできるのかも，ケースに対する働きかけとして重視しなければならない。これらのアセスメントは，子どものさまざまな行動に関係スタッフが巻き込まれたりすることによるスタッフ間の感情的な対立を避け，調整するためにも必要である。

3．地域の特徴について

　地域の特徴というと，都道府県による違いから，隣町などの近隣地域の違いまでいろいろと考えることができる。ある機関や施設の置かれている地域とは，その地域の社会的背景に基づくものである。たとえば，道路開発や鉄道の整備によって，急速に発展した背景を持つ地域があったり，工場地帯ができて，多くの働き盛りを中心とした家族の転入に伴い，新興住宅地が開発され，学校やその他さま

ざまな娯楽施設ができた地域もある。そのような地域には一方で，昔からの兼業農家で，3世代や4世代家族の同居があたりまえという地域も隣接していたりする。外国人就労者の多い地域もあるだろう。また，多くはないが地域に特徴的な信仰のある地域もある。

たとえば，ある単科の精神科病院が，地域でどのように評価されてきたのか，現在はどのような見方をされているのかということを把握することが必要である。極端な話であれば，この病院に来ること自体を隠さなければならないような，あるいは一家の恥とするような地域性があるかもしれない。臨床心理士と名乗っただけで，「人の心の中，思っていることを何でもわかる人」という反応をされたという話は，単なる笑い話では済まないかもしれない。

4．個々の面接場面でのアセスメント

ここでは，多くの初学者が想定する「臨床心理面接」のアセスメントと，それに対応した働きかけについて考える。

まず心理検査に関しては，具体的な検査依頼の有無，検査の選択やテストバッテリーの組み方に心理士の自由度がどのぐらいあるのかを考慮する必要がある。現場によってルーチンのテストがあり，どのようなテストを使っているのかによって，実践で使えるように勉強する必要が生じる。たとえば，描画に興味を持って勉強してきた初学者が，MMPIなどの人格検査を日常的に依頼されたり，神経心理検査などまったく経験のない検査を頻繁に依頼される場合がある。また，そのフィードバックに関して，クライアントに直接伝えられる立場なのか，それをどのように伝えるか，面接の依頼者に対してどのように説明するかを学ばなければならないだろう。

その上，初回面接でのアセスメントには情報収集が不可欠である。多くの初学者は，インテーク面接から始まり，受理，そして初回面接という流れを勉強してきている。しかし現場の多くは，そのような決まった手続きが決まっていない。たとえば病院などでは，予診やインテーク面接のシステムがある場合もあるが，学校や福祉領域では，初回面接を行った担当者が，その後の面接担当者となることを前提としているのがほとんどである。そのため，初回の情報収集においては，来談者の話の内容の中から何を中心的に扱うか，何を質問するかということについて，面接者のスタンスが明確になる。精神分析的アプローチに基づく面接者と，認知行動療法的アプローチを志向する面接者では，よって立つ認識論の違いから，その後の働きかけが異なるため，初回面接でのアセスメントの視点が異なる。それが，関係者への説明言語に影響すると考えられる。

以上のように，初学者が常勤職として現場に入った際には，個々の面接室での

アセスメント以上に，心理士自身の置かれているコンテクスト，ケースの置かれているコンテクスト，地域の特徴などのアセスメントが不可欠となる。その現場の要請に合わせた形での専門性に特化する必要が生じるのである。そのためには，現場の関係者との日常的なやり取りの中で，「独自の現場で求められている心理士としての対応」を常に考える必要がある。それが，その現場で心理士としての自分が負わなければならない必要最低限の責任である。言いかえれば，負わなければならない責任以上のものを負うという，自分や関係者への過剰な精神的負荷は，現場では必要とされるものではない。「個人の思い」は，その現場での心理士の対応としては，そぐわないものになる可能性が高いのではないかと考える。

Ⅲ 非常勤職として複数の現場に入った場合

　ここで述べる非常勤勤務というのは，たとえば月曜は心療内科のクリニック，水曜日はスクールカウンセラー（以下，SCとする），木曜日は精神保健福祉センターでの発達相談など，1週間に2カ所以上の現場をかけもちしたりする勤務形態のことである。非常勤勤務の場合，1年単位の契約となるため，次年度継続の保証はない場合が多い。臨床心理士の資格を持つ初学者の最初の職場として，まずこの形態が一番多いと思われる。常勤職の募集が非常に少ないために，あるいは自分自身の臨床の勉強のためや経済的な問題のために，1週間に何カ所かの職場をかけもちすることになる。ここでは，非常勤職として仕事を始めた初学者が出会う「独自の現場」のアセスメントについて述べたいと思う。

1．暗黙の前提のアセスメント

　まず始めに，常勤職の場合に述べたような，セラピスト自身の置かれているコンテクストや，ケースの置かれているコンテクスト，地域の特徴のアセスメントが必要である。常勤職の場合は，毎日同じ場所で働くために，その独自性がほとんど意識されずに，ささいな同僚とのやりとりの中で徐々に「身にしみて」理解し，実践できるようになる。しかし非常勤職のように，同じ現場に週に1日程度の勤務で，なおかつ複数の現場をかけ持ちする場合，その現場ごとの独自性が見え辛いために，現場に合わせた心理士としての対応が非常に難しく感じられるだろう。コンテクストは独自の現場に埋め込まれて，明確にされてはいないからである。一般的に組織は，「一応○○ということになっているけど，実際は○○である」という「暗黙の前提」で動いているのがほとんどである。「暗黙の前提」は実際に現場に入ってみないと理解できないものだと思われる。

　たとえば，典型的な職種としてSCの場合を考えてみたい。一般的なSCの目的や役割は多くの本に書いてあり，多くの初学者が現場に入る前に勉強している

だろう。しかし，自分の入った学校のSCとしての立場に，前任SCが学校に示していたスタンスが影響していることを，初学者は意識できない。学校によってカウンセラーの見方や使い方が大きく異なっているのは，前任SCの影響，窓口となる（養護教諭などの）教員の影響，ケースに関係する教員の経験やその学校の在籍年数など，さまざまな影響によるものである。前任SCとのスタンスの違いが明確な場合，教師側が戸惑うことも多い。

また，ケースの置かれている状況を考えると，その学校の置かれている地域の特徴に加えて，学校の特徴がある。たとえば，幼稚園から同じ仲間で育った子どもが多いのか，転入や転校生が多いのか，荒れているのか，差別問題はあるのかなど，考慮すべき要因は多い。その年度独自の特徴もあるかもしれない。校長が同じかどうか，あるいは教職員の入れ替わりが多かったかどうかも影響する。このようなアセスメントに基づいて，学校システムを理解するという視点が重要である［吉川，1999］。

他の例として，産業領域でのカウンセリングも同様である。一口に企業のメンタルヘルスケアと言っても，心理士の立場は，雇い主が誰か，何のために雇われたのかという目的によって異なる。たとえば，企業の総務課あるいは人事課か，それとも組合か，それとも建前上両者の合意によるのかによって，立場がまったく異なってくる。企業はコストパフォーマンスを重視するが，組合は個人の働く条件や権利を重視する。

産業カウンセリングには，個人の欲求と組織の要請の適合を図るという問題がある［新田，2002］。ある社員が不適応を起こした場合，面接者はその不適応の要因が，労働形態の問題，人間関係の問題，家庭の問題，個人の能力や行動特性の問題など，さまざまにあることを見出すだろう。企業におけるカウンセリングの場合，それらのアセスメントに基づいて何らかの働きかけをすることは，ケースに関わる関係者の利害関係と直結している。面接者は，クライアント個人あるいは家族の一員としてのクライアントの利益を優先すべきか，雇い主の利益を優先すべきかで，その現場に合わせた対応を常に問われることとなる。

2．個々のケースのアセスメント

個々の面接のアセスメントについては，まず現場によってアセスメントのツール，つまり使用する心理検査が異なっているのが特徴である。病院やクリニックでは人格検査や，知能検査，発達検査などから，描画を含む投影法など，ある程度固定された検査ツールを使う。それらは検査の選択からテストバッテリーの組み方まで，ケースの依頼者のオーダーによる場合もあるし，心理士自身の選択によって使うこともできるかもしれない。いずれにしても，ある程度の種類の検査

第2章　初学者の分かれ道　●現場が一つの常勤職・かけもち現場の非常勤職の違い

が常備してあって，それを使ってアセスメントをして，結果を示すことを要求されることが多いだろう。

　その場合，「かけもち現場」の非常勤職だと，必然的に使用する心理検査の種類が多くなり，それらをアセスメントのツールとして使いこなすことが要求される。個々の心理テストのみならず，テストバッテリーの組み方など，一応の基準はあっても，現場によって特徴的に異なっているのが普通である。ほとんどの初学者は，現場に出て初めて実際のクライアントに検査をすることとなるため，テストの概略は知っていても，それを使いこなす技術の習得には，主体的な勉強と必要に応じた研修会への参加が求められるだろう。それにかかる時間や労力，金銭的な負担は相当である。また，検査所見の書き方などは，現場やそこにいる先輩心理士の書き方によって異なっている場合も多く，いくつかの現場でその書き分けをしなければならない。

　学校などのように，時間，場所，選択可能な心理検査などの拘束がある現場だと，クライアントのアセスメントのためにそのような多様な検査を使うことは難しい。しかし，相談内容によっては，早急な対応が求められるであろう。たとえば精神症状が疑われた場合，医療への受診を勧めた方がいいかどうかの判断をするためのアセスメントとして使えるものは，面接者の質問だけである。そのため，面接者自身が何をアセスメントすべきかという仮説を持って，クライアントの話す話題の中で，そのための情報を得ることが必要となる。心理検査を実施すること自体がクライアントにとって非常に介入的なものとなるが，アセスメントのための質問も，そのやりとり自体が介入的になると思われる。それをできる限り何気ない会話の中で行うためには，診断のための精神医学的知識を持った上での言語的な応用力が要求される。クライアントへの効果的な働きかけのために，またアセスメントの根拠を関係者に説明するためには，必要な情報を入手し，かつそれを説明するための適切な言語を習得する必要があると思う。

　常勤職の場合は，その現場のニーズに合わせた専門性を特化する必要があると述べた。しかし非常勤の場合，その現場が複数にわたるために，「独自の現場に合わせた心理士の対応」が難しくなる。個々のケースのアセスメント以前に，セラピスト自身の置かれているコンテクストや，ケースの置かれているコンテクスト，地域の特徴などをアセスメントすることに関して，常勤職に比べ時間的な制約があるためである。

　初学者の場合，そのような面接の置かれた状況のアセスメントが，個々の面接での働きかけに大きく影響するということが理解できないために，クライアントの主訴とその施設・機関の目的にもとづく関係者の主訴とのギャップでジレンマ

に陥ったりする。またそれを一方的に関係者に主張し、それによって関係者との間で不要なトラブルが生じたりする可能性も高い。これらを回避するためには、常勤職の場合に述べたように、責任性の範囲を自覚する必要があると考える。非常勤職の難しさは、時間的な制約の中で、現場をアセスメントすることによって、自分の責任性の範囲を使い分けることにある。多くの初学者は、経済的に不安定である上に、現場ごとに異なる対応を求められ、試行錯誤を重ねる中でモチベーションが低下する可能性が高い。しかし、使い分けるものが何かを自覚することが、結果としてのモチベーションの低下を防ぐのではないかと考える。

Ⅳ　おわりに

　現場に出たばかりの初学者の立場から、「独自の現場で求められている心理士のとしての対応」のために必要なアセスメントについて、「常勤」と「非常勤」という勤務形態に分けて、その違いを明らかにした。

　多くの初学者は、これらが理解できないために、心理士として当然であると考えた上での対応に対する関係者の反応に戸惑うこととなる。そのためまず、独自の現場の心理士として、自分に求められている要請をアセスメントし、その現場における責任性の範囲を自覚することが不可欠であると考える。それは、あくまで前提として現場に埋め込まれているために、現場の関係者とのやり取りの中でしかアセスメントできないものである。

　また、個々のケースにおけるアセスメントについて、心理検査が使えなかったり、自由に選択できない場合は、自分が行う面接の中でのクライエントとの相互作用から、客観的にアセスメントできる能力を身につけることが必要である。たとえば、知能検査の項目を日常生活における具体的な行動に置き換え、人に伝えるためのデータとして使えるようにしておくことによって、どの能力が際立っているのかを早急に理解できる。精神症状についてのアセスメントも同様である。自分の中でチェックをするためのポイントを知識として持っていて、それをやり取りの中で使うことによって、心理検査というツールがなくても把握できる症状は多い。

　このような個々のケースにおけるアセスメントとは、いうなれば、自分自身をツールとして使いこなすことによって可能になるものである。セラピスト自身や、ケースの置かれているコンテクストのアセスメントは、相手とのやり取りの中でしか把握できないものである。常勤職の心理士にとって、それはいつの間にか身につくものであるが、非常勤職の場合は、明確に意識することによってしか対応できないものである。しかし、両者に共通して言えることは、どちらの場合もそ

れが個々の面接に影響するということである。

　臨床心理士の現場が多様化する現在では，これまでのように面接室という個室限定の専門性を主張するわけにはいかない。専門性を主張するためには，これらの主張がどのぐらい現場での正当性と有効性を持つのかが問われる［立岩，1999］。そのためには，初学者が，「独自の現場で求められている心理士としての対応」を適切にアセスメントし，自分の果たすべき責任の範囲を意識することが大切である。それが結果として初学者の職場でのモチベーションの低下を防ぎ，将来的に見て，臨床心理士の社会的な位置づけを明確にしていく可能性があると考える。

〈文　　献〉

吾郷晋浩：臨床心身医学における医療職の役割．（吾郷晋浩，末松弘行，河野友信編）臨床心身医学入門テキスト．pp.251-260，三輪書店，2005．

一丸藤太郎：臨床心理学と他職種との関係．心理臨床大事典，pp.28-32，培風館，2004．

日本臨床心理士会：第5回「臨床心理士の動向ならびに意識調査」：結果速報（暫定値）：第2報．日本臨床心理士会雑誌，17 (1)，2008．

日本臨床心理士会：第5回「臨床心理士の動向ならびに意識調査」：結果速報（暫定値）：第3報．日本臨床心理士会雑誌，17 (2)，2008．

新田泰生：産業領域における活動モデル．（下山晴彦，丹野義彦編）講座臨床心理学6：社会臨床心理学．pp.127-145，東京大学出版会，2002．

立岩真也：資格職と専門性．（進藤雄三，黒田浩一郎編）医療社会学を学ぶ人のために．pp.139-156，世界思想社，1999．

吉川悟：学校とかかわるためのシステム理論：システムとの関係形成としてのジョイニング．（吉川悟編）システム論からみた学校臨床．pp.28-46，金剛出版，1999．

第3部　立場の違いからみたアセスメント ── 第3章

さまざまな教育相談研修が及ぼす影響
◇学校教員

村田武司

I　はじめに

　私は20余年，高等学校の教師をしています。そのほとんどを生徒指導，教育相談分野で仕事をしてきました。教育現場でアセスメントに対応する言葉の一つとして「評価」という言葉があります。長く教師をしていますとよいところよりも嫌なところが目につくようになっているような気がします。どんなところが嫌かというと，生徒や保護者に対する見方＝「評価」がとても一方的な，型にはまった感じがするところです。

　非行ケースでは「ああいう奴だから，また同じようなことをするよ，絶対」とか，いじめケースでは「あいつもちょっかいかけられてもしょうがないような所があるしなぁ」とか，不登校ケースに対しては，「あそこはお母さんが（あるいはお父さんが）あんなんじゃしょうがないよなぁ，甘すぎるんだよねぇ」というようなことが言われていたりします。公然と言わなくてもそういうように考える教師は結構いるような気がします。

　これらの言動や考え方は，当該生徒や家族に対するある種の「アセスメント」であると思います。乱暴と感じられるかもしれませんが，前述のような教師間のやり取りの中で生徒や保護者への対応が決まってくるということが今でもあるように思います。それではこのような教師の存在，考え方は，その教師個人の資質の問題なのでしょうか。たしかに資質の問題を抜きにはできないでしょうが，さらにもっと制度的な問題，システム的な問題にも関連しているように思います。

　高橋は，マスメディアなどの社会的装置が，青少年の自殺（自死）に対してあるときは「受験→自殺」として取り上げ，またある時は「いじめ→自殺」として単純化して取り上げる傾向に対して警鐘を鳴らしています［高橋, 2006］。しかし，よくよく考えてみれば私たちは，マスメディアというこの「社会的に一定の信頼を勝ち得ている機関，装置」が，私たちの日常的な生活にもたらす，ある種の「単純化の原理」とでもいうようなものの影響から逃れられないのではないでしょう

か。あるいは，ひょっとするとそれを自分から求めているところがあるのではないでしょうか。

　これは，アセスメントにおいても同じことがいえるように思います。あまりに多くの情報が個々人に対して高波のように押しよせてくる現代にあっては，「すぐに理解できる」方法，「簡単に実践に繋がる」方法を求める私たちの傾向は，学校において，より顕著になるのかもしれないと思います。なぜなら，そのように多くの情報が私たちに対して押しよせ，立ち現れた時に，私たちができるのは判断を一時停止するか，あるいは「判断の鋳型」＝類型でもってその高波に立ち向かうかのどちらかではないでしょうか。もちろん学校現場において「判断を先延ばし」にし続けることは，それだけでもエネルギーが必要であり，理解できないことへの不安も高まります。畢竟，自分の使いやすい，理解しやすい「判断の鋳型」＝類型を安易に使おうとしてしまうのは道理のあることです。仮に，即断は誤解を生むからといって，「判断の先延ばし」をしたとしても，生徒や保護者とのかかわりを持ちながら，そのままずっと判断しないでいるということはできないわけですから，どこかで理解へ到達するための作業をしなければなりません。それは，「判断の鋳型」＝類型を直接的に当てはめるのとは違い，生徒や保護者個々人から，あるいは彼らの置かれている状況から，教師にやってくる情報を次々に取り上げ，それらの情報が生徒や保護者にとって，あるいは彼らの状況にとって実際にどのような意味があるか，あるいは彼らの本来の姿と異なっていないかを繰り返し繰り返し照らし合わせる，いわば還元していく作業になります。そして，これらの処理済の情報から生徒や保護者理解を構築していくという順序になりますでしょうか。

　けれども，次々と「問題」が起こる教育現場では，なかなかこの「還元－構築」作業に時間を費やすことはできません。そこで結果として，「判断の鋳型」＝類型を用いざるを得なくなっていると思います。類型を用いようとする場合重要なのは，どのような「判断の鋳型」＝類型を用い，どのように「判断の鋳型」＝類型を道具として使うかということであると思います。これまで，学校教育相談に携わってきた者は，不登校やいじめ，非行などについて多くの「判断の鋳型」＝類型が研修の中で与えられ，それを用いてきた歴史があります。はたして，その「判断の鋳型」＝類型の選択，用い方がより適切であったのかどうか議論のあるところでありましょうが，これらの歴史と関連づけながら現場の中でアセスメントがどのように行われているか，また，実践とどのようにかかわりを持つのかについて，学校教育相談という立場から考えることができたらと思います。

II 現場の教師が出会う「判断の鋳型」＝類型論

　現在，教育現場では従来から問題とされてきた「いじめ」「不登校」「非行」「自殺・自死」等に加え「虐待状況にある子どもたちへの対応」あるいは「虐待経験を持つ子どもたちへの指導・教育」「発達障害を持つ子どもたちへの指導・教育」などが問題となっています。教師は中心的な業務である「教科指導」「特別活動」のほかにこれらの多くの問題に対処することが求められています。限られた予算と人員の中で多くの問題に立ち向かうわけですから，求められるのはより早い問題の解決です。問題解決はできてあたりまえとみられます。人にかかわる，人を育てる教育の現場での問題が解決できないということは，「それ自体が問題」とみなされます。そうなると勢い，問題の捉え方，問題のアセスメントにも手っ取り早い方法が選ばれるということになります。「類型」が問題把握に本当に手っ取り早いかどうか分かりませんが，現場での使い勝手は一つひとつ問題の特徴についての情報収集から始めることを考えれば，やはり重宝であることには変わりないと思います。他の臨床現場でも同じかもしれませんが，実践的にみて，教育現場では類型化に使われる言葉は情報共有の重要なツールであるように思います。問題は「道具を使うのか，道具に使われるのか」のような気もします。

これまでの類型化の努力──不登校を例に

　学校教育相談に関係して「問題の類型化」あるいは「問題把握の類型化」といえば，文部科学省の見解をあげなければなりません。なぜなら，「問題の類型化」にしろ「問題把握の類型化」にしろ文部科学省の見解にもとづいて各都道府県の教育委員会は教育センターなどを通じて，それぞれの工夫を加えながら現場の教師に「伝達講習」するわけですから，学校現場で問題がどのようにアセスメントされるか，またそのようにして実践している自分たちの活動をどのようにメタ・アセスメントするかはこの「見解」に大きく影響を受けることになります。

　「不登校」を中心に，この20年間ほどの文部科学省の見解がどのように変わってきたのか，また各都道府県および市町村の教育委員会に受け継がれ，そして現場の教師に伝わっていったのか，その概観を確認しておくことは意味があると思われます。「不登校」は1970年代くらいには，徐々に教育現場で問題となりつつあったようです。でも，まだ高等学校の生徒指導研究資料［文部省, 1977］には「登校拒否」「不登校」は問題行動としてはあげられていませんでした。吉田によると，この頃は「明確に登校を拒否するという意思を表明する生徒像」が前面に出ていたようです［吉田, 1984］。保護者が教師の指示によって子どもを無理やり学校へ連れて行くというようなことが起こったのもこの頃であったようです。また，「登

第3章　さまざまな教育相談研修が及ぼす影響　●学校教員

校拒否」「不登校」と家庭内暴力との関係も研究されています。1980年代への突入とともに不登校の統計上の数も様相が多様化してきたようです。1970年代後半から80年にかけて，家庭内暴力の増加，校内暴力頻発，登校拒否増加という三つの流れが同時に起こったように記憶しています。孫が祖母を殺す，親が子どもを殺すという悲惨な事件が起こったのもこの頃でした。少し後になりますが，『母原病』［久徳, 1991］という本が出版され「登校拒否」「不登校」のみならず多くの生徒の問題のアセスメントにおいて母親に原因を求めるという風潮が教職員にも少なからず広がった記憶があります。日野の調査によると，教師は「不登校」ケースは家庭や本人のパーソナリティに原因があるとし，保護者は学校や教師に原因があるとしているという結果が出ています［日野, 1986］。

　1983年，1988年には文部省は「登校拒否」「不登校」についての分類を出しています。1983年では，状態とアセスメントの視点が精神医学あるいは臨床心理学，発達心理学等の観点から5分類に類型化されていました。この類型は5年後には改訂され，（1）学校生活に起因する型，（2）あそび・非行型，（3）無気力型，（4）情緒的混乱の型，（5）複合型，（6）意図的な拒否の型，（7）その他，に分類されました。これは，より現場の教師にとって「登校拒否」「不登校」かどうかを判断しやすくするという観点からの改訂であったと思います。以後この分類は現在に至るまで基本的には変更されていないと思います。また，府県によっては下位分類を設けさらに類型化を行い，判別や対応まで類型化しているところがあります。この時期に，いじめ，登校拒否問題の深刻な中学校に教員の加配措置が講じられました。登校拒否生徒が全国で4万人を超え，学校現場では初任者研修制度が創設され，単位制高等学校の制度化も行われました。私の経験から，この頃各都道府県の教育センターや自主的な研究会の研修の講師には精神科医や臨床心理の専門家が多かったように思います。個人の病理あるいはそこから見た家族やネットワークという枠組みで研修を受けたように思います。

　1991年には，不登校は特別な個人ではなく，誰にでも起こりうるものであるという認識に変わり，「今や学校，家庭，地域社会の連携の下に」予防的な問題として取り組む必要が叫ばれてきました。結果として，現在は問題なく登校していても不登校になる可能性についてもアセスメントする必要が出てきたのです。そして，1997年に不登校児童生徒が10万人を超えた後，不登校問題は（1）校内暴力・少年非行，（2）いじめ，（3）高等学校中途退学問題との関連をさらに強調されるようになっています。不登校は一つの状態像なので，当然他の問題と深く関連します。たとえば，自殺・自死，いじめ，虐待的環境，教師による暴力等などです。このような中で現場の教師が出会うのは，一つはさまざまな問題へ

の取り組み方のプログラム化・マニュアル化であり，ある種の類型化です。もう一つは，このような教育現場の状況に対して外部の専門家が学校内に入ってくるという流れです。1995年から行われたスクールカウンセラー配置事業だけではなく，2008年からはスクールソーシャルワーカーの配置も始まってこの問題に取り組むようになっています。

　不登校のみならず学校で生じる問題に関係者が増えれば，それだけアセスメントはより複雑になってきていると思います。生じている問題に対するアセスメント，そしてそのアセスメントに参加している関係者へのアセスメント（メタ・アセスメント）の複雑化です。

Ⅲ　学校臨床で必要な類型的なアセスメントとは

　すでに述べてきたように学校現場では本当に多彩で，多様な問題が発生しています。そして，各都道府県の教育センターの研修などを通じて，さまざまなプログラムや問題アセスメントの方法がまとめられています。さらに，システム論の方法や発想に基づいたと思われる地域・学校・家庭の連携の方法が具体的な事例とともにまとめられたり，家族対応マニュアルのようにまとめられたりしています。これらはそれぞれの都道府県の教育センターや教育委員会のHP等に載せられています。けれども，問題がうまく対処されるか，あるいは関係した学校関係者や生徒・保護者がある種の納得，了解を感じながら問題が収束，解決するかどうかはひとえにその問題にかかわる関係者の対処能力のいかんによっているというのが実感です。そういう意味では，学校臨床で必要なアセスメントとは，発生した問題へのアセスメントもさることながら，むしろこの関係者へのアセスメント（メタ・アセスメント）が重要なのではないかと考えています。以下，学校現場での関係者に対するアセスメント（メタ・アセスメント）について，自分の経験をもとに述べていきたいと思います。

1．教員あるいは教員集団に対しての使い方：教員集団の特性に対するアセスメント，教師のアセスメント力に対するアセスメント

　一つの例を使って考えてみたいと思います。高等学校はちょうど，青年期の中期から後期の時期と一致します。私の経験から性同一性障害（GID）の当事者の生徒たちにとって，さまざまなことがとても緊急性を帯びてくるのではないかと思います。まずは，水泳の授業，体育の時間の更衣の場所，制服の着用，日常的な場面での呼名の問題，卒業証書の名前等などさまざまな問題として現れます。もちろん彼らにとって切実なのは生物学的な自分，身体的に見られている自分とはことなる本来の自分を認めてもらいたいという当然の思いなのです。私の経験

したほとんどの事例で，彼らは自分の身体に対する強い拒否感をもっていました。私は，この問題はまず第一に人権問題だと考えていますが……

　この性同一性障害という人権問題を直接生徒から訴えられた時どのように対応することができるか，ということです。この問題は，現在は多くの教師にとっては不登校や非行調査のように教育委員会がその発生数を把握したり，教育センターで対処プログラムを研修したりしていない問題であると思います。

　教師あるいは教師集団へのアセスメントの問題として考えてみましょう。たとえば，担任，生徒指導部長がこの問題を人権問題ととらえることができるかどうかです。中には絶対にそんなことは認められないという担任教師がいるかもしれません。こういう担任教師が，申し出た生徒の話を学校内で検討するべき問題になる前に，本人や保護者に対して「絶対に認められない。本人の勝手で制服を変えるなどは認められない云々」と，問題のもみ消しをしてしまうような場合は論外です。

　担任教師，生徒指導部長はこのような問題が起こったときのキーパーソンです。このようなキーパーソンとなるような教師が，どのような視点や見識を持っているのかを知っておく，アセスメントすることは大切です。なぜなら，そのアセスメントの中にはすでに，必要に応じて他の教職員に対する「心理教育を一緒にやっていくことができるかどうか」ということが含まれているからです。もう少し詳しく言うと，実際にはこのアセスメント行為は，キーパーソンの教師が性同一性障害をどのように評価しているかというメタ・アセスメントを含んでいますし，同時にアセスメントのための対話行為の中に彼らに対する性同一性障害についての心理教育プロセス，情報提供を含んでしまっています。このようなプロセスを経て，キーパーソンの教師が職員会議などで報告あるいは問題提議を行い，多くの教職員が取り組んでいくという経過になると思います。

　ですから，教師あるいは教師集団に対するアセスメントでは，キーパーソンたちを見つけること，キーパーソンたちのアセスメント力（問題への理解・評価）をアセスメントすると同時に，アセスメントのための対話が心理教育的プロセスを含んでいる場合があるということです。

２．管理職に対しての使い方：管理職の先生方へのアセスメント

　高等学校には，それぞれの教師が専門とする教科，得意とする教科の他に分掌というのがあります。一般の会社でいえば部課に相当するもので分野ごとの仕事の分担です。具体的には，学年主任，教務，進路，生徒指導，図書，保健などです。本来どの分掌も誰でもできるという建前になっているのですが，それぞれ教師には得意不得意があります。また，一緒に問題の解決にかかわる管理職がどの

分野を得意としているのか，そしていま対峙している問題にどれくらい取り組む力をお持ちなのかをアセスメントすることは，僭越ながら問題解決を進めるという立場からは重要です。管理職の先生方は教頭研修，校長研修などで一通りのことは研修されていますが，やはり不得意な分野のアセスメント力や判断力は得意な分野に比べて十分とはいえないと思います。管理職の先生方から見れば，アセスメントされるなんて……と気を悪くされる方もおられるでしょう。けれども，人間（私自身もそうですが……）は，個人では自分のもっている力以上のことはできないのですから，個々に発生してくる問題に対処する力のアセスメントはどうしても必要になってきます。もっとも，このアセスメントを公然とするか非公然で行うかは問うところではないと思います。

　たとえば，校内で生徒間に，性被害にかかわるような事件が起こったとき，すぐに被害生徒へのケアの必要性に思いがおよび，すぐにカウンセラーや相談機関の準備ができる，そういうことを見通せる管理職かどうかは重要なことです。なぜなら，その後の事態の展開にとって加害生徒への対応を優先させるのか，被害生徒の安全感，安心感を優先させるのかは被害生徒やその保護者にとっては最重要なことだからです。あるいは，そのような管理職はいてほしくないとは思いますが，このような事態に至ってなお学校の名前，評判，名誉を優先するような言動をする管理職がいないとも限りません。管理職の先生方が受けて来られている研修は，学校現場がかかえているさまざまな問題についてのものですが，重要なポイントとして問題の質・内容にかかわらず学校現場をいかに管理するかという点は共通しているのではないでしょうか。この管理と生徒・保護者にとっての解決の狭間に出てくるのが管理職の先生方の個人的な人間観，教育観であると思います。表立って議論されることはないでしょうが，学校臨床においてこの部分へのアセスメントは必須であると思います。

3. 教育委員会に対しての使い方：情報伝達のアセスメント，管理職からの情報がどのように伝わり，どこにつながるか，危機対応サポートチームの使い方

　学校教育相談の立場から直接教育委員会にかかわるということは，まず起こりえません。組織のヒエラルキーを飛び越えることはないからです。けれども，先ほどの「性被害にかかわるような事件」が被害生徒の保護者や加害生徒の保護者との関係で複雑になり，裁判や警察との関連などが俎上にあがって，緊急に学校現場への援助が必要な時など，危機対応サポートチームなどを要請する時には校長を通じて，教育委員会の問題把握（アセスメント）の仕方，問題解決の方向性などを確認しておく必要があると思います。常に，現場で問題に対処しているチー

ムと教育委員会からの援助チームがうまくかみあうとは限らないからです。多くの場合危機対応サポートチームが行うのは，現場の教職員に対する指導（スーパーヴァイズ）という形を取ります。危機対応サポートチームのような組織のない教育委員会や上位下達システムのところもあるかもしれません。そういうところでは，これは必要ないのかもしれません。

4．保護者・生徒に対しての使い方：家族アセスメント，家族内リソース，地域リソース

　学校教育相談において対象とする問題のほとんどは生徒の家族とかかわってきます。生徒個人の内面を扱うという方法を取っておられる担当者もいるとは思いますが，私はいつも家族システムというものを念頭においています。生徒が児童養護施設などで生活をしながら学校に通っていて，ほとんど家族と会わないという状況があっても，生徒本人の中では家族はそれとして生きているのですから，やはり重要であることに変わりはありません。

　最近の学校教育相談が出会う問題の一つに「虐待」があります。高等学校になれば「虐待」からのサヴァイヴァーはいても，「虐待」そのものはないのでは，と考えられる方もおられるかもしれませんが，それは学校関係者が「虐待」として取り上げることができていないだけではないかと思われるような事例もあります。

　　　「休み休みではあるが生徒が学校に通ってきている。保健室に来るとおしゃれ
　　　をしたい年齢なのにいつも着ているブラウスが汚れている。話を聞くと母親は
　　　気まぐれなのに躾が厳しくて食事を作ってもらえないことが多く，カゼをひい
　　　ても保険証をなかなか渡してもらえなくて医者に行けない。バイト先のパン屋
　　　さんからもらうパンの耳を食事代わりにしている」

　皆さんはこれを読まれてどのようなアセスメントをされますでしょうか。もう高校生になっているのだから，もし「虐待」であれば本人が申し出るだろう，かなり厳しい躾をする母親だが「虐待」というにはもう少し状況がはっきり分からないと，などの意見が出るかもしれません。児童相談所に通告をしても最悪の場合,「それって，青年期にある親子関係の問題ではないでしょうか？　とりあえず，お話はお聞きしておきます。何か大きな変化がありましたらまたご連絡ください」などの返答で終わってしまうこともなきにしもあらずというところです。昨今の「虐待」件数，保護件数の増加を考えますと，当然，死亡の危険のある事例から取り組みの優先順位が決まってくるでしょうから，この例のような事態もありうることだと思います。こうなるとアセスメントのためには，ごくあたりまえの情報収集から学校が始めなければならないということになります。幸い，学校文化

には最近は制限されてきたといっても家族カードがあり，家庭連絡，家庭訪問というツールがあります。また，バイト許可に関連してということで生徒のバイト先の人たちと連携することも視野に入ってきます。また，生徒に恋人がいてその恋人の家族ともうまくいっているのであれば，大きなリソースになります。また，家族内には兄弟姉妹はいないのでしょうか。これらのことすべてがアセスメント対象になります。この中で，事態の危険度・緊急度，関係者相互の関係性などをアセスメントしていくということになります。

5．自分自身に対しての使い方：自己アセスメント，類型論へのつかまりやすさ

　これは恐らく私のような，なかなか自分を客観視できない性質の人間にとっては特に必要なことだと思っています。自己アセスメントは私自身の言葉で言うと反省ということになります。悪いところを見つけてそれを直すというような道徳的意味での反省ではなくて，自分自身を対象化してどのようなことが起こっていたのか，起こっているのかということを思考の対象とするという意味での反省です。

　これまで述べてきた関係者の人たちと対話・協議を重ねていく中で，すでに述べたように類型的な把握はどうしても入ってきます。また，時にはより広い関係者との認識共有であるとか，職員会議決定を必要とするような事柄の場合には，この類型的な言葉が生徒あるいは保護者の利益のために役立つことがあります。「性同一性障害の苦しみ」「困難な虐待環境」「軽度発達障害による学習の遅滞」等などの類型を表す言葉が，進級や卒業を可能にするということもよくあることだと思います。

　けれども私にとって課題であるのは，問題の関係者との対話を重ねる中でこの類型的なアセスメントに捕まってしまって目前の事象の意味を誤ってしまうことです。それではどのように対処可能でしょうか。私の場合はできるだけ類型的アセスメントの特性を知っておくということです。

　私は，類型的な理解のポジティヴな側面は，より事柄や事象・現象を明確にするところだと考えます。言いかえれば私たちの日常的な態度にとっては，より習慣的なものであり，事柄・現象の進行していくことに対してその行く末をあらかじめ予想することができるという特徴を持つといえます。そういう意味ではより自明的なものだということができると思います。これが教職員間での共通認識の持ちやすさに繋がるのだと思います。これに対してそのネガティヴな側面は，唯一独自であるはずの個々具体的な事例の特殊性，個別性をぼやかせてしまうことだと思います。実践的には，関係者間のコミュニケーションが一方通行的になっていくこと，判断に迷いがなくなってくることかと思っています。ですから，ア

セスメントをしづらく感じている時こそ類型的アセスメントに捉えられていないという証拠かなと感じています。

IV　最後に

学校教育相談におけるさまざまな研修の歴史は，各地でプログラム，マニュアル等として類型的理解のツールを作ってきたと思います。文章の中でも書きましたが，便利で切れ味が良い分，生徒や保護者を傷つけてしまいかねない力も持っているように思います。「道具に使われずに，道具を使いこなす」にはどうすればよいのでしょうか。システム論に基づいた実践者らしくないかもしれませんが，自己探求，別の言葉で言えば自分の心理的システムへのアセスメントをすることです。私は「ジョイニング-仮説設定-介入」のプロセスのそれぞれの段階でアセスメントがついてくると考えているので，事象・現象に対するアセスメントと同時にこの自己アセスメントを行うことが重要ではないかと思っているところです。それは，先ほども書きましたアセスメントに四苦八苦しているというところに現れているかなぁと思います。

〈文　献〉

久徳重盛：母原病：母親が原因でふえる子どもの異常．サンマーク出版，1991．

日野宣千：教師の立場から見た登校拒否．社会精神医学，9(1), 1986．

稲村博：不登校の研究．新曜社，1994．

文部省：問題行動をもつ生徒の指導．生徒指導研究資料第8集，1977．

新田義弘：現象学．岩波全書，1978．

大阪府教育委員会市町村教育室小中学校課：こどもを暴力の被害から守る：子どもエンパワメント支援指導事例集．2006．

大阪府教育委員会市町村教育室小中学校課：生徒指導の充実のために：子ども支援への観点から．2007．

大阪府教育委員会市町村教育室児童生徒支援課：いじめSOSチームワークによる速やか対応をめざして：いじめ対応プログラム．2007．

大阪府教育センター：生徒支援に役に立つ学校教育相談：高等学校における教育相談の進め方．1997．

静岡県立教育研修所教育相談部：登校拒否児の類型化と効果的な援助に関する研究．教育研究，77, 1990．

高橋祥友：自殺予防．岩波新書，2006．

吉田脩二：学校精神衛生の手引き「若者の心の病」．大阪府立高等学校養護教諭精神衛生学集会，1984．

第3部 立場の違いからみたアセスメント ―― 第4章

方法論の不明確なアセスメント
◇ソーシャルワーカー

川畑　隆

I　はじめに

　私がソーシャルワーカーについての論述を担当するのは，他部署で勤務していた人が異動で児童相談所のソーシャルワーカー（児童福祉司）として赴任したときと，似たような状況かもしれない。なぜなら，私は狭義のソーシャルワーカーとしては働いたことがないからである。

　私は，児童相談所の心理判定員（現在の児童心理司）であった。児童福祉司と協働はしてきたが，私が児童福祉司を命じられることはなかった。しかし，児童相談所の心理判定員は一般的な臨床心理職とは異なる。もちろん，アセスメントやトリートメントなどの臨床心理業務は行いつつも，面接室に閉じこもらないからであり，児童福祉司とともにソーシャルワークにも踏み込むからである。児童福祉司と心理判定員のそれぞれの業務の目的は同一であり，それは児童の福祉である。そしてそれを実現するための業務を車の両輪としてそれぞれが分担して受け持っている（一時保護機能ほかの分担される役割も大きく存在するが，ここでは言及しない）。このことが，先に「私は狭義のソーシャルワーカーとしては働いたことがない」と述べた理由である。しかし，児童相談所という組織の業務が総じてソーシャルワークであることもあり，心理判定員も広義のソーシャルワーカーと言えなくはない。

　私は，児童相談所勤務の最後の3年間，心理判定員と児童福祉司の属する課のマネージメント業務（課長職）に携わった。ここでも自分が児童福祉司業務を行ったわけではない。ただ，相談ケースや地域と最前線で向き合うのは児童福祉司であり，「児童相談所」としての責任を具現するのは「児童福祉司」という「人」であることから，その児童福祉司のサポートに業務上の意識の大半を注ぐことになった。

　そのような経験をしてきた者の立場から，ソーシャルワーカーにとっての「アセスメント」について考えてみたい。そのために，まずは児童福祉司の思いにつ

いて描き出さなければならない。それは，私にとっては目一杯の想像力の試練であり，もしかして，そのことのなかに福祉における対人援助職にとっての重要な事項が浮かびあがるかもしれないという予感も含まれる。それらのことが本章の執筆動機である。

　私は現場としては児童相談所しか知らない。ソーシャルワーカーは，もちろん児童相談所以外にも多くおられるわけであるが，ここでは児童福祉司について記述することをお断りしておく。

Ⅱ　児童福祉司の職業的基盤

　児童福祉司は児童相談所の中心的業務であるソーシャルワークを行う職員であるが，かつて児童福祉法上では知事直属で住民の児童福祉を担う重職として位置づけられていた。その位置づけは実質的に今に通じており，児童福祉司は児童相談所業務の屋台骨である。あらゆる児童に関する相談を受ける主体であり，他の職種に対してリーダーシップを発揮する。相談に関する基本的事項を聴取するところから始まって相談ケースの社会診断を行い，他の職種による諸診断と統合させて処遇に移していく。処遇は，一般の相談クリニックなどと同様の助言や継続的な治療・指導などと，児童福祉法27条にもとづく行政処分，その他にわたっている。児童福祉司の配置に関しては，児童相談所の管轄地域を小地域ずつに分け，その各地域ごとに児童福祉司をおく地域担当制や，相談種別ごとに児童福祉司をおく事項別制があり，両者をまじえた体制をとる児童相談所もある。

　児童相談所職員は地方公務員であるが，現在，児童福祉司業務に従事している者の各自治体への採用区分は単一ではない。福祉職の採用区分を設けている自治体は現在では多くはないと思われるが，社会福祉学やその周辺学を学んで新規採用後初めての職場である児童相談所で児童福祉司となる者や，他職場で児童指導員や生活保護ケースワーカーなどを経て着任する者がいる。その者たちのなかには，社会福祉士や精神保健福祉士などの国家資格を持った者もいる。しかし，圧倒的に多いのは一般行政職で採用されている者であろう。福祉職採用の者と同様の職場職種を経験してきている者も多いし，これまでは，福祉とは無関係の職場から児童福祉司として着任し，また福祉とは無関係の職場に転出していく者も多かった。しかし，児童相談所の所長や児童福祉司の資格が児童福祉法に盛り込まれることになり（児童福祉法第11条に，所定の学校の卒業者，大学で心理学，教育学，社会学等を専修した者，医師，社会福祉士，社会福祉主事として2年以上児童福祉業務を行っていた者，それらと同等以上の能力を有する者が挙げられている），一般行政職採用ではあっても福祉業務の経験者や有資格者が児童福祉

司業務に就くようになってきた。最近では，児童福祉司の採用であることを明確にした採用試験がなされる自治体も出てきているようである。また，心理職であった者が児童福祉司となったり，同様に保育士，保健師資格をもった児童福祉司も珍しくはなく，さらに学校教員であった者が着任している児童相談所もある。私が勤務した自治体の児童相談所の児童福祉司は最近まで係長級職であったので，年配の者も多く，32歳で赴任した者がこれまでで最年少だと言われていた（児童福祉司職は，当時，昇任ポストのなかった心理職の昇任後ポストとしても機能していた）。全国では係長級職として定めていない自治体の方が圧倒的に多かったと思われるが，業務の性質上，大学を卒業してすぐその職に就くよりも，一定の人生，社会経験を経た者のほうが適任であろうという見方が一部にはあったと思われる。

Ⅲ　ソーシャルワーカーの専門性

　京都国際社会福祉センターの浅野貴博氏は，国際ソーシャルワーカー連盟によるソーシャルワークの定義「ソーシャルワーク専門職は，ウェルビーイングの状態を高めることを目指す。そのために，人々のエンパワーメントを促し，人々を抑圧から解放するために，人間関係における問題解決を図り，社会の変革を進めることにある。ソーシャルワークは，人間の行動と社会システムに関する理論を利用して，人々がその環境と相互に影響し合う接点に介入する。人権と社会公正の原理は，ソーシャルワークが拠り所とする基盤である」と，各々の現場で支援活動をしているソーシャルワーカー自身の日常の実践感覚とのギャップについて，言及している。そのギャップのひとつとして，「保健医療分野においては，医師や看護職に代表される各職種の仕事に対して，ソーシャルワーカーは何をもって肩を並べていけばよいのか迷うことは多い。医師や看護職に対して従属的立場をとらずに自職の立場を主張し確保することの難しさ，自然科学的志向をもつ保健医療職に対して社会福祉領域から発言する際の共通言語の乏しさなどから，自職の専門性は何かという漠とした疑問ないし不安定感を抱いた経験はだれにでもある」［堀越，2000］ことをあげている。そして，利用者が望む・求める専門性を考察し，「つまるところ，プロフェッショナルな支援者・ソーシャルワーカーとして利用者に必要とされるには，支援の理想と現実の狭間においても"現実"のさまざまな困難を楯にとって，支援者の専門性を棚上げし，支援の理想は机上の空論で実際には無理という結論をすぐに出してしまうことなく，利用者とともに現実の中で試行錯誤していくしかないのではないか」と述べている［浅野，2008］。

第4章　方法論の不明確なアセスメント　●ソーシャルワーカー

IV　児童福祉司の「人」としての思い

1．業務上のアイデンティティ

　すでに述べたように，児童福祉法の改正によって児童福祉司の専門性を担保するための資格化が謳われ，現場の実際においても，福祉に関してまったくの素人が赴任することは随分減ってきているのではないかと思われる。しかし，たとえば生活保護ケースワーカー業務と児童福祉司業務とでは，対象者との間に生活保護費というお金を挟むのと挟まないのとの違いに関してよく語られるように，対象者に対して立つ位置や向き，そして何よりもその業務の目的に違いがあり，前職経験がそのまま次に適用できるわけでもない。そのうえ，福祉という対象者の少しでもの"しあわせ"に向けての援助業務であることはもちろんどちらにも共通基盤としてあるのだが，そのソーシャルワーカーの業務自体が上記のように曖昧な部分を多く含んでいる。心理職の場合，医師他ほどではなくてもアセスメントやトリートメントに関する比較的輪郭の明確な道具をもち，それをどんな職場にもそのまま持ち込みやすい側面がある。それに対してソーシャルワーカーの場合は，社会的アセスメント，ソーシャルワークという機能や技術は明示されてはいても，その具体的方法論については，対象者が身を置く社会的状況のなかに自らもかかわり，自身の五感を通じてそこにある要因をしっかりと見て感じ取り，関わることになる。もちろん，さまざまなチェックリストなども開発，用意されてはいても，それを役立つものにしていくにはソーシャルワーカーのバランスのとれた感性が不可欠であることは言うまでもない。そういうソーシャルワーカー業務のある意味での曖昧さによって，それは誰にでもできるはずの業務としてこれまで位置づけられてきた側面があるのかもしれないし，また逆に，目の前の複雑な状況のなかに含まれるさまざまな要因を整理するところから援助の道筋を見つけていくことの重要さとむずかしさによって，輪郭は未だ不明確ではあるものの専門家として位置づけられることになるのだ。

　元児童福祉司の加藤俊二氏は，雑誌のインタビュー記事で次のように答えている。

　　――話は変わりますが，加藤さんは心理職から児童福祉司に替わったんですよね。そのあたりの事情を教えていただけますでしょうか。
　　もともと希望しとったんですよ。でもなかなか替われなかった。42，3歳の頃に，やっと児童福祉司になったんです。
　　――どうして希望されたんですか。
　　やっぱり自由に地域を駆けずり回ることができるってことでしょうね。今は

どうなってるか知らないけど，当時の心理職は，「おい，この判定やってくれ」みたいな感じで児童福祉司に頼まれて初めて動けるんですよ。家庭訪問ひとつにしたって，児童福祉司はいちいち心理の人に断って行かんでもいいわけでしょ。それが魅力だったな。しかも本当に汚いな，ぐっちゃぐちゃの家とかをね。そういう生活に触れて，その匂いを嗅ぎながら仕事するというのは，児童福祉司でないとなかなかできない。

――思う存分やるためには，児童福祉司になるしかない。

そうです。面接室の中だけでは生活の匂いは嗅げない。やっぱり，匂いを嗅がないと本当の仕事はできないということですね。もちろん心理の時代から多少はやっておったけど，もっと本格的にやりたかったんだな。だって，児童福祉司の後から付いていくのと，自分で飛び込んでいくのとではずいぶん違うでしょ。　　　　　　　　　[川崎・鈴木，2008]（転記にあたってインタビュアーの発言の記述形式を改変した）

2．アイデンティティの拡散

大海を探りながら泳ぐような児童福祉司業務のなかで，何を軸に自分の活動を展開し制御していくのか……そこを受け持つ職業的自我に個人的価値観や心情が入り込む余地が生じやすいのが人を相手とした業務であり，そこに研修や相互研鑽とそれによる職場的風土の醸成が求められる。

A児童福祉司は，他者に頼らず自分一人の力で事を成していくことが自分の力量であり，評価されるべきところであると信じ，それまでそのように業務にかかわってきた。ところが，児童福祉司業務は一人の発想や動きでは行き詰まってしまうことが多い。そのときに，どのように同僚や上司の力を借りるか，どうチームアプローチを行っていくかという力量も問われることになる。ところが，自分の業務の現状を開示し助言を求めようという勧めに対して，「私の無能さを暴露しろと言うのか！」と譲らず，児童福祉司としての経験を積み重ね発展していくことなく職場を去った。

B児童福祉司は，公務員としての自分の権限についてこだわる側面をもっていた。自分自身の判断や決定が有効であることを住民に対して示したかったように見える。また，たとえば家族は「問題のある家族とない家族」に二分されるようなイメージから離れられないようであった。つまり，こうであるという判断をまずもってしまい，そこから自由，柔軟になれないところがあった。したがって，当然，対象者との間にも職場チームとの間にもなかなか接点が見つけられず，対象者の処遇に関する合意形成に職場が大きな労力を費やすことになった。

また，C児童福祉司は，インテークで聴取すべき事項を数ページにもわたって網羅した膨大なオリジナル用紙を作成し，その用紙の記入すべき空欄を埋めるた

めに，インテークにかなりの時間を費やしていた。

　さらに，D児童福祉司は教育や福祉領域での業務経験はなかったにもかかわらず，児童相談所に着任したその日に不登校児の保護者からかかってきた電話に向かって，口ごもることなく長時間にわたって保護者のとるべき態度について指導していた。

　そして，E児童福祉司は，着任直後から対象者やその家族に深く入り込んでいった。日曜日にも非行児童の家の田植えの手伝いに行くほどであったが，しばらくしてから精神的バランスを崩して休職に至った。ケースとの距離を調節するためのチェックが自分のなかでも組織としても機能しなかったように思われた。

　この5名の児童福祉司の例は，もちろん，批判されるべき事象としてとりあげたのではない。それまでの業務経験や，それによっても形成されてきたのであろう価値観をそのままに，あるいはそれまで封印されていた思いを実現できる状況になっていっぺんに適用しようとした時に起こる，アイデンティティの拡散とも呼べるものを示したつもりである。C，Dの2名については表だって拡散した様子をこれだと把握できたわけではないが，何らかの拡散とそれによる修正作業が個人のなかで進められていったものと思われる。

　A，B児童福祉司の例は，私がかかわった児童相談所におけるずいぶん以前のものである。その後の着任初期からの研修，時代的価値観の変化にも伴う会議での合意形成というルール化の徹底，児童福祉司の非係長級化による若年化などの影響があるのか，現在では，地域住民に対して「私一人では決められない。組織として決定するのでそれまで待ってほしい」と，児童福祉司の誰もが告げることができるようになっているように思われる。

3．新しいアイデンティティの確立

　児童福祉司は，児童福祉司としての新しいアイデンティティをどのように確立していくのだろうか。組織としての決定のルール化について先に述べたが，やはり職場内でチームとしての協議，対応をどう行っていくかが重要な柱になるものと思われる。児童福祉司一人で行った調査や対応にしても，チームのなかに報告され，推論や相対化の作業をへて自分自身の現場での体験が共同化される。そして次へのアプローチも検討され，チームとしての業務が積み上げられていくような協働的感覚をもてることが，個々の体験の血肉化を大きく助けるのだろうと思われる。

　心理職との協働のなかでは，依存ではない連携や共同の成立が求められる。すでに述べたように，心理職は心理検査という道具を持つ。また心理職として採用された専門職であるという位置づけもあわせて，児童福祉司にとって心理職の存

在は自分たちの非専門性感覚を意識させやすいかもしれない。そして，それが心理検査や心理職的専門性に対する過信，あるいは逆の軽視や無視を生じさせることが皆無とはいえないだろう。このことに関しては，もちろん心理職の自らの業務に対する捉えかたや，児童福祉司との協働にあたっての配慮のしかたなども大きく影響する。どのようにそれ以上でも以下でもないところで，自身の，そしてお互いの業務を尊重できるかという，成熟に関するテーマがある。

また，児童福祉司と心理職が対象者を前にして同席する場面が，以前に比べれば多くなっているのではなかろうか。合同家族面接の場面の共有，保護者や関係者面接への同席，家庭訪問への同道，関係者会議への同席などである。対象者に対応するときのメインとサブ，対応役と観察役ほかの役割分担やその交代など，2名という数の利点だけではなく，お互いの依って立つ視点や役割による言動の交錯と相乗作用が，業務を効果的に進めるのではないかと思われる。

そして，もちろん児童福祉司は心理職との間でだけではなく，さまざまな業務的体験を通して広く深く視野を広げてゆく。児童福祉司の高島裕子氏は，夏休みとその時期に行われる児童相談所主催のキャンプの取り組みを通して，児童福祉司について描き出している。

> （前略）夏休みは，煮詰まったお母さん方がSOSを出してくる時期である。一時保護所も（夏季はとくに）定員5割増の状態にまで膨れあがり，厳しい。何とかしのぐ他の方法を探したり，延々とお母さんの愚痴を聞いたり，子どもの状態を確認したり，福祉司は駆け回る。施設に入所中のケースだって，帰宅できる子・できない子，それぞれにいろいろある。家族との調整など施設からの要望も増えるし，この時期に訪問すべきケースも多い。新規ケースだって，少ない福祉司の間を"普通に"まわってくる。里親のフォローだってしたい……，自分自身だって夏休みは欲しい。「児童相談所の夏休みって，こういう状態なんだな」……悟るしかなかった。（中略）児童相談所のキャンプだけが夏のイベントという子が，厳然としている。その後，夏休み中に一時保護された行事参加児もいたが，キャンプに参加したことが，その子にとって（ひいては自宅で一晩ほっとできた保護者にとっても）よい時間であっただろうと思えた。物質的に恵まれたこの時代の子どもたちであるはずなのに，「生き生きとすごせる時間がいかに少ないか，通常の学校や家庭生活の中では，決して主役になることのない子がいかに多いか」……思い知らされた。また，1泊2日，子どもたちの対応をしただけで，言うことを聞かない子にイラついたり，大声で注意したりしている自分にハッと気づき，自分自身のキャパシティのなさを思い知らされる機会でもあった。そして（広い意味での）被虐待児が，いかに相手の怒りを誘うよ

うなことをするのか，（虐待者が親であっても）親も怒らずにはいられない心境に至るものだと，体験的に理解できた。そして，そんな子どもたちの集団を相手している児童福祉施設や一時保護所で働く職員の方々にとって，いかに毎日が自分の（怒りの？）限界との戦いであろうかと，あらためて頭が下がる思いになった。（後略）

[高島，2004]

V 児童福祉司にとってのアセスメント

　私の本書における役割は，ソーシャルワーカー（児童福祉司）にとっての「アセスメント」について描き出すことであった。でもそれは，児童福祉司は社会的アセスメントとして何をどんなふうにアセスメントするかというようなものではなく，アセスメントすることは児童福祉司にとってどういうことなのかをアセスメントすることであった。したがって，そのために児童福祉司の「人」としての思いを中心にして，ここまで紙数を多く割いてきた。

　あらためて，児童福祉司とは何であろうか。まず，自分の立ち位置が他の専門職ほど明確ではないということがあげられようか。したがって，自分でその立ち位置を決めなければならない。対象者に対する援助職であることは明確なので，対象者にできるだけ寄り添い問題の解決を志そうとする。そこで，立ち位置が明確でない分，ともすると明確さを求める気持ちが後押しして，対象者や関係機関に対して要求や批判を向けたくなるかもしれない。しかし，そのように要求や批判をしても物事はなかなか好転せず悪化さえすることを知っている。したがって，対象者とともにそこにある状況を知り，わかり，共有しようとしながら，手探りで少しでも状況を好転させる何かをたぐり寄せようとする。そしてそこに，対象者とかかわりのある人たち，児童相談所内外の関係者をうまく巻き込んでいくことも含まれてくる。

　立ち位置が明確でないと書いたが，正確にいえば，児童福祉司は自分の専門家としての立ち位置が明確でないことを明確に知っている。そして，そのことがかえって対象者との関係を結ぶのに好都合でもあり，その関係性を対象者が何らかの変化のバネの材料にしてくれないかと願いながら，児童福祉司はそこにいるのではないだろうか。実感としては福祉労働者としての充実は確保されているだろうし，客観的にはその方法論（武器）は明確な専門性として映る。

　したがって，その児童福祉司が行うアセスメントは必然的に次のようなものになるのではないだろうか。客観的事実についての調査や評価については科学的知識を基準に行われるものの，その他のさまざまな人間が作り出す状況については，対象者と同じ生活者としての自分の置かれた状況を照合枠にしながら，対象者を

状況（大きな社会的状況から小さな家庭的状況まで）と切り離さずに、また自分との関係性のなかで読み取っていくようなものである。しかし、それは恣意的なものだと感知されやすい部分があるかもしれない。それについては、先ほど述べたチームのなかでの推論や相対化作業、その仮説にもとづいた対応による確認や修正がなされることによって、次へのアプローチのための有益な根拠となっていくのである。

　また、常に対象者に関する情報の内容や対象者にかかる事態は動いている。そしてその動きに応じて、あるいはさらに必要な情報をこちらから得ていくことによって、次に何が必要かを即座に判断して行動に移し、またその結果をみて次を読んでいくような状況随伴性や即座性も、対象者に対する最前線にいる児童福祉司にとっては必要不可欠である。

　児童福祉司を統括する係長の岡聰志氏は、児童虐待通報を受けてからの調査、アセスメント、対応の一連の動きについて、次のように述べている。

　　（前略）私たちが受ける通報で一番多いのは、「泣き声・怒鳴り声」の通報です。「尋常でない泣き声が続いている」「大声で聞くに堪えない内容の怒鳴り声が聞こえる」、そして「そのあと叩かれているような音が聞こえる」など。通報のなかにある、「ときどき聞こえる」とか「日常的に聞こえる」などの頻度の情報をひとつの目安として、事態の緊急性や出動の必要性、そして調査の方法を決めます。通報が入る日（平日か休日か）や時間によって対応は違いますが、入ってきた情報が個人を特定できるものであれば、通常、次のような周辺情報収集から調査に着手します。推測される子どもの年齢によって、乳幼児健診の受診状況やその内容を区役所に問い合わせたり、学籍や保育園利用の有無を調べ、学校や保育園に直接問い合わせたりします。また地域の民生・児童委員や主任児童委員にも同様の情報や「噂」が入っていないかを尋ねたりして、子どもや家族の状況を把握します。ここまでの調査は、もたらされた「通報」の質を確かめる作業でもあります。虐待通報は、積極的な情報提供を促進するため、匿名の通報についても対応することにしています。そのため「通報の質」を見極める必要があります。また「泣き声」は、それを聞いた人の性別や年齢、子育て経験の有無によってもずいぶん受け取り方が違ってきます。地域や住宅環境によっても違います。（中略）さて、そのような調査の間に（時間的には同時進行だったり前後したりしますが）自宅や周辺の現場確認を行ないます。そのうえで、直接訪問するか別の方法での調査を続けるかを判断します。直接訪問することを、私たちは「ピンポン」とか「トントン」といっています。ピンポンして、児相が登場すること自体、訪問を受けた方からすれば大変「ショッキング」な出来事です。よそ様を突然訪れ、非常に

不愉快な内容を告げる場合が多いわけですから，予備情報をふまえて，十分に準備して行なうことが大切なことは重々わかっています。しかし，まったくの予備情報抜きに訪問せざるをえない事態もあります。「いま子どもがすごい声で泣いています」との現在進行形での通報です。受話器をかざして「ほら，聞こえるでしょ」と言われることもあります。「たしかに聞こえる！」。これはすぐ動くしかありません。（後略）

[岡，2007]

VI おわりに

　この児童福祉司にとってのアセスメントが示唆する重要な事柄のひとつに，児童福祉司としての情報収集，それにもとづいた判断と行動の「主体性」があげられる。自らのアンテナを研ぎ澄まし，そこに届いた電波を感知し，その感知した自分の感性を信じながらアプローチしてゆく側面である。心理職の場合，心理検査を用いる。世にある諸検査のなかでも心理検査にはその特性があり，検査の結果が自動的に対象者を見立ててくれるわけではない。したがって，心理検査という道具に使われるのではなく，主体者である検査者が道具を通して自ら判断していく必要がある。そのことも含め，それぞれの職種のさらなる主体性のもとに児童相談所のチームアプローチが展開されるならば，児童福祉司（ソーシャルワーカー）を中心とした組織としてのソーシャルワークは，対象者に対する援助機能をさらに高めることになるだろう。

〈文　献〉

浅野貴博：ソーシャルワーカーのアイデンティティ形成に向けた継続教育・訓練のあり方："わかる"から"できる"そして"変わる"へ．国際社会福祉情報，31；41-54，2008．

堀越由紀子：資格取得後ないし現任者になってからの継続研修：その意義と今日的動向．社会福祉研究，77；36-43，2000．

川崎二三彦・鈴木崇之（インタビュアー・構成）：日本の児童相談をたどる：第2回：加藤俊二さん：元愛知県津島児童相談所長（現日本福祉大学教授）．そだちと臨床，5；28-35，2008．

高島裕子：夏の行事によせて考えたこと．そだちと援助（自主発行），8；4-6，2004．

岡聰志：告発ではなく，支援のため．そう伝えたいと思いつつ，現実は対立のなかへ．そだちと臨床，2；16-19，2007．

第3部 立場の違いからみたアセスメント────第5章
医療的拘束とアセスメント
◇医師

本田　徹

I　はじめに

　「人が人をアセスメントすることは，可能だろうか」．この問いは封印されてきた。私たちはしかしパンドラの箱が開け放たれて，もしもこの問いが現れたなら，恐らく「知ること」を求めて，「認識論」という深い森の中をさ迷わねばならないだろう。
　私たちに「真」に対する「信」が失なわれて久しい。
　あるいは，「なぜあなたは私をアセスメントするのか，それは私にどんな利得をもたらすのか」と，直截に問われたなら，私たちの言い訳めいた言葉は，彼の面前で空を切るにちがいない。
　幸か不幸か臨床という場は，そのような逡巡を待ってはくれない。私たちはやむなく，これらの問いを一旦棚上げして，「アセスメント」という実に実際的な作業に取りかかることを余儀なくされる。その時私たちの意識は，「誰が」「誰を」「誰のために」「どのようにして」といった問題が，跋扈し跳梁する世界へと変貌してゆく。残念ながら臨床というのは，このようないわば「意識の跳躍」を不可避なものとして成り立っている。しかしその底には大きな欠落があることを，上に述べた愚直な問いが，もしいささかでも喚起することができるなら，この問いは無駄ではないだろう。
　アセスメントとは，他者に対する観点の可能性を広げるための一方便であって，決してその正しさを保証するものではない。
　アセスメント・判断には限界がある．しかし私たちは何らかの決断，ある結論を下さねばならない．これが現実の始まりである。こうした事情はすべての状況に当てはまる。しかし精神科医療，ことに「拘束」という事態を考える時，その限界は際立ってくる。医療的拘束は，行動，身体，生活，服薬，そして強制を受け入れることへの強制など，ある意味で徹底的である。これほどの拘束が可能な状況は，司法と精神科医療をおいてない。しかもその拘束と非拘束とを分ける臨

第5章　医療的拘束とアセスメント　●医師

界点は，時代，社会，制度，医療，そしてそれに関わる人々の間で目まぐるしく変化する。この事実は驚くべきことである。個人の実存の様相が，普遍性を持たない基準によって決定されるのである。したがってその「拘束」の根拠，それを支えるアセスメントが常に検証の対象となることは，臨床の場においてやむを得ないことである。しかも一般論ではなく，個人レベルにおいて，そのことは要求され続ける。アセスメントはその主体的な場所が何処にあるのかが問われてこそ現実的である。そこで，ここではあくまで私の個人的な経験を通して，拘束とそれに関わるアセスメント・判断がどのような状況に置かれているかを考えてみたい。

なお以下の文章で，私はアセスメント（査定）を，診断，エバリュエーション（評価）等を包摂する，「判断」とほぼ同義に使用している。また取り上げた具体例は，私が構成したものであって事実そのものではないことをお断りしておく。

II　拘束以前

まずこんな事例である。

> ある青年が，パトカーのフロント・ガラスを破壊したため，数人の警察官に取り囲まれながら精神科救急にやって来た。彼の名前，年齢は分からない。無言で診察室を動き回り，彼は誰の質問や呼びかけにも反応しない。仕方なく見守りながら時を過ごすことにするが，時折窓ガラスを割ろうとする。そのつど制止するが，制止するその人の姿が目に入っていない。そしてまた時間が経過する。徐々にだが，2,3の会話が可能になる。何かを恐れているらしい。私は周囲の人たちの圧迫を感じるが，なかなか入院治療に踏み切れない。何かが違うと感じている。そしてまた時間が過ぎる。そしてかなり落ち着きを取り戻した彼との会話から，彼の状態が薬物による一過性の意識障害であったことが分かる。私はその時点で，彼の処遇を警察官たちに委ねた。

無論こうした状況は，精神科救急の現場では珍しくないが，後で振り返ってみると，この時の私のアセスメントには，幾つかのポイントがある。

第一に，アセスメントが徹頭徹尾，社会的な行為であるということである。私たちは，その時の社会的要請と状況に縛られる。端的に言えば，私は入院を期待する警察官たちの「暗黙の圧力」を感じていた。それゆえその圧力が私の判断を狂わさないように，かなりの意識的な努力を必要とした。

第二は，医療的な拘束を私自身がどう考えていたかということである。その意味づけの微妙な差異がアセスメントに影を落とす。私には強制的入院に対しての

強い抵抗感がある。それゆえ私のアセスメントが，彼の粗暴な行為に対しては過少に，そして診察中現れた冷静さに対しては過大な評価を与えたことは否めない。たぶんまったく逆の判断も成り立つ。より確実な診断や安全な対処を優先させるなら，入院治療を優先することが妥当であったかもしれない。どちらが正しいとも言えないのだ。

　第三は，与えられた「時間」と「空間」の問題である。私は決断を意図的に引き延ばした。結局4時間を超える診察をした。幸いこの程度の時間で強制入院に至らないですむ糸口を掴めたが，それはまったくの偶然である。仮に新たな救急患者が来院するなり，警察官や待機する病棟スタッフからのより早い決断を迫る圧力がもう少し強かったなら，私の判断はまた違ったものになっていた。

　そして私が診察していた場所は，広いスペースを持っていた。もしそこがより狭い場所なら，この動き回る青年の私への圧迫感は，さらに強いものとなっている。そして私の判断も，より余裕のないものになっていただろう。

　第四の問題は，私たちは皆，「社会的立場」を纏って人と出会う，ということである。人はまず人の社会性に，そして年齢と性別に反応する。その時点では，相手の個性といったクオリア（質感）は後景に退いている。これはいわゆる「ルビンの壺」，あるいは「ネッカーの六面体」で示される認知のゲシュタルトの問題である。普通，面接中にこのゲシュタルトは反転を繰り返す。しかし彼は診察当初，この私の社会的立場にも，私の個人的質にも反応していない。これが「何かが違う」と私に感じさせたものである。まして警察官に取り囲まれ，入院の決定権を持つ医師という「権力」の前で，それに反応しないでいることはきわめて困難である。視線や身振り態度が，それを隠しおおせるものではない。よく誤解されるが，統合失調症者は病的恐怖の中でも，人が纏うあらゆる外装に実に敏感である。彼らは人に対する強い圧迫感のもとで生きているからだ。

　そして第五は，人は余裕がなくなればなくなるほど，その判断は二分法に近づくという事実である。入院か非入院か，精神障害か否かなど，視野は狭窄して，ほとんど他の可能性を探る想像力は排除されてゆく。私はただ時間的な引き延ばしによって，自分の意識の狭窄に抵抗しえただけだった。

　以上の問題は，強制的な入院に特別限った問題ではない。ただその判断が拘束という結果をもたらす状況では，アセスメントする側の欠陥が，格別先鋭化しやすいと感じる。

　ところでシステム論に限らず理論と呼ばれる体系の要諦は，その論を構成する要素の同定と，同定された要素間の関係のさせ方にある。あえてシステム論の特徴を挙げれば，その要素を関係それ自体に置き，他を可能な限り捨象することに

ある。そのため要素の同定があらゆる領域に拡張し得る自由さと、その要素同士の関係させ方（つまり関係と関係との関係）に、多様性を担保し得ることにある。このことは、ある現実、ある現象に対する包括的視野を可能にする。包括性とは「すべて」ということではない。包括性とはあらゆる領域に「開かれている」ということである。その意味で私たちは以上の五つの問題点に、さらに何かを加えることは可能であろうし、その要素間の関係性について検討を加えることも可能だが、それはまた他所の議論であろう。

III 誰が

拘束をめぐって、誰がアセスメントするのか。その答えは現在では精神保健指定医という国家資格を与えられた医師である。たしかに法的レベルからすれば、これで答えは足りる。しかし個人とは、多様な「諸関係の総和」である。一片の条文で、個人の多様性はとても網羅できない。

私の次のような体験。

> 透析を受け続けていたある青年が、自殺行為とも言える頻回の家出のため、精神科を紹介された。家族と内科医による入院への強い打診である。彼自身は受診も治療も望んではいなかった。私は彼を診察し、その病気の深刻さや生活に対する悲観的な考え、自殺念慮に強い印象を受けた。そこで躊躇する彼を説得し、医療保護入院（家族の同意にもとづく強制入院）とした。しかし以前彼と接したことのある、先輩医師の判断は違っていた。彼の死にたいという気持ちはよく了解できるもので、うつ病の兆候はない。なぜならその語り口は落ち着いて、その内容も正確なものである。彼の家出は家族に向けたアピールの性格が強い。問題は医療ではなく、家族が彼に対してどう対応するのかにある。薬物療法もあまり有効ではないだろう。彼の落ち込んでいる原因は、透析という問題もあるが、彼女との関係が大きく関わっている（私はこの事実を把握していない）。入院治療は避けるべきだ、というものであった。

二人の医師の間で、これほどの判断・アセスメントの違いが起こる。たしかにそこには経験の差が与ってはいるが、今そのことにはあまり意味がない。私たちが食い違ったのは、次のような点であった。

1. 症状・精神病理についての診断について。
2. 語り方、表現力など、症状以外の、いわゆる健康な部分の評価。
3. 問題となった行動の意味づけについて。

4．入院がもたらす家族関係の変容と家族の対処能力について。
5．「入院」が強いる，社会的スティグマの問題。
6．入院治療の有効性に対する見通し。
7．入院しない場合の「自殺リスク」について。

　入院の是非をめぐり意見の相違は多岐にわたった。そしてそれぞれにおいて差異が生まれている。この差異は日頃の臨床では通常看過される。しかし拘束が妥当か否か，「二者択一」的な結論を迫られる時，そのアセスメントに要求される完璧さとそれに応えるべき力の不全さが拡大される。私たちはこの落差に直面させられると，それを埋めるためのシステムを発動させる。私の経験では，発動されるその決断，アセスメント・システムのパターンは，およそ次の4通りである。
　第一は，入院治療の是非を決定するアセスメント・ツールを特定し，そのツールの結果に従うという方法である。この場合，「誰が」の答えは，その「アセスメント・ツール」である。病理性を洗い出すチェックリストの点数が，保険の適応に関わるというある国の保険制度は，その極端な例であろう。
　第二は，職業的ヒエラルキーが，そのまま判断においても優先される場合である。この場合の「誰が」は，主治医という職業的「立場」である。病棟スタッフが，彼の判断に振り回されるという状態が引き起こされる。
　第三は，主治医が個人的に，何度もアセスメントをし直すことである。この場合の「誰が」は，主治医の「能力と努力」である。これは判断効率が悪い。他のスタッフは，しばしば中途半端な立場に置かれ動きが取れなくなる。
　そして第四は，アセスメントのそれぞれの項目について多職種のアセスメントを導入し，判断の統合をはかるというものである。この場合，「誰が」は，多職種という「集団」あるいは一定のシステムということになる。これは，一見理想的だが，民主主義の強みも弱点も，同時に併せ持つことになる。
　ここに挙げた四つのパターンは，もちろん理念型である。理念型であるがゆえに，現実がこれらの枠を逃れることは難しい。しかも，これらのどれがよいのかは単純には決められない。なぜならその時の要請と対応能力との相関，つまり危機度に応じて，私たちはパターンを使い分けなければならない。
　さらに議論は拡張することができる。「誰が」を左右する他の要素とは何か。それはその時代が持つ全般的な精神医療に要求される社会の要請であり，精神医療の持つ水準である。拘束下のアセスメントで，その時代に浸透されていない例を私は知らない。いずれにしろ，「誰が」という問いには，以上のような内容が潜在している。

Ⅳ　誰を

　拘束状況に関連して,「誰を」の問いの答えは,精神保健福祉法の第29条（措置入院）,38条（同意入院）に規定されている,「精神障害者」である。しかし「誰を」は,常に「何を」を伴う。その「何を」の答えは,法令によれば「自傷他害の恐れ」である。そして私たちが臨床的に途方に暮れるのは,この「何を」の部分である。「恐れ」という主観とも客観ともつかない規定で,明瞭な分割線が引けるわけではない。太平洋上に日付変更線が引かれているわけではなく,また強風で落ちるリンゴはさらに予測しがたい。しかもその切り取り方は,微細に見れば状況依存的である。それは「誰が」と「誰を」あるいは「何を」が,常に相補的,あるいは弁証的とでもいえる相互規定性を持って関係しあっていることにも由来する。

　　学生時代から対人関係に悩み,就職後も不眠,体調の悪さに苦しんでいた女性は,「適応障害」あるいは「抑うつ状態」という診断を近医で受けていた。病状は改善せず,彼女は帰郷し母親と生活することになった。そしてしばらくして結婚。しかし再び抑うつ的となって大量服薬し,閉鎖病棟に入院となった。退院要求が激しく保護室に隔離された。しかしその後,隔離をめぐり医療スタッフたちに対して,強い不満,抗議が続く。家族は退院を強く拒んだため,さらに彼女の攻撃性と自傷行為は激しくなる。診断が「境界性パーソナリティ障害」に変わる。スタッフは混乱し入院治療の是非が問題にされた。主治医は,強引に退院に踏み切る。その後状態は落ち着き,数カ月して離婚。母親の近くで単身生活をすることになる。そして就職し安定した生活を続けた。

　簡単には描ききれない数年間に女性に起こった変化を記すというのが,この素描の意図である。その中で,閉塞した病棟内に置かれた姿は格別印象的で,まさに「境界性パーソナリティ障害」の診断名に相応しい姿であった。
　拘束がもたらす閉塞的な空間というのは,絶え間なく強い刺激を浴びる世界である。そこに暮らす人々の接触は非日常的な強度を持つ。プライバシーは,ほぼ剥奪されている。たとえ個室を利用し得たとしても,「観察」という名の侵入を遮断することはできない。強い刺激と閉塞性,これらは人を,ほぼ境界例的にするかもしれない。人は環境と状況に応じて自分を変える能力を持つ。その環境と状況をどのようにアセスメントに組み入れるのか。「誰を」そして「何を」という問いに,環境や状況を前提にしないアセスメントは無効であろう。それらを持たない個人など生きてはいない。しかし立場上優位にある者は,恐ろしくこのこ

とに鈍感になり得る。評価する者の圧倒的有利さ，これが評価者の意識から抜け落ちる。別の言い方をすれば，私たちはアセスメントの対象である「誰を」の，ほんの一部分を切り取るにすぎない。病棟外の現実，その経済的な問題も，辿ってきた経験も，直近にあった失望や挫折も，家族の中でのありさまも，実は健康に生活していた姿も知らない。知っていたとしてもそれもまた彼らの一部にすぎない。そしておそらくその当人ですら，「知っている」とは言えない。私たちはたしかに互いに「無知」を晒しながら出会い，またそのようにしか生きることができない。しかし拘束的状況においては，そうした了解は許されていない。私たちは否応なく「拘束する者」と「拘束される者」との関係を強いられる。そこではこの強いられた関係から逃れるためには，この事実は一旦棚上げされるしかない。しかしその棚上げは，多くの場合「拘束されている人々」の諦め，不関，そして寛容が与えられてはじめて成りたつ。この諦めと不関，寛容が，彼らの意識全般に，どれ程影響をおよぼしているのか，まだ誰も知りえていないだろう。

Ⅴ　誰のために

　ここで語ろうとすることは多くない。「誰のために」という問いが，優れた答えを引き出した例を，私は余り経験しない。この問いと答えのセットは，しばしば胡散臭い。この胡散臭さは公的な発言内容と私的な現実の乖離の大きさに比例する。理想と現実が一致することは，まずあり得ないから，この胡散臭さから逃れる方法は，そのことを語らないことである。

　しかし何ゆえ拘束するのか，それは語らねばならない。説明責任，それがある。「自傷・他害の恐れのアセスメント」といっても，退院すれば今ある問題はすべてなくなると主張する人に，その説明は意味をなさない。言葉が成立する枠組みが違ってしまっているのだ。そこで「誰のため」というのは，一方的な宣言となる。奇妙なことである。彼らのためを思っての行為が，彼らへ不同意の強制となっている。この奇妙さは，拘束的な状況がダブル・バインドを頻繁に作り出すことからきている。そしてこの関係は，閉塞した関係，たとえば親子の間や教師と生徒の間でも，よく見かける光景である。かつてこうした関係が孕む矛盾は，反精神医学の論者たちから，拘束を強いる病院というシステム，社会という権力構造の問題として取り上げられてきた。しかし私は，この臨床的な問題をそこまで拡張するためには，論理的な段階が幾重にも必要であると考えている。

　しかし奇妙さは，奇妙さである。何らかの手立てが必要である。私はこの関係の奇妙さを多少でも軽減させうる手立ては，アセスメントする者とアセスメントされる者との，関係の質を変える作業以外にはないと考えている。つまり「拘束

する者」と「拘束される者」との関係を前提にした上で，それ以外の少しでも肯定的な意味を生み出せる関係を模索する以外にない。棚上げすることと前提にすること，ここには紙一重の大きな差がある。しかしこれはありきたりの結論である。しかしこのありきたりの結論が，いまあまりにも無視されているように感じる。「アセスメント」－「治療手段」，この2項が短絡されて「関係性」という媒介項が抜け落ちてゆくのである。

　私は今もアセスメントが，どのようにその人のためになるのか，うまく答えられない。というより簡単に答えられてしまうことへの畏れがある。アセスメントはそこにある関係性に依拠しているが，その関係性自体をアセスメントすることがまた，さほど簡単ではないからである。

VI　どのようにして

　アセスメントとは，まず問うことである。その問い方にはいろいろあって，それぞれに応じたさまざまなツールがある。質問紙，チェックリスト，心理検査，面接，それにも構造面接から半構造面接などがある。今，精神医学を席巻しているDSMすら，ほとんど多軸診断システムという名のチェックリストである。

　私は「誰が」の節で，理想と現実のギャップが大きく埋めがたい時，その答えの一つが，「アセスメント・ツール」となる場合を指摘した。その文脈からすれば，現在のツールの隆盛は，何らかの危機の反映であるかもしれない。

　問うという行為は，関係を持つということである。関係は当然その質を持つ。拘束的な状況では，その関係はまず相互に強いられた関係である。強いられる相互の関係は通常，至適距離よりもより近位に，あるいは逆に極端に遠位に置かれやすい。つまりその関係の幅は増減し安定性を欠く。判断は肯定的か否定的か，二律背反的な感情に汚染される。こうした感情のあり方は，当然アセスメントそのものにも，それにもとづく対処の選択にも影響を与える。

　そこでこうした感情の不必要な振幅を防ぐ手立てが必要となる。多くの場合，このような状況で人が取りうる戦略は，「質」を「量」の問題に置き換えるという方法である。つまり複数者によるアセスメントというシステムが導入される。そして私たちは，「誰が」アセスメントするのかの第四のパターンに辿り着いてゆく。おそらく人的にも時間的にももっとも余裕ある時に導き出される判断主体，アセスメントの不備を補うための複数者によるシステムが構成されてゆく。

　ところでこの方法はきわめて，チーム医療が掲げる理念に酷似している。そこでは医師，看護師，作業療法士，精神保健福祉士など，多職種によってアセスメントがなされ，文字通りポリフォニックなアセスメント状況が現出する。しかし

この一見理想的なアセスメント・システムにも陥穽がないわけではない。特に拘束下の状況では，入院者も治療者側も，閉塞的で余裕がない環境下におかれている。「閉塞的」とは，「悪循環」とほぼ同義である。閉塞的，そしてそこに必ず付随する悪循環は次のような状況となって現実化する。

1）各医療スタッフの視野の狭窄化が強まり，感情的な判断がその場を支配し始める。感情的な判断は他者と対立し，より閉塞性を促進して，さらに視野を狭窄させる悪循環。
2）危機的状況を乗り越えるために，スタッフ間のピラミッド構造が硬直化し，より上部に立つ者が他の発言を排除し，閉塞化を強める悪循環。
3）各人が消耗し，個々ばらばらとなる。すると相互の意見，力を無化する様な力が働き，さらに解体と離散が進む悪循環。

これらの現象は，つとにシステム論的家族療法が指摘してきた事態と本質的に変わりはない。なぜなら，医療的拘束がもたらす閉鎖状況は，家族という「対幻想」を引力とする場のシステム，閉塞性とほぼシンメトリカルな関係を持つからである。集団と家族の差異は，この「対幻想」の有無の差，つまり引力の場か，磁力の場かの差異に類似するだろう。そして現実とはこれらの引力と斥力が錯綜する場である。

問う場所は，一時的にでもこれらの場，悪循環から逃れている場所が理想である。なぜならその抜け出ようとする意識性が治療的な関わりに結びつくと思われるからである。家族療法が用いるマジック・ミラーの使用は，そのような閉塞性・悪循環からの脱出の試みであったろう。地球をめぐる月が，太陽系という惑星のシステムから抜け出られないとしても，地球というシステムから一時的に抜け出た月の視点には意味がある。嵌り込んだ世界からの脱出は，常に模索し続けねばならないからだ。

おそらくシステム理論は，あらゆる関係の閉塞性つまり悪循環にたいしてもっとも感度が高い。悪循環を断つ方法は，システム理論から一意に導き出せないが，多くの療法が持つ「技法」の本質が，認知のあり方にせよ，意識と無意識の関係にせよ，理性の論理性にせよ，身体感覚とそれに対する意識の構えにせよ，硬直した価値感にせよ，そこに形成されている「悪循環」から抜け出すことである以上，私たちはその閉塞性と悪循環について鋭敏になる視点を利用することは，意義のあることである。「どのようにして」にも，やはりそれなりの陥穽が存在する。知っていても犯す間違いはあるが，知っていなければ見分けられない間違いもある。後者を減らすこと，このことが唯一，アセスメントを開かれた場に持ち出す

ことができる方途である。

VII まとめ

　私の議論は一巡した。「誰が」「誰を」「誰のために」「どのようにして」という項目を追いながら，それらが全体として一つの環をなすことを示した。これらは概念上，個々に区別された項目だが，その内実はほぼ連環し相対的な独立性しか持ち得ない。それゆえここにもまた，私が繰り返して述べた，閉塞性と悪循環の可能性が待ち受けている。関係が密であればあるほど，その世界は閉塞し，悪循環へと傾きやすい。

　私には常に，人はなぜこのように容易に，悪循環と閉塞性に陥ってしまうのかという驚きがある。そしてその場所は一度陥ってしまうと，抜け出すことが容易ではない。ことに拘束的な状況において，それがとても著しい。

　システム論ですら，「閉塞性」と「悪循環」という地雷を抱えている。それは閉塞状況においては，アセスメントそれ自体が，意識されないまま拘束され，閉塞させられてゆく事情とよく似た現象である。

　私はここで，アセスメントの危機の如きものに触れている。しかし述べたかったことは，医療的拘束におけるアセスメントの限界と，そのアセスメントすらが，拘束されてしまう可能性についてである。アセスメントは常に開かれ，包括的であるべきである。そのためには，自分のアセスメントのあり方を，相対的な観点から見直す契機を掴むしかないであろう。

　そしてまた今，世界は地平線を失ってゆく。「グローバル化」という地球規模での価値観と観点の封じ込めが進行している。これは正しく閉塞性と悪循環の状況である。そこから少しでも自分の自由を確保すること，このことがきわめて臨床的であり，臨床と呼べる価値を持つものと，私は考えている。

〈文　献〉

Anderson, H. : Conversation, Language, and Possibilities : A postmodern approach to therapy. Basic Books, New York, 1997.（野村直樹，青木義子，吉川悟監訳：会話・言語・そして可能性：コラボレイティブとは？　セラピーとは？　金剛出版，2001.）

APA : Diagnostic and Statistical Manual of Mental Disorder, Fourth Edition, Text Revision. American Psychiatric Association, 2000.

Bateson, G. : Steps to An Ecology of Mind. Harper & Row, New York, 1972.（佐伯泰樹，佐藤良明，高橋和久訳：精神の生態学：上・下．思索社，1986, 1987.）

Fish, R., et al. : The Tactics of Change : Doing therapy briefly. Jossey-Boss, San Francisco, 1983.（鈴木浩二，鈴木和子監訳：変化の技法，金剛出版，1986）

Foucault, M.：Surveiller et Punir：Naissance de la prison. Editions Gallimard, 1975.（田村俶訳：監獄の誕生：監視と処罰，新潮社，1977）

Gergen, K.J.：Toward Transformation in Social Knowledge, 2nd Edition. Sage Publication, London, 1994.（杉万俊夫，矢守克也，渥美公秀監訳：もう一つの社会心理学：社会行動学の転換に向けて．ナカニシヤ出版，1998）

Kuhn, T.S.：The Structure of Scientific Revolutions. The University of Chicago Press, Chicago, 1962.（中村茂訳：科学革命の構造，みすず書房，1971）

Lain R. D.：The Politics of Experience and The Bird of Paradise. Penguin Books, Middlesex, 1968.（笠原嘉，塚本嘉寿訳：経験の政治学，みすず書房，1973）

Lidz, T., Fleck, S., Cornelison, A.R.：Schizophrenia and the Family. International Universities Press, New York, 1965.（高臣武史，鈴木浩二，佐竹洋人監訳：精神分裂病と家族，誠信書房，1971）

Merleau-Ponty, M.：La Phenomenologie de la Perception. Gallimard, Paris, 1945.（竹内芳郎，小木貞孝訳：知覚の現象学 1，2．みすず書房，1967）

Minuchin, S. et al.：Psychosomatic Families：Anorexia nervosa in context. Harvard University Press, Cambridge, 1978.（福田俊一監訳：思春期やせ症の家族，星和書店，1987）

中井久夫：精神分裂病者への精神療法的接近．中井久夫著作集 2 巻：治療．岩崎学術出版社，1985．

中井久夫：保安処分をめぐる感想．中井久夫著作集 3 巻：社会・文化，岩崎学術出版社，1985．

中井久夫：精神病院入院患者に対する心理療法について．家族の深淵．みすず書房，1995．

日本家族研究・家族療法学会編：臨床家のための家族療法リソースブック：総説と文献 105．金剛出版，2003．

野中猛：分裂病からの回復支援．岩崎学術出版社，2000．

大森荘蔵：言語・知覚・世界．東京大学出版会，1971．

Palazzoli, M.S., Boscolo, L. et al.：Paradox and Counterparadox. Jason Aronson, New York, 1978.（鈴木浩二監訳：逆説と対抗逆説．星和書店，1989）

精神保健福祉研究会監修：精神保健改定精神保健福祉法詳解．中央法規，2000．

Watzlawick, P. et al.：Pragmatics of Human Communication：A study of international patterns, pathologies, and paradox. W.W.Norton, New York, 1967.（山本和郎監訳：人間コミュニケーションの語用論：相互作用パターン，病理とパラドックスの研究．二瓶社，1998）

Weinberg, G.M.：An Introduction to General Systems Thinking. John Wiley & Sons, New York, 1975.（松田武彦監訳，増田伸爾訳：一般システム思考入門．紀伊國屋書店，1979）

White, M., Epston, D.：Narrative Means to Therapeutic Ends. Norton, New York, 1990.（小森康永訳：物語としての家族．金剛出版，1992）

吉本隆明：吉本隆明全著作集 11，思想論Ⅱ，共同幻想論．勁草書房，1972．

遊佐安一郎：家族療法入門：システムズ・アプローチの理論と実際．星和書店，1984．

Zeig, J.K.：The Evolution of Psychotherapy. Taylor & Francis, London, New York, 1987.（成瀬悟策監訳：21 世紀の心理療法Ⅰ・Ⅱ．誠信書房，1989, 1990）

第3部 立場の違いからみたアセスメント────第**6**章

看護職による家族アセスメントの実際と直面するジレンマ

◇看護師

渡辺裕子

I はじめに

　わが国では，少子高齢社会の到来に加え，医療技術の進歩による救命率の向上により，要介護者は増加の一途を辿っている。しかしその反面，家族の介護力が深刻な限界を抱えていることは，周知のことであろう。さらに，わが国では，医療費の抑制をねらいとした明確な在宅誘導政策が敷かれており，入院患者の平均在院日数も短縮化されている。施設内で働く看護職には，入院の初期，あるいは入院前から，一貫した家族支援が強く求められており，また，在宅ケアに携わる看護職にも，要介護者を迎え入れることによって生じるさまざまな影響に対し，家族がうまく対処していけるよう支える役割が強く求められている。

　こうした社会的ニーズを受けて，看護職による家族支援の必要性は急速に高まっているが，その根底を成すのは何といっても適切な家族アセスメントである。本章では，看護職による家族アセスメントの特徴と直面するジレンマについて考えてみたいと思う。

　なお看護職といっても，看護師，保健師，助産師など職種も多様で，働く場も，地域や医療施設，福祉施設など多岐にわたり，さらには専門看護師や認定看護師として活躍する看護職も増えている。教育背景や家族支援に求められる役割も異なっており，一口に論じることは困難であるが，ここでは，医療施設内で働く大多数の看護師や訪問看護師がごく日常的に行っている家族アセスメントについて述べることにする。

II 看護職による家族アセスメントの目的，内容と方法

1．目的

　看護職による家族アセスメントを論じるためには，何を目的として家族援助を行うのかを明らかにしておくことが必要であろう。家族看護の目的について，鈴木・渡辺は，家族が発達課題を達成したり，健康的なライフスタイルを獲得した

表1　家族アセスメントの構造（[鈴木・渡辺, 2006] p.84を一部改変）

1）健康問題とそれが家族に及ぼす影響の大きさ
2）家族の対応能力（機能・構造の両面における家族の力）
3）家族の発達段階と課題
4）家族の過去の対処経験
5）家族の対応状況
6）家族の適応状況

り，健康問題に対して主体的に対応し，問題解決，対処・適応していく家族のセルフケア機能に着目し，そのセルフケア機能を高めることがその目的であると述べている[鈴木・渡辺, 2006]。また野嶋らは，家族自らが持てる力を発揮して，健康問題に積極的に取り組み健康的な家庭生活が実現できることを重視している[野嶋ら, 2005]。つまり，看護職は，内部に健康問題を抱えた家族が対象となった場合には，家族が主体的に健康問題に取り組み，自らシステムとしての安定を獲得できるよう働きかける役割を有していると言える。

2．内容：全体的な家族像を掴む

家族が主体的に健康問題に取り組み，自らシステムとしての安定を獲得するよう働きかけるためには，ある特定の家族の機能に特化してそれを明確にするよりも，ひとつの家族に生じている現象全体を，ストーリーとして把握することが必要となる。つまり，看護職が今必要としている家族アセスメントは，部分を詳細に見つめることではなく，全体性に重点を置いた家族像の把握である[渡辺, 2004]。

こうした理解のもとに，看護職は，家族に関するどのような情報を重視し，何を判断しているのかに触れておきたい。表1は，看護職が行う家族アセスメントの構造を示したもであるが，その意図は，以下のようにまとめられる。

1）家族のニーズを明らかにする

現在家族が直面している健康問題が家族に及ぼす影響の大きさと，家族の機能・構造面からみた対応能力のバランスによって，家族がどれほどの援助を必要としているのかを判断し，家族のニーズをアセスメントしている。また，家族の現在の発達段階と発達課題を明らかにすることによって，家族の発達を促すという視点でのニーズを把握している。さらに，家族が現状において健康問題に適応できているのか，どのような不適応状態にあるのかを把握することによって，具体的な援助のニーズを明らかにしている。

2）家族の強みと弱みを明らかにする

家族の機能・構造の両面からみたシステムの力をアセスメントすることによって，カバーすべき家族の弱みと，さらに引き出すべき家族の強みを明らかにしている。さらに，家族がこれまでにどのような困難に直面し，どのように乗り越え

第6章　看護職による家族アセスメントの実際と直面するジレンマ　●看護師

てきたのか，家族の歴史を知ることによって，家族がもつ強みを明らかにしている。

3）援助の方向性を明らかにする

家族が不適応状態にある場合，それは，家族が健康問題にうまく対処することができない現状から派生していると考えられる。したがって看護職は，家族の対処の現状を知り，どのように家族の対処を促すべきかという視点で，援助の方向性をアセスメントしている。

3．方法

それでは看護職は，実際にどのようにこれらの内容を把握し，アセスメントしているのだろうか。昨今の家族看護学の研究の蓄積により，看護領域で家族アセスメントのためのツールが開発され，海外からも紹介されている。Hanson, S.M.H. は，測定ツール開発の課題として，①家族に関する概念モデル・理論が看護領域で確立されておらず，ツールを使った測定作業のみに走る傾向がある。②看護師が開発したツールは，実施に時間がかかり，情報量が膨大になりがち。③アセスメントと介入方法との間が不明確。④家族の強みについては焦点が当てられていないことが多い。⑤家族アセスメントツールの信頼性・妥当性は，まだほとんど実証されていない，などの課題を明らかにしている [Hanson, 2004]。実際にわが国の看護実践現場では，これらのツールをごく日常的に使いこなしている看護職はきわめて少数であろう。大多数の看護職は，自らの五感を研ぎ澄まして測定用具として用いるか，面談の場を設定して情報を収集し，アセスメントしている。

1）自らの五感による家族アセスメント

看護職は，家族と出逢う前から，自らの五感を研ぎ澄まし，情報を収集し，瞬時に判断している。

たとえば，熟練した訪問看護師は，初回の訪問に出向く車のなかから町並みや医療機関，買い物の場所，交通量などを確認し，利用者家族が居住している地域社会のアセスメントを行っている。そして，利用者宅に到着し，庭の手入れが行き届いていないようであれば，介護に手が取られて家族が疲弊しているのかもしれないと仮説を立てる。洗濯物が干してあれば，それはきわめて重要な情報源で，そこから家族構成や職業，家事能力や暮らしに対するこだわり，あるいは経済状態をおおよそ掴み，玄関に入るやいなやその家庭独特の雰囲気を感じとる。玄関に置かれたクツによって再び家族構成や職業が確認でき，玄関に置かれた置物からは，価値観や文化的背景，社会性，経済状態，時にはその家族の歴史も知ることができる。出迎えてくれた家族の表情や身なり，たたずまいは言うに及ばず，

部屋に通され，飾られた写真や賞状，置物から，家族の価値観，歴史，文化的背景を垣間見る。そして，初回の訪問で家の間取りをおおよそ掴み，療養者の寝室と家族が集う居間の距離から，家族のなかでの療養者の位置づけや日頃の両者のコミュニケーションについて仮説を立てる。さらに，洗面所や台所と寝室の距離や階段の有無から，介護者の導線と物理的な介護負担を把握する。さらに室内の温度や湿度，換気の状態を肌で感じつつ，初めて寝室に向かい，療養者と対面することとなる。

また，病棟の看護師も，面会に訪れた家族の表情や何気なくかける患者への声かけから，心身の疲労度を推し量り，患者への差し入れから，日頃の家族の食生活，経済状態を感じ取る。また，家族と患者の会話から，両者の関係性をアセスメントしている。

2）面談による家族アセスメント

その場に足を踏み入れ，五感を研ぎ澄まして情報を掴み取り，判断するだけではなく，看護職は，面談という場を設けて家族のアセスメントを実施している。面談には大きく分けて，初診の際のアナムネーゼを聴取する場と，インフォームド・コンセントの前後の面談や，退院支援のためのカンファレンスの場など，治療の経過に伴って実施する面談との二つに分けて考えることができる。

（1）アナムネーゼの聴取

初診時には，病歴や受診に至った経緯などを詳しく聞き取りアナムネーゼの聴取が行われる。その際には，一般的に家族歴もその内容に含まれており，家族構成や職業，家族内役割，キーパーソンなど，ジェノグラムを描きながら聞き取ることになる。

これらの業務は，「聴取」として行われるが，実際は，聞き取るだけではなく，それらの情報を統合して，看護師は家族の全体像を把握することを念頭に置いている。誰と暮らしているのか，そしてその家族成員の年齢から家族の発達段階と発達課題を把握し，介護以外の家族のニーズを明らかにする。そして，家族成員の職業から，経済的な力，さらに介護に費やすことのできる時間的余裕の有無を推し量る。さらには，それぞれの家族成員の健康状態を尋ね，患者以外に健康上のニーズがないかどうかを明らかにし，慢性疾患患者の場合には，退院後に食事等の自己管理が重要になることから，日頃の家族の日常生活もアセスメントの重要なポイントになる。また，誰が介護を担っていたのか，別居家族を含めて介護を補佐してくる人がいるかどうかを尋ね，直接的な介護力を把握する。さらに，介護以外の家事などの役割分担がうまく行えているのか，必要な社会資源を活用することができていたか，活用の意向の有無なども把握し，今後の家族のニーズ

を明らかにする。そして，家族のなかで患者の治療等の重要事項の決定に深く関わるキーパーソンを尋ね，意思決定への援助に役立てていく。

これらの事柄について，一方的な聴取にならないよう，「よく頑張ってこられましたね」，などと賞賛の言葉を交え，相手が「聴いてもらってよかった，安心した」と感じてもらえるよう，援助の一環としてアナムネ聴取をすることを大切にしている。

(2) 治療の経過に伴った面談

検査や治療が一段落した後では，病状説明と今後の治療について，医療者と患者・家族が共に意見を述べ合い合意を形成していくインフォームド・コンセントの場が持たれる。また，退院に向けた準備を進めるために家族と面談の場をもつこともある。こうした治療の経過に伴った面談においても，看護職は援助としての面談を実施しつつ，家族をアセスメントしている。

インフォームド・コンセントの前の面談では，「ご自分の（患者さんの）病気について，どのようにお感じになっておられますか？」「医師に特に聞いておきたいこと，確認したいことはどんなことでしょうか？」と問いかけ，医師からの病状説明に関するニーズを把握したり，効果的な病状説明が行われるよう，患者・家族のその時点における病状認識を把握しておくことも不可欠となる。また，インフォームド・コンセントが終了した後では，「医師からの説明をどのように受け止めておられますか？」「わかりにくかったところはなかったですか？」と問いかけ，患者・家族の理解の現状と心理的ニーズを把握し，適切なケアに結びつけている。

また，退院準備のための面談では，退院に当たって患者・家族が抱いている不安や心配事を具体的に尋ね，ニーズを明らかにしている。

Ⅲ 看護職による家族アセスメントの強みとジレンマ

1．強み

看護職による家族との関わりは，ベッドサイドの傍らにある患者の家族に突然話しかけられたり，家庭訪問時の玄関先で悩みを打ち明けられるなど，面接などの構造を持たないことが多い。また看護職は，身体的ケアを行う職種であるがゆえに，入浴介助の最中など，患者との心理的な壁が取り払われた時に，相手から家族の過去の重大な秘密を打ち明けられることも少なくない。主治医や他の治療者には言いにくいことも，看護職にならば伝えられるという患者・家族は多いのではないだろうか。このように看護職は，患者・家族と物理的にも，心理的にも距離が近いがゆえに，偽りのない「本音」をキャッチすることができる強みを有

していると言える。

2．ジレンマ

患者・家族の偽りのない「本音」をキャッチすることができる職種であるが，反面，それゆえにジレンマを抱えているとも言える。本章では，ジレンマを，「ある問題について二つの選択肢が存在し，そのどちらを選んでも何らかの不利益があり態度を決めかねる状態」と捉え，以下に，看護職が抱える代表的なジレンマを述べていきたい。

1）システムに関連するジレンマ

家族の誰かが深刻な健康問題を有するという事態に直面し，心理的にも，生活の面でも深刻な危機状態に至る家族は少なくない。家族の嘆きや悩みをキャッチしやすい立場にある看護職として，さらに時間を割いて家族を理解し，援助につなげてきたいという気持ちを抱いていても，昨今の医療現場はますます多忙をきわめ，ゆとりのない状況に陥っている。慢性的なマンパワーの不足も危惧されるなか，じっくり家族と関わる時間が持てないという看護職の悩みは深い。

また，同じ看護職であっても，家族支援の重要性に関する意識にはチーム間で温度差もある。交代制の勤務形態のなかで，さらなる家族アセスメントの必要性を感じた看護職が，他のメンバーに申し送っても，実施されずにタイミングを失ってしまう場合も多い。さらには，家族支援に関して，看護職以外の職種間の役割分担が不明確で，「自分がどこまで関わったらよいのか」と悩んだり，逆に他の職種から，家族に関する情報が得られないために，必要な家族のアセスメントが不十分に終わるという嘆きも多く聞かれている。

家族支援そのものに診療報酬の経済的裏付けがなく，「家族支援は必要である」という認識を誰もが漠然と抱いているものの，どのような問題やニーズについてどの職種がどこまで関わっていくのか，全体をマネジメントしていく役割を誰が果たしていくのか，看護職の役割は何であるのかといった事柄について，組織全体のコンセンサスが得られていないのが多くの現状ではないだろうか。「しっかりと家族の話しに耳を傾け，家族を理解したい」と願いながらも，それを可能にする時間も周囲のサポートも他職種との協働体制も十分とは言えず，現実には一歩踏み出せないジレンマが生じていると感じている。

2）感情的に巻き込まれることによって生じるジレンマ

看護職は，医師，臨床心理士，ケースワーカー等に較べ，患者・家族との接点が多く，触れる，さするなどの身体的接触をもつ機会が多い。このような身体的距離の縮まりは，心理的距離にも反映し，他の職種の前では比較的冷静でいられる患者・家族も，看護職には，どうにもならない怒りや不満など，生の感情がぶ

つけられることも多い。そして，そのぶつけられた感情によって，看護職自身の内面にも，悲しみや怒り，無力感，被害感，徒労感などさまざまな感情が刺激されることになる。

こうした感情の揺れが，患者や家族のアセスメントに大きな影響をもたらすことも多い。長男の妻が拒んでいるからと自宅に退院できない怒りや悲しみを患者から訴えられた看護職は，患者の窮状を救えない自らの無力感を刺激され，それが長男の妻に向けられて「冷たい嫁」という理解に結びつき，中立性を保持できずに歪んだ家族像が形成されていくこともある。さらにそこに，「自分の父親をこの手で介護することができなかった」という体験を持つ看護師の場合には，患者と自分の父親が無意識のうちにも重なり逆転移が形成されて，さらに客観的に家族を理解することが困難になる場合もある。また，その看護職の根底にある，たとえば「家族が介護することがあたりまえ」といった自分自身の家族観と相容れないものを感じた場合には，心理的な防衛が働いて，さらに深く理解しようとする気持ちが持てなくなってしまうこともある。

いずれにしても看護職は，患者・家族の双方との心理的な距離が近いがゆえに，偽らざる患者・家族の心情や，その時々のさまざまな事情を把握しやすい立場にある。しかしそれは同時に，感情的に巻き込まれやすいという危険性も孕んでおり，歪んだアセスメントになってしまうという危うさも抱えている。もっと家族に近づいて深く理解したいという気持ちを持ちつつも，近づくことによって，冷静ではいられなくなるのではないかという不安を抱き，ジレンマを感じている看護職も多いと認識している。

Ⅳ　おわりに

以上，看護職が日常的に行っている家族アセスメントの目的，内容，方法，そして看護職ゆえの強みと抱えるジレンマについて述べてきた。

多くの医療現場では，スタッフの家族支援の重要性に関する意識が十分育っているとは言えず，システムも未成熟である。本章が，多くの職種との協働体制を確立させ，医療現場の家族支援をさらに充実させていく一助になることを心から願っている。

〈文　献〉

Hanson, S.M.H.：家族アセスメント・介入モデルと FS3I（家族システム・ストレス因子と強みの調査票）．家族看護，2 (2)；32-55, 2004.

野嶋佐由美監修，中野綾美編：家族エンパワメントをもたらす看護実践．へるす出版，2005.

鈴木和子, 渡辺裕子：家族看護学理論と実践第3版. 日本看護協会出版会, 2006.
渡辺裕子：家族像の形成：渡辺式家族アセスメントモデルを通して. 家族看護, 2 (2)；32-55, 2004.

第4部

臨床行為とアセスメント

　ここでは，アセスメントの基礎からメタ・アセスメントを行うこと，そして即時的な援助組織を構築することがどのような援助であるかについて，概説することとした。いわば，日常的なミクロのアセスメントからマクロなアセスメント，そしてそれらを総合的に活用した即時的な援助組織による援助実践のあり方を示している。

　読者に理解していただきたいのは，本書で取り上げたメタ・アセスメントが，面前のクライエントに対する援助を目的とした専門的な社会実践であることである。そのためには，専門性におけるミクロな視点のアセスメントが充分に「理解」できている必要がある。面前のクライエントに対して特定の援助者がそのすべてを実践することがもっともよい方策であるという理想論だけでなく，現実的にはアセスメントの得手不得手があるのが当然である。ただ，その現実的に必要な広範な知識を「理解」すると共に，それを社会的に活用する必要がある。そこで不可欠なのがメタ・アセスメントであり，即時的で協働的な援助組織を構築することで，クライエントの多様な困難感や要請に対応できるようにすることであると考える。

　クライエントが求めている専門性を確実に提供するためには，個々の専門家が自分の行えない専門性を提供するために，どのようにクライエントの困難感や要請を噛み砕き，それに応じた援助の専門性についての「知識」を持ち，即時的な援助組織をどのように構築するか。その具体例を参照として実践を深めていただきたい。

第4部 臨床行為とアセスメント ―― 第1章

心理〈相談〉に固有のアセスメントは存在するか？

児島達美

I　はじめに

　今日，社会のあらゆる領域において臨床心理に対するニーズが高まってきているようだが，実際のところ，それらの現場からは，心理の先生は何をする人なのか，もう一つよくわからないとか，自分たちが求めていることに応じてくれないといった声を耳にすることが少なくない。一方，臨床心理の側からは，現場はわれわれに固有の専門性を理解しようとしていないし（できないし？），現場のニーズに応えるといっても単なる迎合になってしまっては臨床心理の"真"の発展は望めないのではないか，という反論もある。このような議論の是非について，今ここで即何らかの結論を出すつもりはないが，現場と臨床心理の間で何やらズレがあるとすれば，いったい，それはどこに由来しているのだろうか。本章では，このような現状認識から出発しようと思う。

　ところで，アセスメントとはそれ自体で独立したものではない。なぜならば，アセスメントする側とアセスメントされる側との間に，さらにその前提として，アセスメントされる側がする側に対して，彼らが抱えている何らかの問題についての解決を求めてくる，つまり〈相談〉する・されるという関係性がなければならないからである。これは，あまりにもあたりまえの事態なのであるが，しかし，このことのありようを押さえておかないと，今日の臨床心理学におけるアセスメント論の数々は，いかにも専門的な衣装をまとっているようにみえて，実は単なるアセスメントする側の自己満足に過ぎないということになりかねない。さらに，〈相談〉という場合，われわれはつい自分たちが行っている〈相談〉活動のみを考えてそれに固有の構造や意味を考えがちであるし，実際，そのことが本書の意図でもあるのだが，しかし，それだけならば，実は，本書の基本的なスタンスである"システム論からみたメタ・アセスメント"の視点から遠ざかってしまう。つまり，われわれの行う〈相談〉なるものを，常により広い社会的な相互作用の文脈の中で生じる差異性の結果として把握しようとする態度を同時に持ち続けて

おくことが本章の前提である。そこで，まずは，われわれが行う〈相談〉をさしあたり心理相談と呼ぶことにして，これ以外の〈相談〉との異同を検討するところから始めてみることにしたい。

II 相談関係とアセスメントの諸相

　相談する・されるという関係は，おそらく人類がこの世界に登場してきて以来ごく日常的なコミュニケーションの営みの一つとしてあったに違いないし，それは，現代においても，場面は多様になっているにしても，さほど変わるものではないだろう。たとえば，妻が夫に「ねぇ，あなた，カズオも高校生になるんだけど，学費どうやって捻出したらいい？」と相談したり，「ママ，算数の問題がわからなーい」と子どもが母親に相談したり，ガソリンスタンドで客がスタンドマンに「エンジンのかかりが悪いんだけど，ちょっとみてくれないかな？」と相談したり，タナカ氏が「こんどきたヤマダ課長とどうもうまくいかないんだ。お前はたしか以前，ヤマダ課長のもとで仕事してたんだよな。どうつきあったらいいかヒントくれよ」と同僚に相談したり，というように。いずれの場合も相談する側は，相談する相手を"自分では解決できない当該の問題についてなにがしかの知識なり解決策を提供してくれる人物"として想定しているのであり，相談された側もそのことを了解しつつ，相手の問題について理解しようとし，同時に，自分がどれくらいその問題に答えられるか，ということを勘案する。その結果，相談を断ったり，他の人物を紹介する，といったこともあり得るが，これらすべてが，実は，すでにアセスメント行為であるといえる。しかし，複雑化したこの現代社会にあっては，こうした日常的なものとは別に，多くの専門的な相談関係とそれに付随するアセスメントが制度化されて（されつつ）存在している[注1]。その代表格として法律と医療の世界をとりあげてみる。

　法律の世界では，クライエントは，何らかの生活上のトラブルが法律に関係したものであることを意識し，かつ，そのトラブルを法律によって解決できるかどうかということを求めて，法律の専門家のもとに相談にやってくる。それに対して，この専門家は，六法全書や判例に基づいてクライエントの提示する問題の法律上の適否を判断（アセスメント）し，その結果を伝え，もしくは必要な法律の知識を与える。クライエントは，専門家から伝えられた結果が，仮に，自分が期待していたものと異なるものであっても受け入れざるを得ないし，そのことでこの専門家と議論するわけにはいかない。なぜならば，両者の間には，法律なるものが明示的かつ外部的に存在していて，それによって両者の関係が一義的に枠づけられているからである。ということは，この専門家の方も，あくまで"法の代

第1章 心理〈相談〉に固有のアセスメントは存在するか？

弁者"として法律を逸脱した判断をしてはならないことになっている。であるから，どの専門家のところに相談にいっても結果は同じであることが原則である。ただし，現実にはいかなる法律も解釈の余地がないわけではないので，同じ法的問題でも個々の専門家の間で差異が生じることは避けがたい。しかし，それでもなお，なのである。そして，あらためて言うまでもないことだが，法律相談は，〈弁護士〉であれ〈司法書士〉であれ，いずれも専門家として社会から一定の資格を付与された者しか行ってはならないものとされている。

では，医療の世界はどうだろう。一見すると，〈相談〉とは異なるもののように思えるが，その基本である診察場面は上記の法律相談同様，〈専門的〉かつ〈制度化〉された相談関係であることに間違いはない。患者は何らかの心身の不調を訴えて病気の専門家として制度化された医師のもとに〈相談〉に訪れるのであり，その相談内容は言うまでもなく症状のよってきたる原因を明らかにし，それを取り除く要するに治療ということになる。この，いわゆる医師・患者関係にあっても，病気に関する知識体系（診断・治療マニュアル）が，やはり外部的に存在していて，専門家としての医師はそれに基づいて患者の症状をどの程度治療が可能かという，すなわち診断（アセスメント）を行い患者に伝えることになる。ちなみに，昨今では，インフォームド・コンセントと呼ばれる医療における〈相談〉関係のあり方の変化や，セカンド・オピニオンという患者が医師の診断結果に不満がある場合には，別の医師に相談するということが〈制度化〉されてきている。

さらに，今日では，福祉相談（という名称はそれほど一般的ではないかもしれないが）も法律・医療と同様の〈専門的〉かつ〈制度化〉された相談関係の形式を整えつつある。ソーシャルワーカーは，生活上での困難さを相談にきた来談者に対して，福祉制度に則した各種サービスの適応の是非を判断（アセスメント）することになる。ついでながら，医療に特化した福祉相談として，昨今，大学病院や総合病院などでは医療ソーシャルワーカーという専門家の手による医療相談という領域が診察場面とは別に制度化されつつある。

その他，それなりの伝統をもつものとしては教育相談や経営相談などもあげられるだろう。さらに，最近，遅まきながら筆者がその仕事ぶりを知った〈相談〉に消費生活相談というものがある。この相談担当者は，現代の複雑化した消費社会にあっていかに消費者の権利を守るかという点で，日々あらたに更新されてゆく消費者法をベースにした個々の事案に関する専門的な知識の獲得のために勉強しているという。このようにして，今日においては，〈相談〉の専門分化が一層すすみ，それに応じて資格〈制度〉（国家資格，民間資格の如何を問わず）の創出が次々と行われてきており，もはや，その全貌を捉えることが不可能になって

表1 種々の相談関係とアセスメントの共通性

①相談する・される関係を一義的に規定するもの（法律，医学体系，福祉施策，教育指導要領など）が明示的かつ外部的に存在する。
②その相談領域に固有の問題すなわち〈専門〉外についての相談関係はあり得ない。
③その〈専門〉の質が資格〈制度〉によって担保されている。なお，〈専門〉の名が示すとおり，その他の領域との差別化が明確にされていなければ資格が付与されることはない。
④アセスメントも個別の問題に応じて一義的に確定されることが相談する側はもとより社会的にも期待されている。
⑤専門家と非専門家という非対称的な関係である。

いるくらいである。ついでながら，多くの女性たちにとって大切な美容相談はどうだろう。制度上での専門家の位置づけはないかもしれないが，しかし，デパートの化粧品売り場を訪れる多くの女性客は，そこで応対する店員を単なる店員以上の美容に関する専門家としてみなしているし，店員は客に対して美容上のアセスメントを行っているといってよいだろう。

以上，取り上げた相談関係にはそれぞれ固有の相談内容および社会〈制度〉としての定着度・認知度・新旧度そして専門度において大きな差があることは言うまでもないが，相談の形式という観点からみてみるとそこに共通したものがあることを見て取ることができる。表1にそのポイントを整理してみた。

III 心理相談とアセスメントの固有性

さて，表1に示したすでに〈専門化〉かつ〈制度化〉された相談関係との比較から心理相談に固有なるものを検討してみよう。まず言えることは，心理相談には，相談関係を明示的に規定する外的な枠組みがきわめて曖昧であるという点である。要するにその〈専門性〉，すなわち扱うべき問題の範囲が確定し難いのである。そのことは，さかんに喧伝されている《こころの専門家》なるものが皮肉にも示している。《こころ》は本来的に無限定である。したがって，心理相談においては，認知・行動・内面・身体などなど，個々の専門家によって《こころ》の規定の仕方が異ならざるを得ない。そのために，クライエントの問題の取り扱い方において個別性が高くなることは避けられない。このことは当然アセスメントのあり方にも影響する。すなわち，通常予測されるような「問題のアセスメントから問題の解決へ」および「アセスメントにおける個別性から一般性へ」という道筋を辿ることが困難なのであり，むしろ，相談結果としての何がしかの問題の解決状態から遡行する形でしかアセスメントすることができないことが多く，そこには，いわゆる治療関係における相互作用の進展具合からの影響も無視でき

第1章 心理〈相談〉に固有のアセスメントは存在するか？

ないという事実がある。さらに，心理相談におけるアセスメントの最大の特徴として，問題よりもむしろ人としてのクライエントのあり方に向けられているということは見逃せない。もちろん，法律や医療などにおいても，クライエントや患者の人となりが問題にされる場合も少なくはないが，しかし，それがアセスメント上一次的に扱われることはない[注2)]。ただ，昨今，これらの相談領域における問題解決においても，心理相談のこうした特徴の必要性を認識し，積極的にそれらの方法を取り入れようとする動きはある。

要するに，心理相談においては，たとえ"臨床心理学全書"やさらに"心理査定"なるものをもってしても，とても六法全書や医学診断マニュアルがもっているような専門家として期待される一義的かつ一般性のあるアセスメントを提供することはできない。このような点からも，今日のあらゆる資格〈制度〉が文字通りの〈専門性〉と不可分の関係にあることは必然的なのであり，ゆえに名称／業務〈独占〉なる概念が，そして，その〈専門家〉には社会制度上，一定の権利と責任が与えられることにより，専門家と非専門家との間に階層性と非対称性が出現することになる。しかし，この点においても，心理相談の場合は，たとえばクライエントとセラピストの間の"共"感性や"共"同性を旨としているから，やはり〈制度〉としては馴染まない。

以上の考察から，心理相談とそれに付随するアセスメントはどうも〈専門性〉と〈制度性〉を備えた相談関係からはほど遠いという結論を得ざるをえないが，それでもなお，社会のあらゆる領域からその要請があるというのはどういうことであろうか。そこで，あらためて《こころ》の無限定性という点からすれば，実は，心理相談は，法律も医療も教育も福祉も，はたまた産業もこれらすべての領域を包含してしまうような性質を孕んでいるということではなかろうか。それゆえに，それぞれの領域化・専門化され（過ぎ？）た現場においてこぼれ落ちてしまわざるを得ない何かが浮上してきた結果が，今日の心理相談ブームを促進しているともいえるし，それを受けて，さまざまな関係機関が心理相談の〈専門化〉と資格〈制度化〉に向けた努力をすすめてきているわけである。がしかし，このことは同時に，心理相談が領域化・専門化をすすめてきた〈制度〉そのものを否定する可能性をも同時に秘めていることに注意しておく必要があろう。このように，心理相談とそれに付随するアセスメントは，社会〈制度〉の観点からその専門性自体相矛盾したものを孕んでいるのである。

IV "もう一つの"専門性に基づく心理相談によるアセスメント

このように見てくると，心理相談によるアセスメントの〈専門性〉の可能性は

ほとんどないように思えて何ともブルーな気分になるかもしれない。しかし，あらためて確認しておきたいのは，心理相談によるアセスメントがこれだけさまざまな現場から要請されているにも関わらず，その現実，すなわち"こぼれ落ちてしまわざるを得ない何か"の把握の仕方に従来の臨床心理の専門家モデルがフィットしていなかっただけではないのか，ということである。まさに《こころの専門家》たらんとする，すなわち《こころ》の内面性を実体化し個別化するこれまでの臨床心理の専門家モデルの限界である。そして，その代替案としてここで示そうとしているモデルが，実は，いかなる現場においてもそれぞれ固有の現実に即応し得る汎用性をもったものであることを，以下，筆者がかつて心身医療および産業の現場での心理相談活動での経験を通じて論じてみたい。

　心身医療の現場では，心理士である筆者に多くの心理検査を通じて患者のパーソナリティーの確定が求められた。しかし，そのようにして得られたデータが実際の患者の治療にどの程度役に立ったかとなるとまことに心もとない。このように言うと，お前は心理検査無用論者か，と非難されるかもしれないが，必ずしもそうではない。要は，得られたデータ自体の信頼性もさることながら，むしろ，それが誰にとって，どのように役に立つのか，ということが実はかなり重要となることを指摘しておきたいのである。医療の世界は，治療効果を"客観的"に把握することが求められる世界でもあるわけであるから，心理検査のデータはその一つの指標としても大いに役に立つのである〔児島，1992〕。また，多くの医療現場で行われている医師と心理士が並行して行う治療面接でも，その前提は患者個人の"心理的側面"に焦点を置くのが心理士ということになっているが，しかし，多くの患者の訴えを聞いていると，そこには，当の医師－患者関係や家族との関係性が大きく影響していることが少なくない。にもかかわらず，あくまで患者個人の内面性にだけ焦点をあてようとするといびつな関係性を構成してしまうことは，すでに家族システム論が教えているところである。もう一つ，産業現場での心理相談の経験から教えられたことといえば，実はそのほとんどが上記の医療現場で生じた相談システム上の問題とほぼ同様であったが，その中でもとくに，産業メンタルヘルスの問題をクライエント社員個人の心理的問題だけに限定することの限界であった。すなわち，企業組織のもっている経営・人事施策との関連をも同時に視野に入れた，あえて言えば個人と組織の双方に"肩入れ"をする方法の重要性である。

　さて，以上の筆者の経験も含めて簡略ながら，ここでのポイントを整理しておく。

1）社会的・関係的存在としてのクライエントおよび心理の専門家

　　個人の自律性を保証する内面の世界すらそれ自体すでに社会的に（そして歴史的にも）構成された諸関係の束としてあるということ，そして，このことは，専門家側も決して例外ではないということを専門家自身がまずその実践活動を通じて明示すること。

2）各現場に固有のドミナントストーリー

　　各現場におけるドミナントなストーリーもしくは言説，つまり人間理解のモデルがどういうものか。たとえば，医療であれば医学モデル，教育であれば教育モデル，福祉モデルであれば福祉モデル，産業であれば経営・組織モデル，司法モデルであれば法的モデルについて周知した上で，そこにジョイニングする。

3）当該組織における心理の専門家の位置づけ

　　心理の専門家はその現場でどのような立場にあるのか，また，どのような組織上の役割なり権限なりが与えられていて，意思決定プロセスのどこに位置しているのか。さらに，当該組織とどのような雇用関係にあるのか，ということもまたすでにアセスメントに影響していることを意識し，かつ積極的に利用する。

4）アセスメントの相互作用性

　　われわれのアセスメントとは，専門家側に特権的なものではなく，常にクライエントや関係者からの修正を受ける性質のものであるということに他ならない。

V　おわりに

　われわれは，好むと好まざるとにかかわらず，この現代社会における〈制度〉の外に出ることはできない。そして，アセスメントなるものもまたこの〈制度〉による〈専門性〉ゆえにその存在が保障されている。だから，どのような形であれアセスメントしないわけにはいかない。その時，少なくとも筆者に残されている道は，アセスメントしている自分を常にアセスメントし続けていくことでしかないのではないか，本章を終わるにあたって，このことを強く実感している。

〈注〉

1）かつての社会においてもこのような相談の専門家はいた。たとえば，僧侶や司祭それに占い師はその最たる例であろう。また，そこまでの専門性はなくとも，落語に登場する大家の旦那

どは，長屋の住人たちから世間の知恵と機微に長けた人物として認められていたわけである。なかには，"よろず相談"の看板を掲げた者もいた。そして，これらいずれの"専門家"たちもアセスメントを行っていたといえるだろう。

2）法律であれ医療であれ，クライエント（患者）の人となりがアセスメント上きわめて重要なものとされる場合がある。前者では犯罪にまつわる司法判断であり，後者では精神医学および心身医学の領域での診断である。ただし，本章は〈相談〉という文脈を中心に論じているために，あえて，本文のような記述を行った。

〈文　　献〉

児島達美：産業心理臨床．pp.106-127，星和書店，1993．

児島達美：臨床心理士による心理学的リエゾン機能について．心身医学，33 (3)；251-257，1993．

児島達美：産業心身医学の実践（2）．心身医療，10 (7)；55-58，1998．

児島達美：産業精神保健におけるブリーフセラピー．産業精神保健，11 (9)；3-10，2003．

吉川悟：家族療法：システムズアプローチの〈ものの見方〉．ミネルヴァ書房，1993．

第4部 臨床行為とアセスメント───第2章
ミクロとしてのアセスメント

滋野井一博

　それぞれの現場で行われている臨床行為はその目的に応じて多種多様である。これらの多面的な心理的援助における心理アセスメントの基本的視点について，田嶌は「心理的援助の大筋を見失わないための準拠枠として役立つ」と述べている［田嶌, 2003］。
　そこでこの章では，まず，臨床行為として実施されている心理アセスメントにおける基本的視点について整理していく。次に心理アセスメントの展開について紹介し，その中でミクロとしてのアセスメントのあり方とその機能的意義について見つめていきたい。

I　心理アセスメントの基本的理解

　一般的に心理臨床家は，インテーク面接や心理検査を心理アセスメントの中心課題として想定していることが多い。その心理アセスメントでは，被面接者がいかなる環境の中でどのように生き，どんな問題に当面し，どのように対応していこうとしているのかに関心が示される。心理アセスメントとは，被面接者について何らかの判断を下す必要があるときに行うアプローチである。心理アセスメントにおけるアプローチには，一連のプロセスが存在する。その基本となるプロセスとは，まず臨床心理学的手続きによって情報を入手することから始まる。次に，その情報を整理・分析し，対象者の状態と問題を理解していく。そして臨床行為の必要性の有無とその具体的なアプローチを定めていく。基本的な心理アセスメントのアプローチを以下に示す。

1. 面接や観察から得られた記録や心理検査の結果などアセスメントに必要な情報を包括的に収集する。
2. 被面接者の抱えている心理的問題の性質や被面接者自身の性格などを適切に把握する。
3. 臨床行為を有効にするために情報を整理する。

4．対象となる人の生活史や家族関係や生活の中で生じるさまざまな関係性などについて本人や家族，関連機関から情報を聴取する。
  5．得られた情報をもとに臨床像を見立てていく。
  6．見立てた臨床像を踏まえて，具体的なアプローチを検討する。

　このようなアプローチは，基本的にインテーク面接が中心となる。また必要に応じて被面接者が所属するグループ場面や遊戯場面での行動観察や種々の検査場面などで実施される。アセスメントのアプローチには，心理職が単独で取り組む形式や他職種とチームを構成して取り組む形式などがある。

Ⅱ　心理アセスメントに求められる基本的姿勢

　心理アセスメントの対象は「人間」であり「こころ」であるといえる。心理アセスメントに必要とされる基本的姿勢を以下に示す。

1．対象者の人格の尊重

　臨床の現場における心理アセスメントは「今」を生きる人やその人のこころを対象とする。被面接者には，ポジティブなものからネガティブなものまで多様な面接動機が存在する。心理アセスメントの実施においては，被面接者にアプローチを受けることについての意志確認が必須とされる。通常，アセスメントの冒頭に了解を取っていく。しかし実際のところ，アプローチの内容によっては部分的に拒否をされる場合がある。また当初は了解されていても気持ちが変化することもある。また，アプローチ当日の心理的な状態や体調等の理由で延期となる場合もある。このようなことを踏まえて，新たなアプローチを行うごとに意志確認を行っていくことが望まれる。

　さらに心理アセスメントを展開する上で，被面接者や被面接者と関係する人たちの「プライバシー」を遵守していくことが重要となる。被面接者にとって何が「プライバシー」なのか，その受け止め方は個々の価値観やその時の状況下において異なる。実際の面接場面では，被面接者が語る言葉の中から感じ取っていくことになる。

　また心理アセスメントは，被面接者自身が日常あまり意識をしていないことを体験する場となることがある。すなわち被面接者が知らない間に被面接者の「こころを知る」アプローチといえる。言い換えれば，心理臨床家にとって被面接者の「こころを覗く」アプローチともいえる。このことはある意味，心理臨床家にとって『侵入的な体験』となり，被面接者にとっては『心理的負担』となる場合がある。したがってその実施にあたっては，被面接者に恐怖や苦痛や過度の疲労

を与えないように十分に配慮していくことが望まれる。

2．査定目標の設定

査定目標の設定とは，心理アセスメントが必要なのかその目的を明らかにすることである。心理アセスメントの目的になるものとして次のようなものが想定できる。

- ・被面接者の発達の状態や発達の遅れや偏りといった様相を把握すること
- ・心理的問題の性質やその程度を知ること
- ・その問題事象への対処の仕方を判断すること
- ・臨床心理的行為としてのアプローチの必要性の有無
- ・具体的なアプローチの方法の検討
- ・施設入所や入院治療などを含む他の機関への紹介の必要性の有無
- ・社会復帰の可能性等を含む予後の見立て

　被面接者によってアセスメントの目的は一つひとつ異なるといって過言ではない。実際の現場では，心理的臨床行為を実践していく上で，上記に示したアセスメントの目的のほかに以下のものが展開されている。その一つは心理臨床的行為の展開を見直すことを目的としたものである。今一つは，心理臨床的行為の終結を見極めることを目的としたものである。

　このような心理アセスメントの目的に応じて，実施される面接や観察の視点が定まる。また，その目的に応じてテストバッテリーの構成の必要性が検討され，心理アセスメントの方法が選択されていくのである。

3．心理アセスメントを取り巻く状況の把握

　心理アセスメントにおける基本的姿勢として，心理アセスメントがどのような背景から求められてくるのかを十分に把握しておくことが望まれる。特に相談対象者の保護者や担当医師や教師など，相談対象者以外からの心理アセスメントを依頼された場合は，相談対象者に対する配慮を要する。つまり，心理アセスメントの依頼者の意図はどこにあるのか，さらに心理アセスメントを実施した結果が具体的に相談対象者にどのような影響を与えるのかなどを十分検討しておくことが重要となってくる。このような点について検討されることで心理アセスメントの報告の方法や報告する内容の焦点が定まってくるのである。その報告のあり方やその内容を検討していく上で「カンファレンス」や「スーパービジョン」は必須のものといえる。言い換えれば「ケースを整理してまとめること」「ケースを報告すること」「ケースを吟味すること」を抜きにして，心理アセスメントは成立しないということになる。

ここで述べてきた心理アセスメントに必要とされる姿勢は，臨床現場における被面接者との関わりから養われていくことは言うまでもないことであろう。加えて，臨床行為をともにする仲間との関わりも重要な要素の一つといえよう。実際の臨床現場では，さまざまな形式でカンファレンスやスーパービジョンなどが主体的に実施される。これらのカンファレンスやスーパービジョンも心理臨床家としての姿勢を養う重要な機会といえる。現場でケースと向き合う心理臨床家にとって，心理アセスメントに必要とされる姿勢は「獲得されるもの」ではなく，臨床心理的行為を実践していく上で「生涯にわたって学び，意識し続ける課題」といえるのではないであろうか。

Ⅲ　心理アセスメントにみる臨床心理行為

　臨床心理行為とは，一人の人間のこころへの働きかけといえる。加えて氏原によれば，臨床心理行為とは「こころの働きの活性化を促す営みである」としている［氏原，2003］。こうした臨床心理行為における心理アセスメントは人間理解を基本としている。臨床心理行為として具体的に展開されるインテーク面接の場面や行動観察の場面では，心理臨床家と被面接者との間に必然的に感情の交流が生じる。たとえ被面接者にとって1回の面接場面であったとしても，被面接者は自分自身の体験にあてはめて心理臨床家を見つめ，心理臨床家も被面接者に対して自らの体験にあてはめて感情を向ける。また，面接場面における感情の交流の中で心理臨床家が被面接者の内面に存在する問題を知ろうとする。その際，直接的にその問題を捉えることは極めて困難であるといえる。そのため，その両者間における感情の交流で生じる心理臨床家自身の内面の動きを手がかりとして間接的に知ることになる。その意味で心理臨床家は被面接者を受容し，共感的理解をしていくことが重要とされる。

　しかしその一方で，自己と被面接者との間に心的な境界を設けることが大切となってくる。さらに面接場面における被面接者と心理臨床家との相互主観的なプロセスをメタ的な視点で見つめることが必要とされる。そのプロセスを通して表現されたさまざまな事象を，臨床心理的視点から主観的な情報と客観的な情報とに整理していく。その整理の中で，被面接者の歩んできた人生の時系列の視点と生活環境における関係性の視点から，その得られた情報を紐解き繋ぎ合わせるといった全人的分析や解釈を行っていくことが求められる。

　実際の臨床現場では，心理アセスメントにおけるインテーク面接においても，被面接者によって表現される世界は非現実的な世界を含んでいる場合がある。あるときには非現実の世界に被面接者自身が存在していることがある。このような

ことは実際に面接で出会って気づくことが多い。このようなことから，インテーク面接に携わる心理臨床家においても，非現実と現実を行き来することが求められることになる。すなわち，アセスメントに携わる心理臨床家においても「やわらかいこころ」と「強い自我」が必要とされる。言い換えれば心理アセスメントには臨床心理行為に必要とされる資質や能力が求められるといえるのである。

このように心理アセスメントでは，どのような状況下においても個人の中心でありながら全体的存在として生きようとする「人間のこころ」の状態とその可能性を測ることが要求される。この視点の中に心理アセスメントの臨床心理行為としての機能的な意義が見出せるように思われる。

IV 心理アセスメントにおける基本的なアプローチ

心理アセスメントでは，その目的に応じてさまざまな心理検査の技法が用いられる。ここでいう心理検査とは，被面接者の行動を観察し，それを一定の数量的尺度あるいはカテゴリー・システムによって記述するための系統的な手続きを意味している。心理検査の主な技法としては，会話を通して情報を得る面接法と行動を観ることで情報を得る観察法と課題遂行結果を情報とする諸検査法等がある。

具体的な面接法の主なものとしては臨床面接法と調査面接法がある。臨床面接法としては，心理アセスメントの各理論に基づいて面接技法が異なる。一般的には被面接者の話を中心にした非構造的面接にて被面接者の話を共感的に聴くことが重視される。一方，調査面接法では，調査目的にそった質問を系統的に行う構造的なものとなることが多い。臨床現場では，アセスメントの目的に見合った情報を得ることができる面接手法が選択される。実際のインテーク面接においては，被面接者の主訴やその状態やアセスメントの目的などを考慮して両者の折衷的な面接が実施される場合が多いと思われる。

観察法として主なものには，自然観察法と実験観察法と組織観察法がある。自然観察法では被面接者の自然な状態を把握することが可能となる。一方，実験観察法では観察の目的に応じて観察の状況に統制や操作を加えた環境のもと観察情報が得られる。また，組織観察法では観察場面や実施時間を限定し観察内容とその基準を設定して実施していくことで必要とする情報を把握することができる。

検査法として主なものには，発達検査，知能検査，性格・人格・感情に関する検査などがあり，その目的に応じた多数の検査が開発されてきている。ここでは一般的に使用されている主なものを紹介することにとどめたい。

発達検査としては，発達の程度やズレや偏りを把握する発達検査法がある。ま

た，発達障害の早期発見に指標となる発達診断法がある。加えて潜在的な発達障害の可能性のスクリーニングを目的とした発達スクリーニング法などがある。これらの発達検査では，あくまでも現在の発達の状態を把握したり，あるいは発達の遅れを早期に発見したりするなど早期の援助を行うものであることを押さえておきたい。すなわち，発達検査は将来の発達を予測するものではないということである。また，知能検査では，それぞれに定義された知能を測定していく。

性格・人格・感情に関する検査としては，表1に示したとおりその検査目的に応じて多数開発されている。実施の形式から，質問紙法や投影法や作業検査法に分類される。質問紙法では構造的な言語刺激を提示し，その質問項目の回答を分析し個人の内にある感情，欲求や思考などの状態を把握しようとするものである。質問紙法の特性としては比較的短時間で多面的に実施でき，結果の数量的処理が容易にできることがあげられる。投影法は，非構造的な刺激を提示し，その反応から個人の内にある感情，欲求や思考などを把握しようとするものである。投影法の特性としては，意識的，無意識的両面からのパーソナリティーの把握や個人の深層の心理の理解が可能であるが，解釈が主観的になりやすくなるため解釈に熟練を要することがあげられる。作業検査法では，数字の加算や図形の模写など比較的単純な作業を一定の手続きの中で実施し，査定しようとする項目について把握しようとするものである。作業検査法の特性としては簡便で客観的に測定できることがあげられる。

その他の検査としては視知覚に関する検査，行動や社会性に関する検査などさまざまな検査がある。

これらの検査で明らかにしようとする内容は，それぞれの検査によって把握できる側面やレベルが異なる。そのため，多面的で複雑な側面の把握が必要とされる心理アセスメントでは，テストバッテリーを構成して実施していくことが大切になってくる。臨床現場では，被面接者にいかに負担をかけず実施できるかが優先されている。加えて，アセスメントに必要な情報を効率よく入手できるテストバッテリーの組み方が日々検討されている。ここで確認しておかねばならない心理アセスメントにおける基本的視点としては，心理テストに被面接者を合わせるのではないということであろう。

心理アセスメントとして一般的に使用されている検査を表1に示す。

続いて心理アセスメントにおいて心理検査を実施していく上で前提となることについて整理していく。アセスメントの目標に応じて具体的に心理検査を選定する際，使用する心理検査の機能的意義を十分に理解することが重要である。また，その心理検査の信頼性・妥当性を十分に確認しておく必要がある。その検査の実

第2章 ミクロとしてのアセスメント

表1 心理アセスメントとして一般的に使用されている検査

◎発達に関する検査
　　　新版 K 式発達検査 2001
　　　乳幼児精神発達診断法
　　　乳幼児分析的発達検査法
　　　日本版デンバー式発達スクリーニング検査

◎知能に関する検査
　　　田中ビネー知能検査Ⅴ（Tanaka Binet Scale of Intelligence）
　　　ウエクスラー式知能検査
　　　WAIS-Ⅲ（Wechsler Adult Intelligence Scale-Third Edition）
　　　WISC Ⅲ（Wechsler Intelligence Scale for Children-Third Edition）
　　　WPPSI（Wechsler Preschool and Primary Scale for Children）

◎性格・人格・感情に関する検査
　　　質問紙：　矢田部－ギルフォード性格検査 Y-G 性格検査
　　　　　　　　ミネソタ多面的人格目録（MMPI：Minnesota Multiphasic Personality Inventory）
　　　　　　　　顕在性不安尺度（MAS：Manifest Anxiety scale）
　　　　　　　　東大式エゴグラム第2版（新版 TEG Ⅱ）
　　　　　　　　コーネル健康調査表（CMI：Cornell Medical Index）
　　　投影法：　ロールシャッハ法（Rorschach Test）
　　　　　　　　主題統覚検査（TAT：Thematic Apperception Test）
　　　　　　　　投影描画法
　　　　　　　　　　a 樹木画テスト：バウムテスト（Baumtest）
　　　　　　　　　　b 動的家族画法（KFD：Kinetic Family Drawing）
　　　　　　　　　　c 合同動的家族画法（CKFD：Conjoint Kinetic Family Drawing）
　　　　　　　　　　d 人物画法（DAP：Draw-A-Person Test）
　　　　　　　　　　e HTP 法（House-Tree-Person Technique）
　　　　　　　　絵画欲求不満テスト P-F スタディー（Picture-Frustration Study）
　　　作業検査法：内田・クレペリン精神作業検査

◎視知覚に関する検査
　　　フロスティック視知覚発達検査
　　　ベンダー・ゲシュタルト・テスト（BGT：Bender-Gestalt Test）

◎行動・社会性に関する検査
　　　新版 S-M 社会生活能力検査
　　　親子関係診断テスト

施においては明確な構造化のもとで行うことが大切である。検査結果の分析や解

表2　検査を実施する前の確認事項

◎心理検査を行う必要性
◎使用しようとする検査の信頼性
◎結果は絶対的なものではなく資料であるとの認識
◎検査者の選定についての吟味
◎査定に必要となる情報の整理
　　・家族の情報：家族関係・家族の性格・遺伝的背景など
　　・生育歴：発育・発達・素因的要素・環境的要素・対人関係など
　　・既往歴：来談に至る相談の経過など
　　・問題の発生と経過：状態が見られ始めた時期・状態の経過など
　　・観察による情報：表情・しぐさ・服装・言葉遣い・その場での反応や行動など
　　・社会的資源（リソース）の確認
◎査定の実施にあたって，査定の目標や検査の内容等について十分なインフォームドコンセントの実施
　　・「知る権利（接近権）」
　　・「決める権利（自己決定権）」
　　・「伝える義務（還元義務）」

釈においては，心理臨床家の判断や推論が付加されないように注意をはらう必要がある。ここでは，心理検査で得られた検査結果は絶対的なものではなく，あくまでも資料の一つであることを基本的視点として念頭においておくことが求められる。

　臨床の現場において諸検査を実施する上での必要となる確認事項について表2に示しておきたい。

V　心理アセスメントの展開

　心理アセスメントの展開は，臨床心理学の方法論に基づいて規定されている。基本的な心理アセスメントの展開としては，①受付，②情報の収集，③情報の分析，④結果の報告の手順で展開されることが多い。ミクロとしての心理アセスメントについて，下山は「ミクロな視点からするならば，情報収集と情報分析は明確に分かれていない」と述べている［下山，2008］。このように一般的なミクロとしてのアセスメントにおいて，その目的に応じた情報の収集や情報の分析は，そのアプローチの展開の中で同時に行われていくことが多い。そのため，相談者と直接出会って行う面接は心理的アセスメントの中できわめて重要なアプローチとされている。したがってここではインテーク面接などで実施される基本的な対面形式による心理アセスメントについて述べていくことにする。

第2章 ミクロとしてのアセスメント

表3 受付時に確認する事項

受付時の確認項目	内容
相談の申込者	相談の申込者の氏名・年齢・性別・相談対象者と来談予定者との関係等
相談の対象者	相談の対象者の氏名・年齢（生年月日）・性別・所属等
相談内容	相談したい内容とその経過等
申し込みの経過	相談にいたる経過：相談暦・相談動機となった事象等
インテーク面接の構造を計画する際に希望すること	相談の緊急度・相談希望日・時間帯・面談者の希望の有無等

1．アセスメントにつなぐ受付

　一般的に相談機関は予約制をとっている。初めての面談を希望する者は，電話等で相談を申込むことになる。心理アセスメントは，相談の申込を受け付けたこの時点から開始されると言える。元永は面接経過の3段階（第1段階：受容と共感，第2段階：問題の共有，第3段階：方向性の検討）に加え「0段階として面接前の状況を設定した」として面接前のアプローチの重要性を示唆している[元永, 2008]。

　表3に示したごとく，受付では申込者から話される内容から順不同に，相談の申込者，相談の対象者，相談内容，申し込みの経過などの項目が確認されていく。次に面接を実施していくうえで必要となる基本的事項（場所，来談経路，費用，来談の際の面接までの手続き等）で申込者が持ち合わせていない情報を会話の中で確認しながら伝えていく。最後に具体的な面接を受ける際の希望する事項や配慮事項等について聴取する。

　面談を申し込もうとしている者は，心の悩みと共に相談を受けることに対して何らかの不安を抱いているケースが多く見受けられる。心理アセスメントの導入にあたる受付に関する基本的な視点としては，相談の申込者が申し込んでほんの少しでも気持ちが軽くなるように受容的・共感的な態度が求められる。さらに確認事項とあわせて電話の話し方などから伝わる観察的な情報も重要な要素と言える。

　受付時に得られた情報をもとに，相談室のスタッフの間でインテーク面接の持ち方が検討される。その内容を受けてインテーク面接の担当者（以後，面接者と記す）が具体的な面接構造の計画を立てることになる。その面接構造の案を申込者に報告し，実際に来談予定者（以下被面接者と記す）の了解が得られた時点でインテーク面接の予約が成立したことになる。

2．情報の収集

1）面接への導入

　広い意味において心理アセスメントは相談対象者，被面接者，申込者の中に何

らかの相談の必要性が発生し，相談動機が思い浮かんだ段階から始まっている。その視点に基づくならば，インテーク面接は被面接者が面接を受けることを選択・決定したところから始まるといえる。面接者は被面接者が来室にいたる経過について被面接者のリアルなイメージを膨らませることが必要となる。具体的には，相談者は来談当日までどのような思いで生活を送り，その当日どのような気持ちで出発し，道中どのような面持ちで来室にたどり着かれたのかなどをイメージできるかが大切である。

その一方で，面接者はそのイメージに縛られることのないように出会った被面接者の様子を観察していくことが求められる。具体的には入室時の表情，態度，服装，座る位置，雰囲気などについて観察していく。

2）面接の展開

初回の面接は，インテーク面接，受理面接，初回面接と呼ばれており，アセスメントの理論的背景から定義されている。一般的に初回の面接は面接者と被面接者が初めて出会う場であり，面接者と被面接者との心の交流を行う過程を通して次へのセッションへとつないでいく場でもある。三好らは初回の面接を初回面接と呼び，「後に続く治療過程のための面接」と位置づけている。さらにその面接は「その後の治療面接の質を決定する」と述べている [三好ら, 2006]。また，生野によれば「インテーク面接は発症に関連した情報を収集するための，もっとも重要な作業である」としている。さらにその面接の特性について，「面接である限り治療的要素が入り込むのは当然であり，その後の治療の橋渡しともなる」と述べている [生野, 2000]。このように，面接において初回の面接は，きわめて重要なものであるといえる。

初回の面接の実施形態は，個別面接や同室面接や並行面接などからアセスメントの目的に応じて面接者が選択し，被面接者に提案する。面接場面における被面接者と面接者が座る位置としては，対面法や直角法や平行法などがある。対面法には，机を挟んで正対する方法と対面ではあるが斜めに位置をとる方法がある。直角法とは机の角等を利用して両者の角度が90度になるように座る方法である。平行法とは机などの同じ側面に並んで座る方法である。どのような座り方をするかは被面接者がいかにリラックスして面接に望めるかがポイントとなる。

このように面接構造が被面接者にとって許容的雰囲気を実感できるものであることが重要である。そして面接における関わりを通して，被面接者が抱いていた不安が少しでも和らぐように配慮していく。このように被面接者が面接者に対して信頼感をいだくプロセスの中でラポールが形成されていくといえる。そのためには基本的姿勢として被面接者の話を傾聴することが必要となることは言うまで

もないことである。
　インテーク面接では，最初に臨床面接法的手法を用いて被面接者の主訴を中心に傾聴していく。具体的には被面接者が面談の中でもっとも話題にしたい内容とその内容を了解し得る具体的なエピソードを聴取していく。次に臨床面接法的手法と調査面接法的手法との折衷的な手法を用いて，相談対象者の生活の様子を把握する。また，家庭における話題やコミュニケーションの内容やその手段等について聴取していく。さらに基本的生活習慣に関する内容等を聴取していく。また相談対象者が所属している集団内での様子等について把握していく。面接の終盤に調査面接法的手法を用いて，相談対象者の生育歴，既往歴などについて聴取していく。生育歴では，まず母体の既往歴，周産期・出産期の様子について聴取する。次に生下時の発育や発達の状況等について聴取する。既往歴では，各健康診査の状況や今まで受けた医療行為等について聴取する。最後に臨床面接法的手法を用いて被面接者の願いなどを把握していく。聴取する際，すべての項目を明らかにしようとしないことが重要である。むしろ被面接者が語らない事項に何らかの意味が存在していることも少なくないからである。
　以上に示したごとくインテーク面接では，心理アセスメントの目的を遂行する上で必要となる情報を収集しながら分析していくことが求められる。主な情報は被面接者の言語表現から聴取される。それに加えて，被面接者の非言語的表現も重要な情報となる。非言語的表現とは，言語によらない意思の伝達や交信を意味する。非言語的表現には表情，視線，話し方の抑揚，身振り，姿勢などが含まれる。このように言語的表現や非言語的表現が面接にとって有用な情報であるということは，その逆の視点について考慮することが必要である。つまり，面接者の非言語的表現が被面接者にとって面接の展開の上で影響を及ぼしているということを十分意識していくことが望まれる。
　さらにアセスメントの展開の中で大切にしたいことは，被面接者が面接を受けたことで少なからず元気になったように感じることであろう。この感覚が被面接者の中で生じることが，次回への来談意欲につながるのである。

3．結果の報告
　相談内容を見つめていく上で十分な情報が収集できた後，インテーク面接者が中心となり得られた情報を分析していく。その後，被面接者に対して心理アセスメントの目的に即した結果を報告していく。その結果を踏まえて被面接者や相談対象者が取り組める当面の具体的な活動などを提案していく。また，家庭や地域で利用できる心理的援助に関連した地域資源（リソース）などがあれば被面接者に伝えていくことになる。その後，臨床心理行為によるアプローチの必要性の有

無について報告していく。さらに，その必要性が認められた場合，誰を対象者にどのようなアプローチの実施が可能なのかを被面接者に紹介する。具体的には，アプローチの計画およびその目標と内容，担当者，形態，実施の頻度，開始時期，所要時間，当面の実施期間等について提案していく。その後，臨床心理行為としてのアプローチを希望するかを被面接者に確認していくことになる。また他機関への紹介の必要性が認められた場合は，その機関や内容について紹介していく。

VI ミクロとしてのアセスメントの有用性

　以上，臨床心理行為として実施されている心理アセスメントにおける基本的視点とその展開について紹介してきた。その中で多面的な心理的援助のあり方を模索するアセスメントの準拠枠として，心理アセスメントの基本的視点の有用性について述べてきた。

　心理臨床家は，心理アセスメントにおいて被面接者や相談対象者をあるがままに受けとめていく受容的な関わりを基本としている。被面接者や相談対象者が環境とどのような交流を行っているのかを，面接場面における関わりの中で共に向き合い，共に見つめていこうとしている。そして面接者は，被面接者が感じたものを共感的に理解していく。被面接者は面接場面で展開される自分に関する話題の中で面接者とともに考え合う実感，共に歩んでいるという実感を得るようになる。この実感から自己理解の深まりと自己評価の構築をしている自らの心理的変化に気づいていくようになる。この点について元永は「本人（本章における被面接者）の状態の変化を記載するという意味で第4段階（心理的変化）として示した」としている。さらに元永は第5段階（新しい展開）として自ら問題解決していく段階を設定している［元永, 2008］。このように被面接者がその時に望む具体的な手立てを自らが見出していくのである。そして，その関わりを通して得た自信が，未知のものに向き合う心的エネルギーになっていくのである。

　このように心理アセスメントは，人間の生き方を中心的に見ていると言える。そしてそのアプローチは被面接者が意味のある生き方をするために問題を抱えながらも「今」「ここ」での生活をいかに生きていくかを面接者と被面接者が共に考えていくプロセスである。その中でミクロとしてのアセスメントでは，面接場面において被面接者と共に展開していくプロセスであるといえる。その展開を通して面接者がリアルな被面接者の心の有り様をイメージしていく中にこそ，ミクロとしてのアセスメントの機能的意義が見出せるのではないであろうか。

第2章 ミクロとしてのアセスメント

〈文　献〉

生野照子：インテークワーク：問題の整理に向けて．小児科診療，63 (10) ; 1465-1473, 2000.

三好暁光・氏原寛編，河合隼雄監修：臨床心理学2：アセスメント．創元社，1991.

元永拓郎：地域援助における受理面接の構造：伝統的な心理療法との比較を通して．帝京大学心理学紀要，12 ; 51-58, 2008.

下山晴彦他：心理アセスメントとは何か．（下山晴彦，松澤広和編）実践心理アセスメント．pp.2-15, 日本評論社，2008.

田嶌誠一：心理援助と心理アセスメントの基本的視点．臨床心理学，3 (4) ; 506-517, 2003.

氏原寛：心理アセスメントと臨床心理行為．臨床心理学，3 (4) ; 439-453, 2003.

第4部 臨床行為とアセスメント────第3章
マクロとしてのアセスメント

吉川　悟

I　はじめに

　「アセスメントをマクロで考える」ということは，まさに本書のテーマでもある「メタ・アセスメントを行う」ということにつながる。十分に理解していただけるか不安であるが，狭義の個人心理学での「心理査定」ではなく，社会組織という全体を俯瞰した立場でのアセスメント，いわば，援助に関わる社会組織に対するアセスメントをどのように考え，どのようにクライエントのために活用するかということについて，少し多様な視点から考えることとしたい。

　このような視点の大部分は，第1部で触れたようにシステムズアプローチによるアセスメントの視点に類似する。いわば，個々のクライエントの困難感や要請に対して，どのような視点でその援助のあり方を社会的な援助組織の中に位置づけるか，それを見立てることがメタ・アセスメントになる。そのためには，より大きな意味でのクライエントの日常的活動を詳細に把握することや，治療者が自らのいる援助組織と繋がりのある組織をどのように把握するかなど，これまでにあまり語られてこなかった視点が必要となる。

　本章では，このような視点に立ってクライエントの困難感や要請に応じるため，それぞれの組織の社会的繋がりをどのように把握すべきか，また，クライエントの何に注目することがそれぞれの専門性をより明確にするかについて述べ，その理論的な説明可能性について述べることとする。

II　二つの視点：組織の社会的繋がりとクライエントの心理社会的要因

　まず，本書で取り上げたアセスメントとは，心理査定という狭義のものではなく，組織に対するアセスメントだということはおわかりいただけていると思われる。しかし，個々の組織の目的性，機能性が把握できたからといって，面前のクライエントの困難感に対する援助がより効果的になるというものではない。むし

第3章 マクロとしてのアセスメント

ろ，こうした多様な組織のことについての知識を得るだけでは，あたりまえのことにしか過ぎないと考える。

　本書でもっとも明確にしたいのは，以下の二つの視点である。一つは，従来から精神医学や臨床心理学，社会福祉などでは，当然のことのようにいわれてきた「クライエントの心理社会的要因」である。ただし，ここで扱おうとしているのは，単純に「クライエントを理解するため」ではなく，クライエントの心理社会的要因を治療そのもののために活用するという視点である。そして，今一つは，ここまで見てきた個々の組織そのものの特性と関わる「その組織が他の社会的援助組織とどのようなつながりを作れるのか」という視点である。これらは，個別に考えるしかない視点であるが，クライエントへの援助を担当するに際しては，重要な視点になる。その一例は，患者が来談したときに，自分の組織では見きれない相談であれば，どのような形で社会的に組織と人間関係を繋げていくべきかである。こうした行為を単純な「他所への紹介」や「リファー」として考えるべきではなく，どのように「クライエントを他の組織とつなげるか」ということになる。

　これらの視点は，これまでの個々の事例報告には，いくつも見られる視点であったと考える。しかし，それらは常に「個別事例における個別対応」として語られながら，その事例を理解し改善に向かうためには，あまりにも偶発的に組織化されたり，理解されたりしたものに過ぎない。いわば，中堅以上の心理士が「勘」のようなものによってたまたまつかみ得た情報や，たまたまうまく繋がっただけの援助ネットワークだったに過ぎないと考える。たとえば，薬物療法が必要であると判断したクライエントに対して，「病院」での薬物加療の必要があることを提案したとする。そしてたまたまそのクライエントが知っている病院に行き，その医師がたまたま心理療法との並行治療をあまり意識しておらず，薬物に関するコントロールが治療の中心的なものだから，並行治療になっていても構わない，と判断し，心理療法での面接をまるで無視したかのように治療が進み，たまたま改善した事例を想定していただきたい。この事例について，医師は，薬物療法への効果のあったクライエントとして扱い，心理士から見れば，薬物療法を併用した心理療法が有効なクライエントであったと見なされることになる。しかし，これは本当に「たまたま」医師があまり心理療法についての関与をしなかったために，結果的に「並行治療」が可能となっただけであって，いわば，「まぐれ当たり」にすぎないと考えるべきだと思われる。

　ほかにも，検査や一時入院，診断を求めての診断面接など，多様に考えられる場面があるが，これまであまりこのような「援助組織」の必要性について述べられることが少なく，また述べられていたとしても，「成功例」についての具体的

提示があるだけで，そのために何をどのように考慮し，対応すべきかについての議論がまったくなされていないと考える。

以前より，福祉領域では「ネットワークによる援助」という視点が優位だったことは周知だと思われる [Auerswald, 1968]。しかし，そのネットワークをどのように構築しているのかについての記述はあっても，具体的にネットワークを構築するに当たって「何をどう考慮し，どのような行為によってそれを確立し，そのように活用し，どのようにフィードバックすべきか」については，ほとんど述べられたものはなかったと考える。一部で「拡大ネットワークの活用」などというテーマでの論文も散見するが，それであっても，具体的な手続きを記したものがほとんどないのが現状である [吉川, 2001]。

また，クライエントの「心理社会的要因について考慮する」ということも，多様な場面で散見する。DSM-Ⅳ-TRにおいても，多軸評定の中に心理社会的特性を考慮する項目が含まれている [APA, 2000]。また，多くの心理療法の教科書にも「クライエントの日常的影響を受けているような特性を掌握すること」という項目が含まれている。そして，多くの事例検討においても，クライエントの日常的特性についての質疑がなされ，その特性に何か特筆事項がある場合には，その特性に対する考慮がどのようになされたのかについての質疑が多くを占めている。しかし，心理社会的要因を考慮することが不可欠な要素であるとの考え方があるにもかかわらず，それを積極的に活用するための基礎となる心理社会的要因のアセスメントのガイドラインは，どこにも記載されていないのが実情である。

クライエントの心理社会的要因を理解するということは，多くの心理士がその経験則に従って行っているある種のアセスメントであろうが，そのアセスメントのガイドラインが明確に存在しないことは大きな問題でもある。後に詳細について述べるDSMにおけるⅣ軸でも，「一次支援グループに関する問題」「社会的環境に関連した問題」「教育上の問題」「職業上の問題」「住居の問題」「経済的問題」「保健機関利用上の問題」「法律関係および犯罪に関連した問題」「その他の心理社会的環境的問題」と9分野に分類されている。しかし，DSMでは心理社会的要因に関しての付記があり，「心理社会的または環境的問題が，臨床的関与の中心的対象である場合」それをⅠ軸診断に記録すべきとされている。いわば，心理社会的要因そのものが臨床的関与の最大の目的となることによって，そこから症状や問題が生じていることを暗に示唆しているのである。

このように，心理社会的要因は，多様な視点で活用・解釈されながらも，あまり臨床的には有益なガイドラインを提供してきたとは考えられない。これは，人が生きている中で受ける影響性の多彩さを物語っているからである。社会的な日

常生活が多様であるかぎり，それぞれに対応した視点が提供されていて当然のことである。しかし，心理社会的要因についてのガイドラインが明示されていないことを考える時にも，このような日常的な多様性がその大きな因子となっている。そのため，より詳細な面接という場においては，個々の援助者の臨床的体験に準じた対応が求められる。

また，大きな意味での援助機関という面では，心理社会的要因の共通性に準じた専門家や専門機関が社会では構成されている。DSMのⅣ軸におけるカテゴリーに対応させて考えたとしても，「社会福祉事務所」「教育相談所」「職業安定所（ハローワーク）」「保健所」「弁護士事務所」「精神科・心療内科の病・医院」といった社会組織が存在していると考えられる。心理社会的要因の特性を考慮した場合，このような社会に存在している多くの援助組織は，それぞれが援助の対象や目的に準じた援助を日常的に行っていると考えられる。そして，それぞれがそれぞれの専門性を高度に維持するために，日々の実践を振り返り，修正を繰り返している。

ただ，こうした援助組織は，行政的管轄の繋がりや，専門領域での人間関係の接点からの繋がりなど，ごく一部の組織が繋がりを偶発的に持っているだけに留まっており，社会的な意味での協働治療という名称に値する繋がりが構築されているとは言い難い。したがって，これらの組織全体を俯瞰した視点で考えることで，面前のクライエントに対する援助において心理社会的要因のそれぞれに関する援助を高度な専門性を持つ組織として提供できるようにすることが必要だと考える。

Ⅲ　即時的な援助組織の実態と理想

クライエントの心理的な問題に関連する援助については，あたりまえのことではあるが，その問題に対して適切な援助組織を構築することが前提である。しかし，この「適切」という言葉は，非常にあいまいである。それは，誰に対して何が「適切」なのかを判別するガイドラインがないからである。人が援助の対象である限り，同様の問題についての相談であっても，その捉え方や構え方，対処方法や期待など，多様な違いがある。治療者がどのような側面の情報を重視するかによっても，クライエントのためにできあがる援助組織は，大きく異なる場合も少なくない。また，クライエントがどのような側面の困難感を強調するかによっても，援助組織は異なるものとなる。加えて，それぞれの独自の専門性の提供を目的としているそれぞれの組織においても，それぞれの組織の特性に準じた対応が行われている。それは，組織の社会的な役割を前提としたものであると共に，

その組織に属する人の能力とも深く関連するものである。つまり，形骸化した組織間の繋がりによる援助組織の構築ではなく，面前のクライエントにとって必要な組織化のためには，組織間の特性を把握している「人同士の繋がり」が不可欠であると考える。

ここでは，第1部で触れた「組織の繋がり」をより個別の事例に活用できるようにするため，「組織に属している人の繋がり」について述べることで，その繋がりをどのように構築するかについて述べることとする。

1．援助組織の構築にみられる実態

ここまでもさまざまに述べてきたそれぞれの社会的な援助組織は，その相談対象や目的などが限定され，専門性の偏りがあるのが当然のことである。自らの属する組織の特性は，その組織の業務に関与する中で，次第に身についていくものではあるが，他の組織の専門性や特性に関しては，積極的な活動がない限り理解しづらいものである。一般的な知識として書籍や関係機関の合同会議などで，その概要を知る機会もわずかに見られる。しかし，そうした中で得られる他の組織の特性は，あくまでも共通する部分についての定義や，一般に対して公示されている組織の目的性や機能性にしか過ぎない。

ただ，僅かではあろうが，理想的な援助組織をクライエントごとに構築している場合も，ごくごく稀に知らされることとなる。それは，中堅の心理士と教育的配慮のできる医師や看護師，地域の実情をよく知るケースワーカーなどによって構成された虐待支援の援助組織である［町田ら，2000］。互いに必要な時点で連絡・連携をし，必要に応じて会議を開き，中にはクライエントや家族を含めた会議をあえて招集するという場合も見聞きする。ここで行われている会議という名の話し合いは，まさに専門性の共有というにふさわしい。それは，それぞれが知り得た情報をもとに，互いの専門性を他に提供し合うことができている会議だからである。どうしてこのようなことが一部では可能で，他方では援助組織の構築さえ困難なのであろうか。

少し視点を変えて考えていただきたい。クライエントの援助のための組織の構築を前提とした場合，その主体者はクライエントになる。そのクライエントがいくつかの複数の組織との繋がりの中に自らの身を置くためには，何が不可欠であろうか。結論から言うならば，クライエントは，複数の組織との接点を持つのではなく，複数の組織の複数の専門家との接点を持つことになる。いわば，数名の異なる専門性を持つ人との繋がりの中で，自らの困難感を解消しようとすることになる。同様に，ある立場の専門性を持つ治療者は，クライエントと接点を持つクライエントを含めた複数の専門性を持つ人との繋がりの中に，自らの専門性を

位置づけることが必要となるのである。

2．援助組織における人間関係

多くの専門性の協働やネットワーク的援助が必要とされる虐待や多問題家族への援助，複数疾患に罹患したクライエントや，慢性身体疾患による精神的疾患を併発した事例など，多くの治療困難な事例に対しては，これまでにも専門性を共有した共同治療やチーム医療，ネットワーク支援などが叫ばれてきた。しかし，その実態は，ごくごく稀にそれらの人たちが顔を合わせるための会議が開かれるだけに留まっていることが多い。

いくつかの問題が考えられるが，一つは「他の専門性に関する知識がないこと」が挙げられる。援助職という立場で考えた場合，その専門性には共通する部分が少なからず存在しながらも，他の専門性に関してはあまりにも無関心であったため，その中での繋がりをどのように位置づけるかということが見えなくなっているからである。いわば，恒例の会議で「責任性の領域分担」が必ず話題となるのは，専門性に基づく協働作業においては，それぞれが限定的な責任性を負うということが前提ではなく，責任性の重複する部分についての共有がもっとも必要なことである。加えて，それぞれが自らの専門性を発揮する際に，他の専門性と重複する部分が生じるのは当然のことであり，その重複する部分についての判断をどのような役割の中で実施すべきかを考慮することが，協同的な援助組織のあり方ではないかと考える。踏み込んで述べるならば，重複する専門性の部分に関しては，むしろ他の専門性を持つ立場の人たちが，その専門性を発揮しやすくなるように，他の専門性を提供する人たちからの積極的な支援を行うべきであると考える［吉川，2009］。

また，組織で提供できる専門性であっても，それぞれの専門性を持っているのは「人」である。したがって，その「人の特性」を十分に知ろうとする姿勢が不可欠である。いくら専門性を提供できる人との繋がりであったとしても，それぞれの得手不得手は存在し，日頃はそれを「組織」によって補填しているのが普通である。したがって，ある組織の専門性を持つべき人が，その組織としての専門性をすべて負えるであろうという前提で考えることは危険であり，その人に対する過剰な期待になる危険性もある。したがって，それぞれの組織の中で日常的に行われている業務において，その「人」がどのような位置にあるのかを理解することが必要である。

加えて，そのクライエントにとって面前の「人」がある種の専門性を提供できる人であったとしても，必ずしも援助組織が成立するとは限らない。それは，援助のための組織であったとしても，協働治療を行うためには，互いの専門性を共

有できるということが必要だからである。その「人」が，互いの専門性を共有することを前提としているのか，むしろ独自の専門性に固執しているのかによっては，援助組織の中にその「人」の存在を位置づけることが難しくなる場合も見られる。同様に，有効な専門性を提供できる「人」であったとしても，あまりにも独自の主張にクライエントまでも付き従うことを強要するようでは，援助組織として有効に機能することは困難になる場合もある。

このように，組織に属する専門性に注目しすぎると，その専門性を提供してもらえる基本的な存在である「人」が見えない場合が多い。しかし，すでに述べたように個々のクライエントにとっては「複数の専門家との繋がり」が援助組織の実態である以上，専門家間の人間関係が良好であることはいうまでもない。ただ，専門家間で専門性が共有できていることがあたりまえのことであると認識されてはいるが，実態としてはまだ不十分な部分が多いのではないだろうか。

3．組織人にとっての限界

さて，援助組織の構築が可能になるため，また互いの専門性を共有するために必ず配慮しておくべきことがある。それは，最終的には「人」の繋がりであり，専門性を共有する人間関係ではあるが，それでもそれぞれが提供できる専門性は，それぞれの組織に縛られたものであるということである。

あるクライエントにとって必要な専門性をある組織が社会的役割として負っているとする。そして，その組織における接点としてある「人」との援助組織が構築されていると考えた場合，その「人」はその「人」が属する組織の専門性のすべてを負っているわけではないということである。たとえば，虐待関連の相談において，病院関係者，民生委員，親指導の心理士，そして児童相談所ケースワーカーが援助組織の構成員であるとして，子どもの発達検査の必要性が生じたとすれば，どうであろう。発達検査は，児童相談所で提供できる専門性であり，その判定業務を公的に負うべきとされている組織であるが，ケースワーカーは，発達検査についての専門性を持っているわけではない。児童相談所で発達検査を専門性として提供できるのは，心理判定員である。いわば，組織の中でも分業によって専門性が提供されているのと同様に，援助組織に登場する「人」がそこで必要な専門性を提供できる組織に属しているからといって，その「人」がその専門性を提供できる存在ではないことを理解しておくべきであろう。

同様に，援助組織の中にあっては，「組織として専門性を提供できるか，その提供のための条件にどのようなことがあるのか」を明確に示せることが必要であろう。そこには組織の中でのルールに縛られた専門性の提供が前提となる以上，組織として負うべき専門性を必ず提供するための条件が存在するはずである。一

第3章 マクロとしてのアセスメント

方では、負うべき立場として、他方では負わせるべき側の姿勢として、十分な配慮をすべきことはいうまでもない。たとえそれが、どのような援助組織の側の要請やクライエントにとっての必要性があったとしても、その組織のルールに反する責任を負わせることは、してはならないことだからである。

このような微妙なことをあえてここで述べているのは、その種の誤解が援助組織の疑心暗鬼を生み出し、結果として援助組織の機能不全に繋がることが多いからである。それは、負わせる側の無理解ともいうべきことと、負うべき側の責任性に対する甘い姿勢という相互作用によって生まれるものかもしれない。しかし、本書で述べているマクロな視点での援助組織のあり方に関して考慮するならば、このような微妙なことを調整できるような人間関係を基盤とした援助組織をクライエントに提供できるようにすることが、援助の質的向上に繋がると考える。

4．社会的繋がりを維持すること

さて、このような社会的な援助組織は、一定のクライエントのために即時的に構成されるものであって、持続的・継続的な組織ではないことを理解しておくべきであろう。あるクライエントの事例で援助組織が構成され、それが有効に機能したからといって、その援助組織そのものの機能性が常に有効であるとは限らない。基本的な信頼関係がそのクライエントの事例を通じてより密度の濃いものになったということは言えるだろうが、だからといって他の事例に即繋がるものではない。これが援助組織の構築をより困難にしている一因でもある。

クライエントごとに作られる即時的な援助組織であること、これはある面で相当に高度な専門性がそこに関わる人たちに要請されていることを物語っている。それは、持続的な組織であれば、実践を振り返り、再度修正する実践が繰り返されるため、高度で詳細な実践のための相互提案が可能となり、それによって組織としての質的向上が図れることになる。しかし、即時的な組織は、その場限りの繋がりであるために、実践を振り返り、それを修正するという機会がほとんどないからである。これは決定的に経験的資質向上の機会が得られないことであり、最悪の場合は「徒労の繰り返し」に至ることもあり得ることである。

こうした即時的な援助組織の構築には否定的な側面が多く見られ、高度な協働ができたとしても、それが継続的に見られないことの一因になっていると考えられる。しかし、一部には高度な援助組織を次々に作り上げ、それなりの結果を示している場合もある［阪ら，2000：岡田，1999］。では、ある組織でできている継続的な人間関係が、即時的な組織で「できない」というのは、「何ができていない」「できづらい」のであろうか。

それは、即時的であっても作られた援助組織が人間関係によって構成されてい

る以上，その人間関係における特定のコミュニケーションを行う場が設定されていないからである。ケース検討や合同会議，逐時になされる連絡や文章交換など，即時的な援助組織においては，こうしたコミュニケーションの機会が多様に設けられており，必要に応じて打ち合わせというレベルの会議も多々見られる。このような場で行われる何気ないコミュニケーションは，人間関係が基本である即時的な援助組織の構築には，多大な影響を生じる。そのため，その援助組織がクライエントの問題解消と同時に消滅した場合，コミュニケーションの場も消滅することになるため，振り返りの機会を失ってしまうことがもっとも大きなマイナス要因である。

　それを代行するための場を設定すること，いわば，何かの別の機会に準じて振り返りのためのコミュニケーションの場を設定することができるならば，その中での人間関係の繋がり，いわば援助についての即時的援助組織のあり方についての検討が行えることになり，そのことが次なる即時的な援助組織の構成の時にたいへん大きな効果となるのである。それは，時には次の援助組織の合同会議などの場でなされるような偶発的なものを想定するのではなく，積極的にそのような機会を作れないかどうかについて検討することが望ましい。

　ただし，互いに多忙な中でこのような機会を作るためには，公私の切り替えをはっきりとしておくことが不可欠である。それは，即時的な援助組織は持続的な人間関係を前提とした組織とは異なり，必然的な人間関係の縛りがないため，互いにとって振り返りの機会が必要であることそのものが共有されていなければ，人間関係を悪くする可能性さえ起こるからである。また，それぞれにとってこのような人間関係が多大な繋がりを構成しているような場合は，振り返りのためのコミュニケーションの場の設定そのものが互いの日常業務そのものに大きな負荷となることも少なからず考慮しておくべきであろう。

　最後に，即時的な援助組織の構築には，積極的に「クライエントへの援助」という大義名分が伴い，互いの専門性に関して共有することはそれほど困難ではないかもしれない。しかし，そこでの人間関係は，あくまでも即時的な目的性を持つ援助組織であって，持続的な人間関係の縛りがない組織である。このことの違いは，何気ない日常の中で多くの人が「誰と付き合い，誰と付き合いたくないか」「誰とどの程度のつきあいをし，誰とどの程度距離を取るか」ということと同義であることを心に留めておくべきであろう。

IV　クライエントの心理社会的要因

　臨床場面でクライエントの困難感を把握し，その心理的特性を把握するために

行われるアセスメントにおいては，多様な示唆が提示されている。それぞれの臨床モデルに準じたものや，総括的な視点でのアセスメントすべきことについての概説書や，その他の各論に関する論文等々，多様に存在する。その中でも本項では，「クライエントの心理社会的要因」と称されている部分を強調しておきたい。

　まず，クライエントにとっての困難感は，個別的体験である。どのような疾患や問題であっても，それが同様なものはまず存在しないというのが臨床心理学的な立場での主張である。しかし，医学，福祉や教育などでは，人の同一性を前提としている部分があり，それに準じたガイドラインやマニュアルが好まれる場合も少なくない。しかしそれは，専門性の違いという言葉で片付けるほど簡便なものではないと考える。なぜなら，面前のクライエントの困難感に対して，何を強調し，どのような部分を重視するか，そしてそれに応じてどのような対応や対処をすべきと考えるかという，クライエントの援助そのものに関わる大きな視点の違いを把握しておくべきだからである。

　また，本書で取り上げているメタ・アセスメントという視点では，それぞれの組織の特性がそこに存在していることを前提として論を展開している。その立場からいうならば，それぞれが独自のアセスメントを行い，それに準じてそれぞれの専門性に基づく援助を実践しているのであれば，その違いを意識すると共に，そこにある共通性をはっきり把握し，他の専門性での固有の視点との繋がりを把握しておくことが，即時的な援助組織の構築には，不可欠であると考える。

　したがって，以下では多くの職種が考慮しながらも，そのとらえ方の比重が異なる「心理社会的要因」に注目し，そのとらえ方の違いについて概観することとする。

1．クライエントを知るということの実態

　まず，従来から述べられているようなクライエントが困難感を訴えて来談した場合，クライエント自身をアセスメントするということについてあえて触れておきたい。それは，クライエントをアセスメントするということが，心理査定という臨床心理学の専門性を用いた分析だけではなく，日常的なクライエントの行動特性や過去からの生活歴，その他の特性の多くを援助職の専門家は意識しているからである。

　臨床心理学では，前章で触れたように，まさにアセスメントという言葉によってクライエントを査定することが基本的な姿勢である。心理テストを駆使し，行動観察を行い，生活歴を聴取し，その上でクライエントの現在の心情的特性に共感しようとすることが多くの心理士にとっての基本であろう。ただし，ここで述べたような行動観察や生活歴，そして現在の心情的特性といったものは，心理テ

ストで明確に示されるものではない。むしろ，これらのクライエントが提供する情報に準じて，どのような心理テストを活用する必要があるかを判断することが臨床心理の専門性であると考える。

　また，ケースワーカーという立場であっても，同様にクライエントの困難感に寄り添いつつも，クライエントが提示・要請する援助を社会的に達成するにはどのような組織との繋がりを構築すべきかを考慮することになる。看護師であれば，医師からの情報をもとに，治療計画とともにその病因の背景を把握し，自分たちの援助の領域を明確にするとともに，付き添いにくる家族から生活特性を把握し，個人的性格や対人関係における対応・反応の特性を理解しようとする。教職員であっても，教育相談などの場においては，児童・生徒の困難感を聞き取り，その背景にある交友関係や家族関係，日常生活での特性などをできる限り把握し，面前の相談に対応できるようにしようとする。精神科や心療内科の医師であっても，病理の存在を同定し，その改善のために有効な薬剤の選択を考慮しつつも，そのクライエントの日常生活場面を考慮し，クライエントごとに社会的な繋がりについて検討し，その配慮を必ず行えるようにしている［中井，2000］。

　このように，それぞれの専門性が異なるにもかかわらず，「対人援助職」という共通する部分では，類似する視点をクライエントに向けていることになる。それは，クライエントが社会的な存在であることを前提とし，困難感や疾患を個人的心情や苦悩，苦痛として理解するだけではなく，それを日常的で社会的な場面との繋がりとして理解しようとするのである。これは，「対人援助職」という職能を発揮するためには，面前のクライエントと称されている「人」を対象とするため，必然的にその「人」の存在を社会的な文脈に基づいて理解することが求められるからである。いわば，どのような「対人援助職」であったとしても，援助の対象である「人」を社会的な文脈から切り離し，社会的に孤立した存在として扱うことは許されないからである。

　しかし，一方でそこで行われていることは，立場の違う専門性によって，日常生活や社会性についての情報の中から，どの部分に重きを置き，どの部分を強調し，どの部分に焦点を当てるかという違いが大きく存在している。この違いがそれぞれの専門性の違いに繋がる重要な部分であると考える。それは，それぞれの組織がその組織として社会的な目的性を持ち，それに準じて機能しているのと同様に，それぞれの「対人援助職」の人たちが，職能的な専門性を行使する目的性に準じて活動しているということである。それぞれの専門性を発揮するためには，いくら「対人援助職」としての共通性があろうとも，そこに視点の偏りや重視軽視する部分が存在するのは当然のことであることを理解しておくべきである。

第 3 章 マクロとしてのアセスメント

　ここで取り上げた「クライエントをアセスメントする」という用語は，臨床心理学という専門性に準じた用語である。医師であれば「クライエントを診断する」であり，看護師であれば「クライエントのことを看護計画のために知る」であり，ケースワーカーであれば「クライエントの社会的な立場を理解し，求めている支援を把握すること」であり，教職員であれば「児童・生徒のことをより詳細に知ろうとする」ことであろう。しかし，それでもこれらの用語の違いを超えて，「対人援助職」として共通するのは，「クライエントの困難感の解消」という共通目標であり，そのためにそれぞれが独自の専門性に基づいてクライエントの困難感に関連することを把握しようとしていること，それがクライエントへのアセスメントの実態であると考える。

2．DSM-Ⅳ-TR に見られる心理社会的要因

　さて，少し堅い話になるが，精神医学がその歴史的経緯の中で，その専門性が高度に必要とされ，派閥や立場やグループごとに多彩な分類が必要であった「精神病理」の同定という診断のための作業から，精神科医であれば誰もが共通して理解できる診断分類の基準として，観察を前提とした「行動特性と頻度」を持ち込み，診断分類と治療指針のあり方を共有しようとしたのが，DSM が提案された背景である［APA, 2000］。このような背景を持つ DSM は，精神科で扱うべき疾患のガイドラインであると共に，精神科医が疾患診断に至る過程で必要な情報が何であるかを提供しているものとして考えることができる。

　DSM は多軸評定と称し，Ⅰ軸：臨床疾患・臨床的関与の対象となることのある他の状態，Ⅱ軸：パーソナリティ障害・精神遅滞，Ⅲ軸：一般身体疾患，Ⅳ軸：心理社会的および環境的問題，Ⅴ軸：機能の全体的評定の五つの軸によって分類のガイドラインがある。このうち広く知られているのは，Ⅰ軸の「臨床疾患」，いわゆる診断名であって，他の軸に対する関心は比較的薄いものとなってしまっている。しかし，DSM という新たなガイドラインを設定しようとする際に問題となったのは，精神科疾患の診断にとってどのような側面が必要かの議論であり，Ⅰ軸の疾患分類だけで診断を下すことは不十分であるとの視点である。DSM の現在までの発展経緯の詳細を考えてみれば，一般的なクライエントが持ち込む困難感をどのような視点で分類し，どのような対応が考えられるのかがわかるはずであるが，やはり DSM に準じただけでは，十分にクライエントの困難感に対応することはできないと考えられる。

　しかし，「対人援助職」という共通する専門性を前提とするならば，この DSM の多軸評定は大いに参考になる部分がある。それは，クライエントの生活歴を含めた日常生活での実態がある程度ではあるが，把握できる可能性があるからであ

る。特に，Ⅳ軸の「心理社会的および環境的問題」については，下位カテゴリーとして領域ごとに考慮すべき以下のような指針が付記されている。それは，「一次支援グループに関する問題，社会的環境に関連した問題，教育上の問題，職業上の問題，住居の問題，経済的問題，保健機関利用上の問題，法律関係および犯罪に関連した問題，その他の心理社会的環境的問題」という9分野による分類である。これらの視点を先に述べたような社会に存在している援助組織に対応させて考えた場合，ある程度の一致をみる。以下に，その対応について示す。

「一次支援グループに関する問題」は，主に家族や親族関係に関わる問題がその中心であり，「住居の問題」も近隣を含めた住環境に関わる問題であり，これらの相談の多くを社会福祉事務所が担っている。加えて，一部については家庭裁判所の家事相談や児童相談所などが管轄として考えられる。「経済的問題」についても，その多くは福祉事務所の管轄とされている。「社会的環境に関連した問題」は，特別にいずれかの機関が相談の窓口となるのではなく，対人援助職にある立場にある人が関わる相談窓口では，共通して配慮される項目である。「教育上の問題」については，各学校単位での対応や教育委員会の直属相談機関である「教育相談所」が個別の相談窓口になっているとともに，各学校での相談の包括的な支援をしている。「職業上の問題」は，その一部において職業安定所（ハローワーク）がその任にあるとされており，近年就労支援などに関する相談を促進して行っている。「保健機関利用上の問題」は，健康や保健に関わる問題で，主に保健所や精神保健福祉センター，福祉事務所が対応の中心である。「法律関係および犯罪に関連した問題」は，法務関係に関わる相談となり，やはり警察や弁護士事務所などが相談の窓口となるべき内容である。そして，「その他の心理社会的環境的問題」は，戦争や天災を含みながらも，全体として「援助職との不和」という問題が示されており，これに対応しているのは，類似する近接領域の相談機関であると想像される。

このように，社会的に存在する各種の相談機関が，精神的な問題の背景にある心理社会的要因に対応していることを考えれば，個々のクライエントが持ち込む精神科疾患ではなく，困難感への対応が必要である場合も少なくないことが想像できる。そして，クライエントの述べる困難感を解消することを目的として来談していると考えるならば，一括りにされている「対人援助職の専門性」とは，多様な広がりがあることがわかるであろう。これらすべての専門性を高度に向上させるという前提に立つならば，多くの対人援助職はその専門性の一部分的な専門性のみを提供する立場である。したがって，必然的に個々のクライエントの困難感や要請に応じて，即時的な援助組織を構築する必要性が理解できる。

第3章 マクロとしてのアセスメント

　翻って考えた場合,「対人援助職」という立場にあることは,あくまで一定の心理・社会的サービスを提供することを前提としており,その対象が「人」である限り,その多様性を常に考慮しなければならないことになる。それぞれの立場にある対人援助職の人たちが,それぞれ自らの援助の専門性を向上させることには,真摯な姿勢を示すことが大半である。しかし,近接他業種であるかのような近接領域の専門性については,「類似性があるから」という理由で,あまりにも無関心すぎたのではないかとさえ考えられる。決してよい例ではないが,看護職の専門性には,「医師の指導に準じた対応」が求められることが記述されており,そのために必然的に近接領域である「医師」の専門性をできる限り理解するために,初期教育の段階からカリキュラムが成立している（厚生労働省医政局長,2007）。責任性や技術的能力,一部には政治的・行政的分類や棲み分けという別の意味での社会的影響が関与しているのであろうが,医師－看護という関係は,主従関係を基本としている点で,専門性の協働という視点から,すべてを歓迎することはできない。しかし,社会的な必要性を視野に入れた場合,それぞれの専門職の教育カリキュラムの中に,医師だけでなく近接領域の専門性について理解するためのガイドラインが盛り込まれてもよいのではないかと考える。それは,本章で述べるようなクライエントの要請に対応できるためには,つまり必然的に微妙に異なる領域の専門性をそれぞれが駆使した協働的で即時的な援助組織が構築されるためには,不可欠な視点ではないかと考える。

3. システム論的な視点からのマクロなアセスメント

　クライエントにとってもっとも強い関心事項は,一言でいえば日常性の回復であろう。クライエントにとって何気なくできていたはずの日常生活が,問題や疾患によって障害され,あたりまえにできていたはずのことさえできなくなり,困難感を感じているという問題が生じているからである。多くの対人援助職では,こうした個々のクライエントの困難感を解消するためにできる限り広範囲な視野でクライエントの日常を考慮しようとしている。これは,一般的な心理療法でも同様であるが,それについて言及している部分は,あまり強調されていない。それは,それ以前にすべき課題があるという事情からかもしれない。

　システムズアプローチではアセスメントの最初の段階からクライエントの日常に視野を置いて,できる限り「現在のクライエントの困難感」に関与している社会的な存在である人や組織を考慮しようと考える。これは,システムズアプローチの基本であるシステム理論には「そのシステムの構成要素をできる限り任意で選択する」という側面と,「その構成要素間の相互作用を作り出している文脈が変化の対象となる」からである。この二つの側面は,システムズアプローチの実

践にとって不可欠なアセスメントとなっている[吉川, 2008]。それは，「システムの構成要素」とされている存在を「家族」と規定してしまえば，システムズアプローチにもとづく実践ではなく，単なる「家族療法」となってしまうからである。かつて妥当性を主張していた「家族療法」が衰退したのは，この援助の事前段階から対象システムを「家族」に限定したことによる弊害であるとされているからである。

　これまでの心理療法と家族療法の違いとして，相談の場における対象が個人か家族かという分類をよく耳にする。家族療法が提供した「有機体としての家族」という視点は，それなりに有益な視点をいくつも提供しているが，同時に家族療法の歴史的負の遺産も引き継いでいることになる。いわゆる「家族病因論」である。詳細については第１部の家族療法の歴史的経過の説明に譲るが，家族療法ではなくシステムズアプローチという視点が重要である。

　それは一般的な心理療法が個人を対象としてアセスメントを行う場合，個人の心理的特性や精神内界をその中心に置くため，クライエントの環境的要因との相互作用が重視されないからである。家族療法であっても，個人療法であっても，それぞれの治療構造についての違いよりも，認識論的な違い，いわば，何をアセスメントの対象とし，何を変化させることが治療的であるかについての視点が大きく異なるからである。

　システムズアプローチの視点は，クライエントの困難感は，常にそのクライエントの日常的な相互作用が構成されているすべての対象に向けられ，その中から困難感を生み出している相互作用の構成要素を明確にしなければ，その後の治療的対応ができないという立場にある。したがって，ここまで述べてきたようなクライエントにとっての社会的な困難感を作り出していると考えられる相互作用の構成要素に対しては，治療の初期段階から注目が向けられているのである。そして，その相互作用の中で生じているクライエントの困難感と，クライエントが治療者に要請している内容のそれぞれに対応するために，どの範囲の社会的な構成要素の存在を視野に入れるべきか，そしてどの程度それぞれの治療において活用すべきであるかを考慮するのである。

　また，個々のクライエントにとっての困難感に対応するためには，必然的に多くの社会的な援助組織における高い専門性を維持し，協働的治療ができる信頼に値する「人」とのつながりを重視する[吉川, 2006]。それは，単純にクライエントの困難感に対する複数の専門家間で，異なる指針があったとしても，同様の治療的対応が構成されているかを常に考慮することが必要だと考えるからである。

　極端な例ではあるが，異なる指針の二人の治療者から，正反対の指示を受けた

場合，多くのクライエントは困難感を強くするはずである。そして，来談の主要な困難感に加えて，治療を受けたがための新たな困難感を感じるという事態に直面することになる。これはゆゆしき問題である。専門性が多様に存在しているとするならば，その中で唯一無二の絶対的な方法論が存在するなどという考え方はあり得ず，状況や対象によってそれらは使い分けられるべきものでなければならないはずである。加えて，一人のクライエントに対しては，それに関わる多くの存在があったとしても，それらの専門家の間で異なる指針をクライエントに提供することは，基本的にあってはならないことである。

　システムズアプローチでは，通常の治療においても，複数の人間が異なる指針を示している状況では，問題の膠着化が生じるのが当然であると考える。そのため，クライエントに関わるすべての存在が可能な限りその影響力の大きさに準じて，できる限り同一の視点を持って同一の指針からの対応がなされるようにすること，いわばクライエントに関わる構成要素間のコンセンサスを作ることが必要不可欠であると考えるのである。このコンセンサスを作り上げることは，それほど困難ではないが，ある面ではそこに関わる人の信念や生活信条，そして専門性に関わる場合，できる限り「本当にそうだと思える」というレベルでのコンセンサスではなく，「この場面に限定すれば，それが必要かもしれない」というレベルでの対応で十分である。なぜなら，日常的には多様な価値観や信念，生活信条の違いがあっても，それ自体が常に対立的な人間関係になるわけではないからである。それぞれの人が日常的には「他との違いを共有する」ということができる存在であり，それほど微妙な違いを常に意識して日常的なつながりを持っているわけではないからである。

　このように，システムズアプローチの視点では，ある程度初期段階からクライエントの困難感に関わる構成要素を，家族に限定せずに，社会的な存在からアセスメントしている。そのため，比較的多様な視点でクライエントに関わる社会的な存在を意識しやすい。同様に，そのクライエントに関わっている多くの社会的な援助組織の特性についても，そのクライエントを通じて間接的な接点が作られていくことが多い。したがって，クライエントに関わる援助組織や「人」の存在について俯瞰することにもつながる。そして，結果的に社会的な援助組織間のつながりそのものの存在を，知識として体系化していく中では，社会的な援助組織を俯瞰しやすい視点であると考えられる。

　なお，このようなシステム理論に基づかない心理療法においても，臨床経験の豊富な治療者は，類似する視点を持って治療に当たることが多いと考えられる。それは，クライエントの日常に対する理解を深めるために，経験則から得られた

知識を体系化し，その中で必要な社会的接点に関する情報の重要性を身につけているからであろう。したがって，ここで示したシステムズアプローチの視点は，こうした社会的な繋がりをできるだけ理解しやすくするための考え方であって，システムズアプローチ自体が有益な方法論であるという趣旨ではないことを理解していただきたい。

V システム論からみた社会的相互作用

これまで多くの研究において，「チーム医療」「ネットワークにおける協働」「リエゾン・コンサルテーション」などの用語によって，それぞれの専門性を駆使したクライエントの要請に対応するための即時的な援助組織の必要性が述べられてきた［保坂ら, 1990；野坂ら, 2007］。しかし，その実情はクライエントの困難感に対応できるような援助組織にはなっておらず，ごくまれにクライエントの要請に機能的に対応できた援助組織の事例を散見するのみである。また，その効果についての考察も，「協力が大事」「連携が大事」という不十分なかけ声に留まっているか，「協働の際には専門性の共有が必要」「責任性を明確にすること」などに留まっていると思われる。援助組織の協働体制に必要な即時的な組織の人間関係にとって，何が必要な視点であったか，互いの専門性の理解を促進するための要素など，実質的な協働のために必要な視点について指標を示したものがほとんどみられない。いわば，社会的に必要なこととして位置付いていながらも，指標が示されるまで研究が進んでいないのである。

前節でふれたシステムズアプローチにおいても，その実践における協働を基本とした即時的な援助組織を構築し，クライエントの要請に対応できたという報告はあるものの，これまでその理論的な考察は行われることがなく，一部の専門家の中で特別な指標があるのではないだろうかとの情報があるに留まっていた。また実践的には，スクールカウンセリングの実践報告や困難な事例における複数の援助者を組織化した事例報告が散見されているにすぎない［吉川・唐津, 2007；吉川・村上編, 2001］。したがって，ここでは前節で示したような即時的な援助組織の構築が可能となった以降の，その援助組織が有効に機能するための理論的な指標を提示することとする。

システム理論では，一定の環境における人間関係は，その相互作用によって成立していると考える立場を取る。その人間関係の特性は，繰り返される日常的な相互作用によって維持され，形作られていると考える。したがって，治療的な介入の指標として示されているのは，日常的な相互作用によって維持されているコミュニケーションを観察し，そのコミュニケーションがパターン化して繰り返し行われている文脈そのものを変化させることとされている。それは，

第3章　マクロとしてのアセスメント

コミュニケーションの一部分の繋がりを遮断すること（あえて言うなら、コミュニケーションパターンの遮断）や、コミュニケーションの繋がりの中に新たな展開を創出させようとすること（あえて言うなら、コミュニケーションパターンの創造）、また、パターンを維持している文脈そのものについての認識のあり方を変えること（あえて言うなら、リフレイミング）や、意識されていないパターンに別の意味を付与してあえて意識化させること（あえて言うなら、逆説的介入）などである [東, 1993]。そして、こうした治療的介入によって生じる結果の一部には、人間関係の変化や人間関係のあり方そのものの変化などがあるとされている。

また、日常的な人間関係における相互作用は、一定の範囲だけでパターン化したコミュニケーションによって維持されることだけではない。これらと並行して、日々新たな人間関係の可能性を作り続けていると考えられる。問題が生じているシステムの特性として、その構成要素が普遍的になっていることが研究されてきた [Hoffman, 1981=1986]。いわば、日常的な人間関係に広がりが見られる機会がない状況が持続することである。こうした構成要素が固定化された人間関係においては、より一層固定的な訴えが維持されやすく、外からの変化の要因を受け入れづらいものとしているからだとされてきた。したがって、単純な治療的介入の要素として掲げられているのは、一定のシステムの構成要素に他の構成要素を取り込み、元々の日常的な相互作用を維持しづらくさせること（あえて言うなら、治療者の影響性）だけでもよいことになる [Bradford, et al., 1982]。

ここで注目したいことは、安定したコミュニケーションによってシステムの機能性が維持されている限りにおいては、そのシステムは一定のルールに準じた相互作用を構成していると考えられていることである。これは、日常的な相互作用が、固定的な構成要素の間であっても、不安定なコミュニケーションを繰り返したり、不確定な構成要素の間でのコミュニケーションが結果的に安定したコミュニケーションを作り出す可能性があることを示唆していると考えられる。いわば、治療者がクライエントの困難感に対応するために、即時的な援助組織を構築するということそのものが、すでにクライエントにとっての日常的なシステムの構成要素を拡大し、不安定なコミュニケーションを作り出す可能性があることを示唆するものだと考えられる。

治療の対象となるシステムの構成要素間での相互作用を変えることで、治療的な変化を起こせると考えるのであれば、クライエントが提示する困難感に含まれている「既存の環境」からの影響性をアセスメントすることは、静的なアセスメントを行うことである。これに対して、単純に治療者がシステムの構成要素とな

ることや，即時的な援助組織が構築され，クライエントに対する援助が多様に行われることは，すでにシステムの構成要素そのものが変わっていることを示していることになる。したがって，クライエントが来談した段階で，治療者がその構成要素となり得れば，すでにクライエントの困難感を維持している「既存の環境」は，過去のものとなると考えられる。加えて，その治療者がクライエントの困難感に対応したそれぞれの専門性に基づく援助を行うための構成要素として即時的な援助組織が加えられれば，クライエントの困難感を作り出していた環境は，より強力な影響性によってある意味「新たな環境」へと変化することになる。その意味で治療者は，常に流動的である「新たな環境」については，静的なアセスメントを行うのではなく，動的なアセスメントをすること，いわばクライエントの困難感を作り出してきた環境に対して変化を導入しているのだという視点が必要である。治療者がクライエントの困難感に対応できるような即時的な援助組織を構築することによって，その組織がクライエントにさまざまな働きかけを行うことになり，その結果として生まれるクライエントの「新たな環境」は，可変的なものである。そのため，即時的な援助組織を構築した場合，その「新たな環境」に対しては，流動的なアセスメントを行う必要があると考えられる。

　システム論からみた社会的な相互作用は，常に新たな人間関係を作り出せる可能性を秘めたものである。クライエントが困難感を訴えていた「既存の環境」という存在は，それについて誰かに話すということだけでも，また，即時的な援助組織が構築され，その中にクライエントが位置づけられるだけでも，システム論的に見るならば，すでに治療的介入になる可能性があることが示唆される。

　加えて，こうした社会的な相互作用が，一定のシステムの固定化した相互作用を変化させるために効果的であったと評価されている場合では，最終的な結果として，社会的な相互作用が一定の指針に従って同様の作動を行っているという評価が共通している。ただし，その直前の段階では，むしろ新たなシステムの構成要素が増えることによって，一時的な混乱が生じていることも，いくつかの指針で明らかになっている [杉万, 2006]。それは，クライエントにとっての「既存の環境」に新たな構成要素が加わることで，その環境の中での相互作用にルールが設定されるまでの一時的な混乱が必要となるからである。そして，その混乱が収束する段階では，クライエントにとっての「新たな環境」を構成するこれまで以上の多くの構成要素間で，一定のコンセンサスに基づいた相互作用のルールが設定されていると考えられる。

　このような視点について，システム理論を用いて説明しようとした場合，そこで用いることができるシステム理論は，すでに第1世代の閉鎖系の作動を説明

第3章 マクロとしてのアセスメント

するシステム理論ではなく，開放系の作動を説明する第二世代のシステム理論や，第三世代のシステム理論とされているオートポイエーシス・システム理論（autopoiesis system theory）になると考えられる．また，社会心理学的な視点での説明枠組みを持ち込むのであれば，こうした社会的相互作用の可能性についての視点は，社会構成主義（social constructionism）の説明に準じるのではないかと考えられる．

　治療者がクライエントの困難感に対応した即時的な援助組織を構築し，相互作用の援助組織がクライエントに「新たな環境」として社会的相互作用を構成することについて，システム理論の立場で相互作用の有効性を説明するならば，このような複雑な説明になってしまいかねない．しかし，これらの社会的相互作用を説明するならば，以下のような単純な説明でも十分かもしれない．それは，「社会的な組織に人が新たに加われば，期待と共に困惑が一時的に増すが，その組織が落ち着くためには，新たな秩序が作られていく過程で一定の動きが生まれてくる，と外部観察の視点からは見えるのではないだろうか」ということである．そして，この動きをより簡潔に示すならば，「一定の環境に人が加わり，そこに秩序が作られるためには，繰り返し行われる社会的相互作用の中で，無効なコミュニケーションだけが消え，有効なコミュニケーションだけが残っていくこと」と考えられる．

〈文　　献〉

APA : Quick Reference to the Diagnostic Criteria from DSM-Ⅳ-TR. American Psychiatric Association, Washington D.C., 2000.（高橋三郎，大野裕，染矢俊幸訳 DSM-Ⅳ-TR：精神疾患の分類と診断の手引．医学書院，2003）

Auerswald, E.D. : Interdisciplinary versus ecological approach. Family Process, 7 ; 202-215, 1968.

Bradford, P., Keeney, B., Sprenkle, D. : Ecosystemic epistemology : Critical Implications for the Aesthetics and Pragmatics of Family Therapy. Family Process, 21 ; 1-19, 1982.

東豊：セラピスト入門：システムズアプローチへの招待．日本評論社，1993．

Hoffman, L. : Foundation of Family Therapy : A conceptual framework for systems change. Basic Books, New York. 1981（亀口憲治訳：システムと進化．朝日出版社，1986）

保坂隆，黒澤尚編，岩崎徹也監修：コンサルテーション・リエゾン精神医学の課題．東海大学出版会，1990．

厚生労働省医政局長：医師及び医療関係職と事務職員等との間等での役割分担の推進について．厚生労働省通知医政発第1228001号，2007．

町田英世，工藤卓，吉川悟，中井吉英：外在化技法を用いた慢性疼痛の治療：Gate control theoryを応用した心理療法．心身医学，40 (2) ; 135-141, 2000．

中井吉英：生活習慣病を通してみた21世紀における心療内科の役割．日本心療内科学会誌，4 (2) ;

2000.

野坂達志,大西勝編著:孤立を防ぐ精神科援助職のためのチーム医療読本:臨床サービスのビジネスマナー,金剛出版,2007.

岡田隆介:家族の法則:親・教師・カウンセラーのための道標50.金剛出版,1999.

阪幸江,吉川悟:ひきこもりに対するシステムズアプローチ:長期化した不登校の後,社会的ひきこもりとなっていた症例.思春期青年期精神医学,10 (2); 186, 2000.

杉万俊夫:コミュニティのグループ・ダイナミックス.京都大学学術出版会,2006.

吉川悟,村上雅彦編:システム論からみた思春期・青年期の困難事例.金剛出版,2001.

吉川悟:剣道の強制が原因と語る家庭内暴力の一事例,なにをどうして欲しいかがわかるまで.(中村伸一,生島浩編)思春期青年期ケース研究9,pp.7-32,岩崎学術出版社,2001.

吉川悟:患者とその援助を意図する人たちの「ローカルな専門性」を生かすこと,システムズアプローチを実施するための「人」の見方.家族療法研究,23 (3); 230-237,2006.

吉川悟,唐津尚子:臨床トレーニングに関する私的なコメントその1:「気合と根性」は本気か合言葉か.精神療法,33 (1); 98-107, 2007.

吉川悟:家族療法からシステムズアプローチの発展に浸かる.家族療法研究,25 (2); 149-159, 2008.

吉川悟:人・言葉・専門性をつなげる(社会構成する):クライエントのための「チーム医療」とは.第47回日本心身医学会近畿地方会抄録集,2009.

第4部 臨床行為とアセスメント──第**4**章
マクロとミクロを使いこなす
メタ・アセスメントを活用した事例を通して

吉川　悟

I　メタ・アセスメントを活用する

　ここまでさまざまな視点からメタ・アセスメントの臨床的有用性について述べてきたが，すべてそれぞれの施設についての各論か，治療者がどのように考えるべきなのかということを述べるに留まっている。これは，それぞれにとってメタ・アセスメントを活用することが個々の事例ごとに大きく異なり，その全体を表すことが困難だからであり，一方では日常的に行っている個々の事例への何気ない対応であるために，その説明が困難だからである。

　しかし，具体的な事例を通じて，その活用の方法を示すことで，メタ・アセスメントをどのように活用することができるのか，またどのような点に留意しているのかを，より具体化することができると考える。特にそれぞれに作られる即時的な援助組織の構成や，そこでの対応についての留意すべき点など，あくまでも一例としての意味しかないものの，より細かな点のいくつかについて触れることができると考える。

　ただし，あくまでも「一例」であり，決して「正しい」方法として示すものではないことを記しておきたい。それは，こうした事例への対応のあり方については，それぞれの治療者がどのような視点でクライエントや家族の困難感や要請への対応をどのように構成するかが大きく異なるからである。そして，クライエントや家族がどのような部分を強調するかによって，事例の展開が大きく異なるため，必然的にそれぞれの場面で考慮すべきことが異なるからである。

　このような視点を前提として，以下に示す事例に対する対応の中から，メタ・アセスメントの活用の概要と，それぞれの留意点の僅かでも伝わることを目的とした事例提示であることを留意いただきたい。

II　事例

1．事例の概要

　クライエントは，中学1年生の男子で，毎日のようにテレビゲームがうまくできない，宿題が解けないと訴え，弟がテレビを見ているのを邪魔するなどの行動が見られた。日常的に自分の思い通りにならないことがあるたびに，母親に対して暴言や脅し，稀に暴力的な行為を働いたり，止めようとする父親を怒鳴り散らして暴言を吐いたり，近くに比較的安価なモノがあると投げつけて壊すなどを繰り返していた。

　家族は，父親（公務員，40歳），母親（公務員，40歳），クライエント（14歳），弟（小学4年生，10歳），母方祖母（無職，69歳）の5人家族で，都市部に長年住み，それまでは特別な問題はあまり見られなかった。

　両親は，特に学校の宿題ができないとクライエントがイライラすること，また勉強でわからないことがあると，わかるまで説明を求めることなど，非常に強いこだわりがあることを気にしていた。

2．相談までの経過

　クライエントは，中学入学まで地域の公立小学校でごく普通に適応してきたが，小学校5年生の時に唯一，数日登校をいやがることがあった。両親が問いただしたところ，カードゲームのカードを巡っての貸し借りからトラブルになっていることを告げたため，学内で教員から交友関係の調整を行ってもらったところ，即座に収まったとのことであった。

　中学入学の直後から，クライエントは「高校進学のためには，成績が悪くなるのは嫌だ」と強く主張することが続き，中学1年時には上位の成績を取っていた。しかし，中学1年の終わり頃から，数学がわからなくなったと訴えることが多くなり，交友関係でのトラブルから部活動を辞め，以後徐々に家庭内でもイライラする姿が多くなったとのことであった。

　3学期に入り，母親にしつこく勉強のことについてあれこれ問いただすようになり，母親がおざなりな対応をすると，激しく怒ることが見られるようになった。父親がそれについて注意をすると，一応はやめるものの，それでもイライラを示し続けていた。ある日を境に，突然やっていたテレビゲームがうまくいかないと怒りだし，母親がゲームをやめるように注意をしたところ，「絶対できるようになる」と言い出し，早朝までゲームをすることが続いたが，登校はしていた。

　あまりに早朝までゲームを繰り返すことに注意をすると，怒ってイライラし，モノに当たるなどを繰り返したため，父親が知人に相談し，両親だけが相談に来談した。

第4章　マクロとミクロを使いこなす：メタ・アセスメントを活用した事例を通して

3．相談の経過
1）初期：暴力の抑制と強迫的な行動への対処

　両親がそろって来談し，クライエントの現状までの経過を話すと共に，クライエントのゲームについてのこだわりを改善したいことが告げられた。クライエントはゲームを1日平均10時間程度続けており，最近ではまったく勉強をしなくなっていることが告げられた。両親のいずれかが注意をすると，クライエントが激しく怒り出すため，最近では「疲れるまでやらせるしかない」と，注意をしないようにしているとのことであった。また，あれこれ細かなことについての不安を訴えることが多く，両親は「昔から心配事があると，いろいろ確認する癖はあるが，いくら答えても気になるらしくて，何度も何度も同じことを繰り返し聞いてくる」とのことであった。

　治療者は，クライエントの来談の可能性について聞いたところ，直接聞いたことはないが，たぶん説得すれば来談できるであろうことが告げられた。しかし，両親は，まず現時点で本人にどのように対応するべきかを知りたいことを述べたため，しばらく後にクライエントにも来談してもらうこととした。

　また，クライエントがゲームをしている理由についていくつかの可能性を検討してもらったところ，最大要因は「勉強をするとわからないことが多く，余計にイライラするため，それを避けるためにもゲームで疲れるのを待っている」という考えと，「ゲームでうまくいかないとそれが気になり，止められなくなっている」という立場が告げられた。また，確認癖についても，「本人が何を心配しているのかよくわからないが，とにかく自分が安心するまで繰り返し答えを求めるので，次第に自分たちが答えることに疲れて，『いい加減にしなさい』と怒鳴ったり，『そうそう』とおざなりな返答になったりする」と述べていた。

　治療者は，これらの話から，クライエントの強迫的なまでのこだわりと，ゲームに対する執着などに両親がほとほと困惑しているため，クライエントの問題について強迫性障害の可能性があることを告げた。両親が自分たちには信頼できる精神科医がいないとのことであったため，子どもの強迫性障害を診られる精神科医を紹介し，クライエントと受診することを提案した。そして，必要があるなら薬物療法を受けながら，並行で両親のクライエントに対する対応について相談することが，現時点での問題を整理するためには有効であることを告げた。

2）第2期：ある程度の安定の中での問題の再検討

　両親は，クライエントとともに精神科を受診したところ，精神科医から「現時点では確定的ではないが，強迫性障害の可能性が高いため，薬物療法を開始し，その上で判断する」とのこととなり，クライエントも同意をしたとのことであった。クライエントは以後薬物療法を併用し，徐々にイライラすることが減少した。

そして，落ち着いた中で断片的ではあるが，対人的な不安を訴えることが増え始めた。これは，これまで両親に話さなかった「実は小学校の4年の時に……」というさまざまな対人トラブルのエピソードや，いじめに近い対応をされていたことなどについて，両親が初めて知ることとなり，クライエントが学校でつらい思いをしていたことに深く共感したことによる効果でもあった。

　また，この精神科医への受診に際して，両親はクライエントに「気になっていることについての相談に行こう」と告げたところ，クライエントからすんなりと「だったら，すぐに行きたい」との返答が返ってきたという経緯があった。このクライエントの即座の反応は，両親にとって意外なもので，クライエントが自分の困難を内に抱え込み，言語化できないでいたことについて両親は非常に自責的となっていった。治療者はこれについて，両親がわかる限りで対応していたことを肯定的に扱い，できる限り対応してきたからこそ，現時点でクライエントがいろいろ訴えられるようになってきたのだと述べた。

　クライエントが中学2年生になり，薬物療法の結果か，イライラは見られなくなり，確認癖も大幅に減少しており，ある程度日常生活についての安定を示し始めた。しかし，それでもクライエントの両親に対する訴えや不安が強いと思われるような行動が多々見られるなど，初期の訴えである強迫性障害による混乱として考えるだけでは不十分ではないかとの疑問が生まれるようになった。日常的な対人関係の不調は，クライエントの元々の問題である対人的なスキル不足によるものだとしても，それ以上にクライエントが安定している中での不安の訴え方などが特異に感じられたため，クライエントの来談を依頼することとした。

　両親は「せっかく落ち着いてきているので，刺激させたくない」との思いが強く，ずいぶんと躊躇していたようであった。しかし，精神科医から「単純な強迫性障害だけではないと思うが，確実なことは言えない」との連絡を受け，これまで詳細に扱わなかった生育歴についての聴取を行ったところ，特筆事項はなかったが，やや言葉の発語が遅かったこと，小学校での体育などの運動が特別に苦手であったことなどが告げられた。

3）第3期：クライエントとの直接的な面談

　数回両親に「クライエントとの面接をしたい」との希望を告げ，その理由として，「クライエントがある程度安定してはいるものの，両親から見てあまり違和感はないかもしれないが，治療者としてはクライエントの対人関係の不調，これまでの対人的なトラブルの経緯の詳細がわからないこと，直接的にいくつかのことについて聞きたいことがあること」などの説明をした。父親は「いらないと思う」と言い続けたが，母親は，「これまで気づかなかったことも少なくないから，今後のためにはこの段階で治療者との顔合わせをしておくことで，

第4章　マクロとミクロを使いこなす：メタ・アセスメントを活用した事例を通して

将来的な保険にするということにしたい」と述べるようになった。数回の検討の結果，両親それぞれから同意を得て，クライエントが来談することとなった。

来談したクライエントは，強いはにかみを示しながらも，治療者があれこれたわいのない話をしつつ，応答性を高めるように対応したところ，少しずつ場の雰囲気にも慣れ，おずおずと話をしてくれるようになった。しかし，やはりクライエントの対人的な認知や，日常における対処行動の原則など，奇異に感じることが多く見られた。また，運動については，サッカー観戦についてこと細かにあれこれを話し続け，脈略なくその話題を繰り返したがる傾向が見られた。

治療者は，数回のクライエントとの面談において，学校生活の中でクライエントが抱えている困難感について焦点を絞って聞き取りを続けたところ，特別に集団行動が苦手であったことなども語られるようになった。治療者は，これまでの経緯を整理するとともに，クライエントを外して両親に，新たな「検査の必要性」について検討したいとの提案をした。これは，クライエントの問題が強迫性障害によるものであっただけではなく，発達障害の可能性があることについて示唆したものである。しかし，この時点では確定的な情報ではないので，「あくまで障害の可能性」を検討したいと述べるに留まっている。そして，障害の可能性を否定できるならば，クライエントにとってこれまで以上に社会性の獲得が不可欠であることについてもふれ，その場合はSSTなどを実施することについても検討する必要があることを述べた。

両親は，これまでの経緯を含めての安心からか，治療者が信頼できる担当者であれば，発達検査を受けることに同意し，その必要性についても，クライエントを説得したいとの申し出がなされた。治療者もこれには同意し，治療者が同席した中で両親がクライエントを説得するという場が設けられ，クライエントも最初は嫌がってはいたが，早々に同意が得られたため，児童相談所での発達検査を依頼した。

4）第4期：検査結果を含めた対応

クライエントが児童相談所へも行き，積極的に取り組んでくれた発達検査であったが，検査結果は「自閉症スペクトラムを含む学習障害の傾向があり，特に運動性の問題が大きい」との報告概要であった。両親は，検査結果について真摯に受け止めるとともに，今後も定期的に子どもの障害についての対応のあり方を見据えて児童相談所に継続的に通いたいとのことであったが，クライエントの障害が深刻なものではなく，両親の希望がいわゆる「機能性訓練」を依頼したいとのことであったためか，その児童相談所では対応しかねるとの返答に至っていた。また，クライエントも「自分の苦手な部分がわかったのはよかったが，どうすればいいかは不安」と述べていた。

治療者は，両親に，機能性訓練の可能性について検討するための専門家との相談の機会を作ることとし，同時にクライエントに対して「心配についての対応をすること，しかし専門的な機能回復のための訓練を行うことができないこと」を告げた。するとクライエントが「とにかく話を聞いてほしい」と述べ，面接そのものには母親とともに継続的に来談することとなった。

　機能性訓練を実施している数カ所の大学付属の相談施設に両親を紹介し，相談に行ってもらったが，そこで提示されたプログラムをこなすためには，必要以上に学校を休まねばならないこと，訓練の開始時期が相当先になること，両親がクライエントを確実に連れて行ける時間が作れないことなどを理由として，再度クライエントと相談をして，クライエントとしては，高校受験のための日常生活のサポートを優先したいとの結論になり，治療者が継続的に「勉強がわからないことの不安」についての相談に乗ることとした。

5）第5期：高校受験に向けて

　中学3年の2学期中頃より，両親は受験校の選定について本人からいろいろなことを聞かされるが，どのように考えてよいかがわからず，困惑していることが告げられた。クライエントも，「いろいろ考えるが，とにかく嫌な人がいるところには行きたくない」との意向を示すようになった。両親とクライエントとの話し合いでは，地元から少し離れた進学校か，ごくごく地元の商業高校か，私立の高校かについて，話し合っても何も決まらないことが繰り返されているとのことであった。

　両親の考えとしては，クライエントのために何を基準にして高校選択を考えるべきかがわからず，また，それぞれの高校についても，詳細な情報がわからず，困惑していることが告げられた。クライエントの現在の成績では，これらの学校への進学がもっとも現状での勉強の負荷が少ない進路選択であったが，いずれについても決断には至っていなかった。

　また，これまでの担任との話し合いでも，本人にとってどのような高校がよいかがわからず，担任としてもクライエントの状況の詳細がわからず，決断のポイントが不明なので，困惑しているとのことであった。この担任を通じてこの中学の進路指導担当の教員のことについて聞いてみたところ，進路指導を数年やっており，この地域の高校のことについては詳しいことが明らかとなった。そこで，この進路指導担当教員との面談機会を作り，クライエントにとって適切な高校がいずれであるかの条件を治療者が示し，その長短について両親が話を聞くこととした。

　この話の中で進路指導から聞かされたのは，「現在の成績より少し頑張れば，比較的おとなしい生徒が多く，進路についても強制的な指導ではなく自主性を

第4章　マクロとミクロを使いこなす：メタ・アセスメントを活用した事例を通して

重んじる高校が別にあること」がわかり，両親がクライエントとともにすでに下見に行き，クライエントもたいへん気に入ったとのことであった。ただし，この高校への入学のためには，クライエントの成績を現在よりも上げる必要があった。これは両親にとって「勉強についての確認や不安の爆発」という「クライエントの過去の問題を再燃させる可能性がある」との不安が述べられた。治療者は，両親を含めてクライエントとの間で，繰り返し「勉強の目標は，高校入学で，すべてをわかる必要がないこと」を確認した。

また，日常の勉強のサポート役を父親にしてもらい，その父親の設定する勉強についての時間や内容，範囲に従うことが不可欠であることを示した。父親には，クライエントと勉強する際の具体的な対応の仕方について，クライエントの精神的な状況に応じて対応を変えるという指標を示したところ，これまでになく指導的な態度でクライエントに接するようになった。そして，クライエントが示す不安や混乱，イライラなどはほとんど見られないままで，一定時間での勉強ができるようになった。

6）第6期：高校での適応

クライエントは，希望通りの普通科高校に進学が決まったものの，新しい対人関係の中でどのようにするかについての不安とともに，高校での勉強について行けるかどうかの不安が一層強くなった。日常の学校生活での不安に対して，いろいろと話をきいてもらいたいとの希望が強くなり，最近の父親が適切に関わってくれていたことに準じて，父親に対する期待が強くなっていった。しかし，父親も勤務内容が変わり，クライエントに対応できる時間的余裕がなくなってしまった。そのため，一時的に母親がその代行を引き受けていたが，クライエントは母親の対応に不満を漏らすようになり，両親としてもどのように対応すべきかを困惑していた。

治療者は，クライエントの発達年齢を考慮し，クライエントが話を聞いてもらいたいとの希望を持つのは至極当然であるが，その聞き役が両親でなければならないのではなく，学校生活での適応が重要なので，年齢相応に高校のスクールカウンセラーに話を聞いてもらうことを提案した。この高校では，問題のある生徒だけではなく，予防的な対応としてスクールカウンセラーの活動が学内でも共有されていたため，学内の起用職員に対するコンサルテーションについても，スクールカウンセラーにその役割を依頼することとした。

クライエントは，学内のことを手始めに，さまざまなことについての相談をスクールカウンセラーにするようになり，治療者のところには，学期ごとに一度程度顔を見せるだけになった。両親についても，クライエントのことでの心配や具体的な問題が生じ，家族だけで解決がつかない場合だけ，治療者と不定

期な相談を行うだけとなった。またクライエントは，その学校の「全員が課外活動をすること」という方針に関しても，このスクールカウンセラーとの面談を通じて，特別に課外活動をすることのない「帰宅部」として認められるようになった。

7）第7期：大学進学に向けて

高校2年生の夏まで，強迫性障害と思えるような手洗いなどの洗浄強迫や，不安に基づく確認癖など，多彩な神経症症状を呈しながらも，それは家庭内だけに留まり続け，学校活動は標準的にこなしていた。勉強に関しても，定期試験の前には緊張が高まるものの，入試と同様にある程度父親が対応することによって，本人のイライラや確認などは一定の範囲で留まるようになっていった。

しかし，クライエントが進路調査の時に「大学進学」を薦められたことで，これまでは無理ではないかと思っていた「大学進学」の希望が一気に膨らみ，再び「勉強をわかるまでしなくてはならない」という強迫観念が強く再燃するようになった。両親は，これまでにないほど落ち着いて対応してはいたが，一方では，クライエントが本当に「大学進学」をしたいと考えているならば，このままでは合格しそうにないこと，そして何よりその場合には，本人の希望する学科のある大学が近隣になく，必然的に大学では一人暮らしが必要となることについての心配が強く語られるようになった。

これについて治療者は，まずここまでにクライエントが述べていた希望する学科の動機は，「好きだから」という単純なものであったため，両親としても，本当にどうしても行きたいと考えているかとの話し合いをしたことがなかった。そのため，本人の希望する学部学科への思い入れが，本当に他の選択に変わるものではないかを確認することを依頼した。加えて，もしも具体的に一人暮らしをせねばならないのであれば，それが今の本人にとってどれほど困難なことであるかについて，具体的に必要と考えていることと，本人にとってできないと考えられることとを整理し，その上で対策を検討すべきとした。

両親がこれについて確認したところ，その動機が「好きだから」という軽微に思えるものではあったものの，やはり本人の「大学進学」の意志が固いことが明らかとなった。加えて，一人暮らしのために必要な行動をリストアップし，現在のクライエントの実状と対比した表を作成して，スクールカウンセラーとも相談したが，どうしても治療者ともどうするか相談したいと申し出た。

治療者は，まずクライエントの「大学進学」を両親がサポートしたいと考えていることを高く評価した。そして，クライエントの学力補填のために個別対応をしてもらえる予備校への通学を不定期的に考えることと，自立のための準備として外部の料理教室に通わせることなどを提案した。そして，それらの提案に対し

て，クライエントの自律的決断であることをはっきりさせるために，クライエントが「自分でやりたい」と言い出した段階からはじめさせることとした。

8）第8期：大学入学まで

その後クライエントは，個別指導の予備校に不定期的に通うこととなり，母親が作るものよりおいしいものが作れるからという理由で料理教室にもたまに行くようになった。そして，校内の実力テスト以外の定期試験での成績が上位を占めるようになり，大学の推薦枠をもらえるまでに至った。

ここで両親は，大学への入学が決まった段階以降の不安について述べ始めた。それは，これまでのような治療者に対して必要な形での相談が継続的にできることとともに，そろそろクライエントが障害を抱えて社会生活を送るため，これまでのようなスクールカウンセラーによる日常的なサポートではなく，クライエントの将来にとって必要な定期的な指導をしてもらえる治療者を紹介してもらいたいとの希望が述べられるに至った。治療者は，クライエントの今後を考えた場合，治療の主導権を他の障害についての専門家にゆだねる決断をした両親を高く評価し，クライエントの抱えている障害の専門家へのリファーを提案した。

4．その後の経過

クライエントと両親は，高校三年生の秋の段階から，大学進学・一人暮らしを前提とした相談に新たな治療者のところに通うようになった。そして，その治療者から「両親が不安な部分が生じた場合は，元の治療者へも相談に行ってよい」とのルール設定がなされたとの指示を受け，これを了承した。

その後クライエントは，大学に入学し，父親が週末に下宿掃除に通う，課題として出されたレポート作成のためにパニックになるなど，紆余曲折をしながらも卒業した。そして，自分の障害に負担のかからない仕事に就くことで，ごくごくふつうの社会生活を送っているとのことである。両親も，クライエントの元にごく稀に呼び出されることはあるものの，元々の実家で暮らしており，弟の大学進学も決まったようである。

Ⅲ この事例で実施したいくつかのメタ・アセスメントの変遷

まず，この事例が，障害を持つクライエントであったことで，より福祉的なケアを提供する多様な社会組織との接点が必要であったと考えられる。そのため，ある種「特殊な事例」として理解される場合もあるかもしれないが，他の事例であっても，同様にメタ・アセスメントを駆使することには違いがない。それは，クライエントや家族の困難感や要請そのものが，相談の経緯とともに変遷していくため，それに応じて治療者は必要なアセスメントを行う必要があるからである。

そこで，この事例の中で行った多様なアセスメントを「患者・環境・組織」に

分類して整理することから始めたい。この視点は，第4部第3章で述べたメタ・アセスメントの視点による分類に準じたものであり，それをこの事例の中でどのように活用しているかを考えていきたい。

1．あたりまえのような患者アセスメント
①初期：両親の要望とクライエントの行動特性
この段階でのアセスメントは，「両親の来談ニーズに対応する」ためのアセスメントである。一般的には，「来談者のニーズを把握すること」だとされている。ただ，来談者のニーズは，必ずしも専門的知識に照らし合わせた場合，適切なものであるとは限らないと考えられる。この事例でも，両親が期待していたのは，「クライエントへの対応がわかるようになること」である。しかし，クライエントが来談しておらず，かつクライエント自身の特性が直接的に把握できていない段階では，「対応」そのものがクライエントに対するものである以上，ある程度確実な両親から提供された情報に基づくものに準じるしかないことになる。これは，ある面で不適切な指導やコンサルテーションになる場合もあり得ることであるため，すべての事例でできるものではない。

しかし，まず初期段階で来談者である両親の意向に沿った対応をすることは，治療関係を強化するためにも不可欠である。したがって，ある程度確実なクライエントの行動特性を把握し，それに対する確実で有効な対応を早期に見いだすためのアセスメントが不可欠である。

もう一点は，クライエントが呈している問題についてのアセスメントである。これは，クライエントが来談していればよりはっきりとしたものとなるのだが，実際に来談していないクライエントに対してのアセスメントでは，常に意識すべきことはクライエントの行動特性を独立して考えないということである。これは，クライエントの行動特性そのものが，両親や周りの関係者の特定の行動に対する反応である場合もあるからである。いわば，周りがクライエントに一定の行動を起こさせるような働きかけをしていないかどうか，できるだけ把握することである。そして，クライエントの問題が特定の状況的文脈に依存して起こっていないかを考慮し，その上で「クライエントの行動特性」としてアセスメントを焦点化することが必要である。

②第2期：生育歴
この段階で必要であったのは，発達的な問題があったかについて検討するため，生育歴についてのアセスメントを実施している。幼児や低年齢の子どもなどの相談であれば，生育歴の聴取というアセスメントは，不可欠であるとされているが，思春期などのある程度の年齢の子どもに対しては，生育歴に関するアセスメント

は，不可欠なものではない．

　しかし，この事例のような発達障害を疑うべき兆候や行動特性が見える場合には，治療がどの段階であろうとも，再度生育歴の聴取が行われるべきであるのはいうまでもない．ただし，このような治療の中での流れが構成されてしまっているときに生育歴を突然聞くという行為は，クライエントや家族に不要な緊張を作り上げることとなるため，「なぜ生育歴の聴取に戻るのか」についての説明を行うべきであろう．それは，たとえ発達的な問題の可能性を治療者が感じていたとしても，それを直接的に示唆するのではなく，あくまで可能性として示し，不要な緊張を上げないとともに，今後の可能性として検査結果のフィードバックを約束し，その場合の可能性についてもできる限り応答するという前提でアセスメントを行うべきである．

③第4期：勉強できないことの心配への対応

　クライエントにとって，これまでに生じた不安の中でもっとも重要であったのは，発達の偏りなど以上に，「勉強ができないこと」であった．この不安に直接的に対応することがもっとも適切であるかはともかく，面前のクライエントからの要請である限り，それを棚上げにすることはできない．ただし，直接的には「勉強の不安」に対応することではあるものの，その不安がどのようなことによって生じているのか，特に両親などとの関係や，交友関係での自分の立場の維持など，多様な視点が考えられるので，その点に留意したアセスメントをすることを前提としつつ，クライエントの要請に対応することが必要である．

　また，学齢期であることを考慮するならば，成績はその家族や学内の人間関係にとって，重要な立場の表示となっている場合がある．そのため，単純な「勉強ができる，できない」「成績がよい，悪い」という客観的評価以上に，それをクライエントの周りがどのように受け止める文化的背景があるかについても，アセスメントの視点を広げる必要がある．それは，親が勉強を強要しておらずとも，成績の報告の時にどのように反応するかを子どもは観察し，それに準じて親の期待を読み取ったつもりでいる場合も少なくないからである．このような視点は，クライエントの交友関係の中でも同様であり，直接的な期待や強要を前提とした言語的コミュニケーションに依拠したアセスメントは，避けるべきである．

④第7期：日常生活技能

　日常生活技能についてのアセスメントは，そのクライエントが社会的な活動としてどのような生活範囲を自らが維持しなければならない状態にあるのかによって，大きく異なるものである．大学生でも，必ずしも自らが経済的に一定の範囲で完結した金銭感覚を持っているわけではない．それは，自宅学生と下宿学生を

比較した場合がもっともわかりやすい指標である。同様に，他の日常生活そのものの技能は，生活環境との対比の中でアセスメントすることが前提となる可変的なものである。したがって，一般的な年齢ごとに獲得すべき生活技能の指標だけに注目しすぎることは不適切である。

加えて，これらの生活感覚は，家族の文化的背景にも大きく依拠するものである。経済的な貧富や男尊女卑思想の浸透度，家族そのものの生活水準に準じた行動規範など，個々のクライエントに平均的な姿を基準としたアセスメントをするだけではすまないことが少なくない。

また，このような生活技能は，日常的な活動である「お手伝い」という文脈に依拠した学習であることを考慮することも重要である。ある日突然に生活技能が向上するなどということはあり得ず，日々の生活の中での繰り返される家事などにどの程度関わっているかによって，自然に習得されるものであることが多いからである。したがって，こうした日常の中での家族のクライエントに対する家事に関与させるべきかどうかの姿勢によって，獲得される生活技能が異なるという側面を考慮すべきである。

⑤第8期：発達支援の必要性

発達支援の問題についてのアセスメントは，まだまだ社会的にも専門的にも不十分な領域であろう。児童・生徒の発達支援については，特別支援教育など，教育環境でも一定の個別対応を基本としたガイドラインが普及している段階である。しかし，大学生や成人の発達支援の必要性を考慮するためのアセスメントについては，まだまだ未確定で，試行錯誤の範囲を超えない場合も少なくない。そのため，できる限り治療者がこのような立場の専門家との接点を作ること，いわばできる限り最新の対応指針についての指標を得られるようにしておくことそのものが必要である。

同様に難病や新たな知見を必要とするような疾患に対しては，日々の新知見の提示により，アセスメントのガイドラインが常に更新される可能性があると考えるべきである。そのためのアセスメントに関わる専門性をどのように維持するかは，専門家としての基本姿勢である。したがって，アセスメントそのものの刷新，常に留意することとしては，一般的な疾患特性やアセスメントのツールの刷新，そして社会・文化の動向そのものについてもある程度の考慮をする必要があると考えられる。

2．あたりまえのような環境アセスメント
①初期クライエントの生活環境

通常の面接でも多くの治療者が考慮する要因の一つが，クライエントの生活環

第4章　マクロとミクロを使いこなす：メタ・アセスメントを活用した事例を通して

境そのものについてのアセスメントであろう。定住しているのか，事情によって転住するなどの移動が多いのか，また，それらの地域特性がどのようなものであるのかなどは，普通の治療においてもある程度の考慮がされることである。

　加えて，できることならば，一定の居住地域には，特徴的な地域文化が存在している場合や地域特性がある場合も少なくない。一定の地域のクライエントを対象としているならば，その地域特性に関しては，臨床経験を重ねるにつれて，少しずつその影響がわかるようになり，アセスメントの一部分として用いられることもある。それは，地域の言語であったり，教育や社会的動向などの文化に依存している特性である場合が多い。そのため，一定の知見を事前に把握しておかないと，アセスメントに反映させることが困難である。

　また，転住が多かったり，転居距離が遠い場合，そして転居先が海外であった場合などは，クライエントの年齢的なことを考慮した上で，その文化的な差違をできるだけ把握しておくことが必要である。それは，年齢によっては言語文化そのものが異なれば，それによる影響は多大なものであり，日常的に何気ないことでさえも，大きなストレッサーとなる可能性があるというアセスメントを行うべきだからである。

②第6期：高校の学校・地域環境

　この事例のように進学などの特別な事情が相談経過中に生じた場合は，その地域の学校分布と進学についての地域ルールを把握しておくことが望ましい。教育委員会の前提では，学校格差はないとの結論であろうが，実質的には大学進学を基本とした学校と，進学をしないことを前提とした学校では，学内での学力に対する関心の度合いが異なり，結果的に生徒の日常行動の特性にも大きく波及しているはずである。治療者のアセスメントには，このような社会文化についての考慮が必要である。それは，そうした前提がわからなければ，高校進学を前にしたクライエントやその家族との面接でクライエントの希望と家族の要望との差違がどのような意味があるのかさえわからないことになる。また，高校中退のクライエントなどであれば，その後の高卒資格の取得のために，どのような手続きがあり，どのようなルートがあるかなど，資格取得に関わる社会的組織の存在を知っておくことが不可欠である。

　加えて，それぞれの高校そのものには，その高校の伝統的な学風が備わっており，それもあまり小さな影響ではないことをアセスメントの中では考慮すべきであろう。このような特性は，現在の在学生の範疇だけで判断できるものではないため，その地域の中での風説を取り入れる機会があることが望ましい。ただし，これは学校教員との繋がりなど，教育文化の中からみた間接的でローカルなアセ

スメント情報であるため，常に有益な活用ができるものであるとは言い難い場合もあり，最終的にアセスメントの中での重みづけとして留意すべきである。

3．あたりまえのような組織アセスメント
①第2期：学校

学齢期の子どものクライエントの不適応に関わる相談では，基本集団の多くが「学校での不適応」ということになる。担任，クラス，教科担当，部活顧問，委員会，保護者会など，学校に関わる人や組織や集団は，多様に存在している。普通の面接でも，普通のクライエントが再登校するなどの場合であれば，その担任がどのようにクライエントをサポートできるか，または，最低限新たなストレッサーにならないかなどを，再登校したという面接展開の後であっても，多くがアセスメントの対象とすることであろう。

ただ，こうしたアセスメントは，問題の発生や維持に関わっているかをアセスメントすることだけではなく，変化の直前でも構わないので，ある程度アセスメントをしておくべきこととなる。その際の要点は，たとえば不登校であれば，できるだけクライエントが関与した可能性のある学校内の「人」や「小集団」を対象としてアセスメントを行うべきである。それは，問題にどのように関与しているかがわからないままでは，治療の過程で治療の流れとは別に新たな展開が導入されることになる危険性もあるからである。

こうした動きは，それぞれの学校が不登校などに対して，紋切り型の決まった対応を推進するなどの傾向がないかどうかをアセスメントすることである。教職員が個別に子どもの状態を判断して対応するという形式が基本であろうが，一部には「学校としての方針」を打ち出さなければならない事情がある場合がある。それは，いわゆる「荒れた学校」であったり，「問題が多彩に生じている学校」であったり，「教育指針の検討校」である場合など，学校そのものの問題への対応として，一定の指針に則ることが必要な場合があるためである。こうした特殊な場合は少ないが，それでもできる限り「学校」という括りに準じたアセスメントを行うことが必要である。

②第6期：高校

先にも述べたように，義務教育である中学校・小学校では，地域的な特性を反映して学校経営がなされるため，地域特性との対立的構図がない限り，地域の文化的背景に準じた学校特性が生まれるが，高等学校では，それが「高校としての文化特性」を作り出していることがほとんどであろう。それは入学する生徒の傾向が決まっていたり，学校の教育方針に準じて高校選択がなされているからである。進学，就職，技能獲得，課外活動重視など，高校全入の時代にあるからこそ，

第4章　マクロとミクロを使いこなす：メタ・アセスメントを活用した事例を通して

各高校では学校そのものがそれまでの歴史的経緯を踏まえた特性を作り出しているからである。そのため，治療の経過の中で高校進学を考える必要がある事例では，選択肢の中にある高校そのものについてのアセスメントが必要になる。

　また，いくら高校全入の時代であっても，受験という行為には，この特性のある「高校」を選択するという特徴が見られ，その最たるものが成績順位であろう。子どもの個性と高校の特性という相性の方が重要な関係であろうが，実際には，成績順位が優先される結果となっている。そのため，クライエントの成績に対するアセスメントや，それについての親子間や関係者間での共有されるべき情報に対してのアセスメントが必要となるのである。

　加えて「高校」は，やはり義務教育の中学校・小学校とは異なり，その学校としての特性が強く反映しているため，できるならば各高校に対するアセスメントを事前に行っておくことが望ましいと考える。それは，その学校での高校生活をクライエントが想定している場合，果たしてその学校での教育の姿勢とクライエントとの関係がクライエントにとって不要な負荷を負わせることにならないかをアセスメントしておくべきだからである。本事例でも，高校選択の中で「交友関係の得手不得手」を重視した学校の選択がされている。それは，いわゆる「やんちゃ」が多いか少ないかである。これは，本事例のクライエントのような場合，そこでの対人関係ができあがる可能性がある生徒として，「やんちゃ」が苦手であれば，やはり選択の中で重要な要素となるのは当然である。他の場合も，「自立性の高い子どもがいる」ことや「技術向上に高い意欲が見られる子どもがいる」ことなど，選択要因は多彩である。治療者は，このような視点での高校という組織特性についてのアセスメントを，できることならばしておくべきであろう。

③第8期：一人暮らしと大学生活

　学校生活や社会活動をする場合，家族を生活基盤とする場合と，一人暮らしを基本とする場合では，子どもにとっての日常という負荷の与える影響には，重大な違いがある。一人暮らしの場合，それをどこでするかということも，負担の度合いを左右する要素となる。それは，その地域がどれくらい「一人暮らしをサポートする社会的組織があるか」という違いである。コンビニやスーパー，銭湯やコインランドリー，その他生活のための病院や役所関係など，社会的なサポートに役立つリソースがその地域にどれくらい存在しているかであろう。

　住宅地の中であれば，これらの地域特性として，手軽なコンビニはなくてもスーパーは必須となっている。また，銭湯やコインランドリーは存在せずともよいことになる。これらの事情は，そこに「誰が暮らしているのか」という住民特性を基本として地域が成立しているからである。そのため，大学生の一人暮らしとい

うことを前提とした場合，その大学の学生が多く下宿している地域であれば，それなりに生活をサポートするための商業施設は充実してはいるが，それ以外ではすべてを自分で行うことが前提とされる傾向があり，それが生活の中での気づかないようなストレッサーとなる場合も考慮すべきであろう。

一般の治療者という存在が「地域特性をアセスメントする」ことは，非常に困難である。しかし，これらのアセスメントを得意とし，その情報に長けた存在が「賃貸住宅の斡旋」をしている不動産会社である。どうしても必要な場合には，この種の情報を多彩に持っているこうした社会的な商業施設を活用するということも，アセスメントを促進するための補助的な情報であることを留意すべきであろう。

IV 各段階の即時的援助組織の構築に関して

メタ・アセスメントの活用方法のもっとも重要な部分は，即時的な援助組織の構築である。クライエントの困難感や要請に対応するためには，一人の治療者がそのすべてを負えないことは，よくあることである。しかし，その度に治療関係を新たに構築することをクライエントに要請することは，社会的な連携を活用できていないことであり，治療的には不適切であると考える。

しかし一方では，そうした即時的な援助組織の構築のためには，いろいろな点での配慮が必要であることを第1部第2章で述べたつもりである。本節では，この事例に見られた即時的援助組織のいくつかを取り上げ，その組織の構成の過程を概観し，そこで必要な留意点について具体的に述べることとする。

1．初期：精神科クリニックの医師

本事例で繋がりを求めたのは，精神科クリニックの医師である。それは，クライエントの強迫性障害の薬物療法と診断的な面での協働作業の依頼をすることであった。そして，クライエントのような児童期の精神疾患や神経症に対する診断・治療に対して信頼の置ける医師であることが条件であった。このような判断から，クライエントが通学していることを前提とした診療体制があり，通院できる地域的な範囲にあり，即時的な援助組織の構築に協力的な医師を選択するというメタ・アセスメントを行った。

この医師とは，このような即時的な援助組織の構築はこれまでにもしたことがあった。そのため，直接電話で事前に依頼確認をし，その中でクライエントや家族を「どのようなタイミング」で，「どのような趣旨を説明して」から受診させることが望ましいかなど，医師からの依頼内容に沿った事前対応をすることとした。これによってスムーズに家族がクライエントを連れて受診できるようにした

のである。

　このような即時的な援助組織では，医師が多忙なためにできる限り医師にとって不要な問題が生じないことや，事前に医師に依頼した専門性が発揮できるようにすべきであろう。そのためには，予約制のある精神科クリニックであれば，初診の時間帯や枠が設定されていることを配慮し，こちらからの依頼の要点が明示されることによって，診察という専門性を駆使するための時間に多くを充てることができるように依頼と配慮をすべきである。そして，事前の段階からクライエントが受診した後の報告を電話で受けられるようにすることで，相手の負担を軽減した。そして，今後の薬物療法とクライエントの治療の分業についても，薬物療法の継続を主としつつ，その中で経過を見ながら診断的な専門的情報の提供を依頼することとした。

　このような精神科クリニックやその医師との社会的援助組織を構築するためには，日頃からできるだけ多様な文書による経過報告をすることによって，多忙な医師の負担の軽減を通して協働意識を構築できるように配慮することが必要である。そして，可能な限り研修会などの医師にとっての日常業務の行動範囲の機会に，対面による事情説明や協働的な援助のあり方についての示唆を仰ぐことが必要である。

2．第3期：児童相談所の心理判定員

　「発達検査」の必要性を感じ，即時的な援助組織としての繋がりを求めたのは，本事例では児童相談所であった。それは，このクライエントが中学生であること，医師でも判別が困難な「発達障害」に対する判断という目的を達成するためには，児童相談所の心理判定員がもっとも適切だと考えたからである。そして，児童相談所であれば，地域ごとの行政区分が基本であるため，本事例のクライエントが居住している地域の児童相談所の心理判定員に依頼をした。

　しかし，児童相談所は福祉行政にかかわる機関であるため，特定の「人」に依頼をするということは困難である。そのため，できる限りの心理判定員の知り合いという接点を活用し，その地域を担当する心理判定員への依頼を文書によって行った。そして，その文書では，治療経過と依頼事項についての詳細を記し，検査後の繋がりを作れるように依頼内容の詳細を記すなど配慮したつもりである。なお，このクライエントの紹介のための文章は，A4の用紙に5ページであった。

　そして，行政機関であるため，あえて人物を特定せずに「担当者」という曖昧な表現で，クライエントや家族に紹介の手続きの過程を示し，その心理判定員が発達検査の必要性を感じられるように考慮して依頼した。そして，検査結果をクライエントと家族にフィードバックした後に，家族の同意書を添付した上で，検

査結果についての詳細なデータと共に，検査報告が送付されてくるに至っている。そして，今後の経過観察の可能性を視野に入れ，再度の検査依頼や判定業務の依頼の可能性があること，この心理判定員や児童相談所を主体とした協働的な治療の可能性があることについて依頼をしている。

こうした児童相談所などの行政的な相談機関のような社会的援助組織とは，個別の接点がいくらあろうとも，組織としての施設内のルールを超えた依頼をすることはできないことを留意しておくことが重要である。しかし，一方では福祉的役割を任じた行政機関であるためか，やはり「人」の繋がりを重視してもらえることも少なくない。そのためには，社会通念上の儀礼的な対応を重視するとともに，常に「人」としての繋がりを新たに作り出すための配慮を欠かすことができないと考える。

3．第4期：機能訓練の大学相談室

本事例でつながりを求めたのは，各種の機能訓練を実施している大学付属の心理相談室である。それは，このような心理相談室では，最新の治療を導入しており，教育目的のため，プレイルームなどの施設的な充実度が高いからである。また，本事例の両親が希望したような「機能訓練」については，まだまだ新しく導入された治療的な訓練であり，その手続き・方法・効果についても，一般的な治療者が付け焼刃の知識で対応できるものではないからである。したがって，複数のつてをたどって「機能訓練」を実施している研究者と心理相談室を見つけ出し，「専門的知識がないので，対応可能性を含めて相談に乗ってもらいたい」との旨を依頼することとした。

このような治療者がよく知らない「機能訓練」のようなクライエントや家族からの要請に対しては，正直に自分がその専門性を十分に理解していないことを告げた後，訓練を受けることそのものを検討できるような機会を設定することが，唯一の即時的な援助組織の構築であると考える。クライエントや家族が未知なだけでなく，治療者にとってもまったく未知のものであっても，意味がないと無碍に情報を排除することは不適切であると考える。

そのため本事例では，大学教員からの情報を集め，「機能訓練」を実施している大学の心理相談室を教えてもらい，直接その窓口に相談のシステムについての問い合わせをして，その詳細を把握することとした。加えて，その担当教員に紹介者からの依頼であることを明記しつつ，今回の依頼が適切であるかどうかもわからないたいへん失礼なものであることを謝罪した。その上で，今回の依頼内容が不可能・不適切である場合でも，可能な限りその詳細の事情を直接クライエントや家族に説明していただけるように依頼をした。そして，それで受けていただ

ける場合にのみ，相談室への依頼についての留意事項をお教えいただくような手続きをした。

　これは，その担当教員や心理相談室にとって対応できるかどうかの判断を含めた依頼であり，そのためには相手にとって不要な負担でない限り，専門的知識に基づいた話が聞けるようにすることが重要であると考える。ただし，一方では依頼内容が曖昧であるため，教員や相談室にとっての事情をできるかぎり考慮して依頼をすることとした。今回は，対応ができるとのことであったものの，「家族にとっての来談のための時間的・精神的負担が大きいだろう」との返答があった。そして家族が正確な情報をもらった上でした決断が，その距離的な問題のため継続相談を受けないとの決断であったため，その報告をし，今回のお礼と共に，次回以降も同様の依頼をさせていただきたいと書面と電話での報告を行った。

　このような特殊な治療や訓練などを提供している社会的援助組織との接点は，相談活動において日常的なものではないが，先にも述べように，治療者が知らないからといって無碍にすることは避けるべきである。むしろ，このような機会を通じて，新たなアセスメントのガイドラインを取得することにも繋がり，社会的に必要な援助組織の構築についての考慮を深めることが重要であると考える。

4．第5期：中学校の進路指導担当教員

　本事例での繋がりの基本となったのは，クライエントの通学していた学校の進路指導担当教員であった。それは，クライエントの高校進学についての「高校の実情についての情報を持つ存在」として，当該の学内での役割に準じた立場の進路指導という役割の教員がもっとも適切だとか判断したからである。そのため，担任との間で進路相談に関わる問題についての説明をし，その地域の高校の特性についての詳細に長けている担当者として，担任から依頼をしていただき，クライエントや家族が相談できるようにした。

　このような学内組織での役割の分業を基本とした協働作業の場合，まず担任に対する配慮が必要であり，その上で学内組織のルールを考慮して依頼のルートを委ねることが重要である。むしろ，その後の報告依頼に関しては，担任を通じてできるようにすることで，学内組織の担任・進路相談担当教員・治療者という分業を明確にしたことが要点であると考えられる。

　このような即時的な援助組織の構築は，既存の組織の中でのルールの方が，外部からの依頼事項に対応できるように設定されているため，詳細について考慮した対応依頼をすることは，不適切になる場合が多い。むしろ，学校という組織の中での生徒に対する既存の援助体制がある場合には，そのための繋がりを作るルートに則った依頼をするべきであろう。そして，必要以上相談内容の詳細につ

いての報告は控え，その立場上の専門性を発揮できるようにするための配慮をするに留める方が有効な協働的関わりになると思われる。

5．第6期：高校のスクールカウンセラー

本事例でクライエントの日常的なサポートを依頼することとなったのは，高校のスクールカウンセラーである。義務教育だけでなく，一部の高校にはスクールカウンセラーの配置が見られる。都道府県や地方教育委員会などの差配によって異なるが，この高校には，非常勤のスクールカウンセラーがおり，学校でもある程度の信頼を得ていたため，クライエントの学校生活へのサポートを依頼することとした。

このスクールカウンセラーとは事前に何のつながりもなかったが，この地区のスクールカウンセラーのスーパーバイザーとの繋がりがあり，そのスーパーバイザーを通じて依頼をすることとした。それは，事前にどのような領域の子どもが得意で，どのような対応を基本としているかによって，このクライエントが相談を継続してくれるかを判断したかったからである。その上，この地域の特性を把握しており，かつこのクライエントのように依存的で，いろいろ話を聞いてもらいたいと考えているクライエントに対しては，非侵入的で適切な対応をしてくれるとのことであった。そこで，これまでの経緯の概要を記した紹介状を，担任を通じて送ることで依頼内容がわかるようにし，このスクールカウンセラーとクライエントの関係が作りやすくなるように，事前にクライエントに対しての説明を行った。

これによって，スクールカウンセラーは校内でもこのクライエントに対して継続的な関わりの必要性を即座に承諾してもらえるようにした。また，この学校で生徒に対する対応を中心に活動していることがわかっていたため，個人面接の形式を前提とした依頼をし，文章で継続的な報告をもらえるように依頼し，クライエントとの話の中で必要があるならば，当方で対応できることを明記し，互いの情報交換ができるような協働的な対応を設定した。

このような学校に配置されているスクールカウンセラーの場合，そのときに誰がどこにいるかなどについては，まったく知らされていない情報である。したがって，積極的にそれらの地域の指導的立場のスクールカウンセラーと相談ができるようにしておき，それぞれの学校内のリソースを含めて，できる限り早期の段階でこれまでの経緯について理解できるようにサポートすることが望ましいと考える。

6．第7期：予備校と料理教室

少し特別な対応ではあるが，クライエントと父親からの要請に対応するために予備校などの学習施設と，地域で行われている料理教室などとの接点を作ってい

第4章　マクロとミクロを使いこなす：メタ・アセスメントを活用した事例を通して

る。予備校は，クライエントの「勉強できない」という不安に対応するため，クライエントの問題に対応できることに加えて個人教授を受けられるところを考慮したもので，大学受験という目標に準じたサポートを依頼している。その中心となったのは，この予備校の経営者で，発達障害を抱える塾生に対する指導実績があったからである。また，料理教室も同様に，地域の発達障害者支援などを行っている組織が実施している教室であり，「料理」に関わるプログラムに参加させることによって，今後の自立的な生活の準備とするためである。その支援には，ボランティアで料理教室の講師をしている担当者が当たっていた。

　まず，予備校にはこれまでも高校中退者などへの対応を依頼したことがあり，そこでの協働的対応の実績から，直接電話にて事情を伝えて了承を得ている。その事前連絡の段階では，クライエントのような塾生に対応している個別指導の担当者の日程調整を優先させ，オリエンテーションには経営者が同席し，以後の就学については保護者を含めた報告会を定期的に行うこととした。これは，「クライエントの修学に対する希望に全面的に添えるかどうかわからない」との不安が予備校側から述べられたため，定期的な保護者との面談を含め，問題が生じた場合に治療者がコンサルテーションを行うこととした。

　また，料理教室の方は，保護者の方が主導的にクライエントに薦めたものであったため，あくまでクライエントが希望するときのみ，スポットで参加するという形式での依頼をした。ただ，支援者組織では，このような形式の参加に前例がなく，地域でのこれまでの活動実績から，本格的にこの支援組織の活動に参加するかどうかを検討するための「希望者の見学」という形式を取ることとした。そのため，この支援組織の「料理」を担当している講師からも責任者からの了承を得てもらい，不定期的な参加が認められることとなった。

　このような社会的な組織を治療のための即時的な援助組織に組み込むことには，異論があるかもしれない。それは，これらの組織が社会的には「営利組織」であることに対する嫌悪感であり，公平性を欠くとの視点であろう。しかし，このような社会的に「営利活動」をしている組織であったとしても，多くの困難を抱えるクライエントや家族にとって，困難を解消し，多様な要請に応えるという意味で，なおかつ「営利中心の組織」でない限り，その組織の理念を含めて即時的な援助組織としての機能を期待することもよいのではないかと考える。それは，この種の情報がないことによって，クライエントや家族が任意に探し出した不適切な対応に留まっている「営利組織」との繋がりによって，二次的な不利益を被る可能性がないとは言えないからである。そのためには，その「営利組織」であっても，社会的援助組織としての機能性があるかどうかについてのアセスメントを

しておくことは，必要なことであると考える．

7．第8期：発達障害の専門家

この事例のクライエントや家族にとって，継続的に関わってきた治療者が，「大人の発達支援」という専門性を持続的に提供できるかどうかについては，やはりその専門性として提供できる部分が少ないと考えていた．クライエントの高校入学後，ある程度日常的に安定している状況では，やはり将来的に継続的な「大人の発達支援」に長けた治療者が，治療全体のコーディネイトをする必要があると考えられる．この視点は家族にとっても同様であり，そこで支援を求めたのは，大学病院の発達障害を専門としている医師であった．

直接的な面識がないこの医師に対しては，系列の医学部卒業者を紹介していただき，同期卒業という医学部独特の繋がりを活用し，この医師へのつなぎまでを依頼した．そして，これまでの経過についての詳細を書面に記し，その上で依頼内容にどの程度対応していただけるかについて直接相談をさせていただくこととした．その際には，書面の提出以降は，この医師の要請にすべて従うという対応をし，クライエントや家族との以後の繋がりをどのように解消することが有効かについての指導に従うこととした．

こうした経緯を経たのは，この医師に今後の指針をすべて委ねることを前提としたものであったためで，そのためには，この医師がもっとも対応しやすいように事前対応をすべきと考えたからである．したがって，通常では行うような事後の報告についても，医師に一任し，必要時に連絡をいただき，指示に従うこととした．

この一連の対応は，これまでのような即時的な援助組織の構築ではなく，主導的なコーディネイトを行う立場の変更を前提としているからである．そして，このような社会的な接点は，以後の類似する事例についても，同様の即時的・または継続的な援助組織を構築する際に活用できるものとなる．それによって，新たなクライエントや家族の困難感や要請に対応できることにつながると考える．

V　自らの治療を俯瞰できるという専門性

この事例の中で治療者が行った数々の即時的な援助組織の構築は，それぞれの時点での必要性に準じたものであったと考える．そして，それぞれに作り出された即時的な援助組織は，それぞれの時点で必ずその機能がクライエントや家族の治療にとって必要とされていることに応じられる組織になっているかを点検し，必要がなくなった段階でその即時的な援助組織が解消されている．いわば，治療の進展に応じて，必要な即時的な援助組織を構築し，その機能性を評価し続ける

第4章　マクロとミクロを使いこなす：メタ・アセスメントを活用した事例を通して

ことによって，必要性の度合いが変化するのである。

　治療的な目的で作られる即時的な援助組織は，あくまでも文字通り「即時的な援助組織」である。本事例の最終段階での治療の主導権の委譲のように考えられる場面であっても，それまでの経緯を踏まえて，クライエントや家族にとって治療そのものが継続的な流れの中にあることが必要なのではないかと考える。それぞれの段階で多様な即時的な援助組織が構築され，それぞれの段階ごとにその必要性に応じて解消されていくことは，まさにクライエントや家族の変化とともに，その成長過程ごとに必要とする援助が異なることを物語っている。いわば，人の成長に寄り添う以上は，それぞれの発達過程で必要な援助が異なることを如実に物語っているものだと考える。

　こうした多様に求められる援助について，一人の治療者がそのすべてに包括的な専門家として対応することは，現実的に不可能なことであることがおわかりであろう。そして，同時にその社会的な繋がりを多様に持っていることそのものが，すべての治療者にとって不可欠な専門性の一部であることもおわかりいただけたと考える。

　たまたま始まった治療者との面接という場面は，面前のクライエントや家族に対してその治療者に「何ができるのか」を試される場面であるとさえ考えられる。その時，その治療者が，自らが持つ臨床的な専門性だけで対応することには，援助の立場にある専門家として「果たしてそれだけでよいのか」という疑問を自らの中に持てることが重要だと考える。そして，自分の専門性を高めるための努力と同じくらい，社会的に存在する多くの援助組織についてのアセスメント，いわばメタ・アセスメントに対する知見を広げ，そのメタ・アセスメントした社会的な援助に関与できる組織との繋がりを構築することに目を向けるべきだと考える。そして，それぞれが即時的な援助組織の構築によって，面前のクライエントに対して，それぞれの要請により質の高いレベルで，できる限り沿うことが望ましい。

　これまでにもこのような，即時的であってもより効果的な援助組織の構築ができるようにすることが不可欠であるという視点は，さまざまに指摘されてきた。しかし，その手続きや方法，何よりもその知見を事前に収集するためには，多様な学問領域を俯瞰することが不可欠になってしまい，結果的にそれぞれの専門性の中だけに留まろうとする傾向があったように思われる。学問的な専門性を高めるために必要な知見を各論的に整理し研究することは，一方では必要なことであることは間違いない。しかし，それらの学問が「対人援助」という文脈において必要とされている，という大前提を，あまりにも無視しすぎているように思える。

　本章でも一部触れたが，援助組織の構築の際に，これまでにも躊躇されてきた

「営利組織」という部分をあえて含めることとした。これまでの多くの文献や研究，社会的実践においても，社会的援助組織として「営利」に基づいていない行政管轄にある組織だけが優先的に扱われてきたように思われる。しかし，一般的な「精神科クリニック」などの医療機関は，「営利」を目的としていないのであろうか。また，昔から述べられているような「対人援助はボランタリーでよい」との視点，篤志家的な視点に本当に依拠していてよいのであろうか。

　心理臨床の世界でも，「開業臨床」という言葉が聞かれ，ソーシャルワーカーでも「個人開業」が生まれていると耳にする。行政管轄にある対人援助組織であっても，そこで働く人たちは霞を食べているわけではなく，税金という間接的な「営利」に応じた「サービスの提供」を求められているのであれば，むしろ「営利」という文脈を禁忌とするのではなく，その質や費用対効果という経済原則でのあたりまえの文脈で考慮すべきではないだろうか。そして，その判断に基づいて，即時的な援助組織の構築の際に必要な組織について，適切なアセスメントをすることが大事であると考える。

　近年になって「コーディネイト」という専門性がより求められ，それ自体が新たな専門性の一領域として成立しつつある。しかし，それぞれの個々の専門領域に属する専門家が，互いの専門性を理解・共有し，それぞれの専門性が面前のクライエントにとって「本当に役立つ援助」になっているのかを検討すること，多様な専門性を組み合わせた援助組織が機能的であるかを俯瞰できるようにしつつ，その中での自分の専門性を提供できるようにすることが必要ではないかと考える。いわば，すべての専門家が「コーディネイト」を専門性の中の重要な一部として意識できるようになるならば，このような役割そのものが不要ではないかと考えるからである。

　メタ・アセスメントの実践については，ある程度の臨床的な経験値を持った柔軟性のある臨床家にとっては，「至極当然のこと」として受け取られることに過ぎないのかもしれない。しかし，臨床心理士という専門性においても，その専門性が特化され，より細分化した援助のみが提供されることがよいと考えることは，時代的要請に反することではないだろうか。むしろ，それぞれの特化した専門性を基に，他の専門性を含めた援助組織という視点に基づく援助を想定し，それぞれの専門性を共有しつつも俯瞰できるという人間的な多様性が必要だと考える。

おわりにかえて

　日常的な臨床実践の現場に 25 年以上浸かった上で，「後進の指導」という目的のために赴任した大学で学生指導をはじめて実感したのは，「援助行為を行う立場ごとにその専門性が大きく異なる」という現実を教えることの難しさであった．社会的な現実を知らない学生は，それでも「自分は有能だ」との過信（？）に満ちた態度に見えたからである．現場で叩き上げられてきたからこそその感覚かもしれないが，社会的援助組織の多様性とともに，それぞれの専門性が対人援助という文脈において，いかに潤沢な知識を内包するものであるか，身をもって知っていたからかもしれない．ただ，その多くはほとんど知られることなく，ごくごくわずかな専門家のみの独占知識であるのも現実であった．これは，社会的な損失であると思えた．

　本書では，社会的援助組織の表面的な目的性・対象・方法だけでなく，実態に即したナマの特徴を少しでも知っていただくことを意図した．そして，同時にそれらの援助組織の間の繋がりについて，システム論からの提言を盛り込むため，あえて副題となった「メタ・アセスメント」という造語を用いた．援助組織の間で行われている「協働」は，本書の著者たちの多くとこれまでに実践してきたものであり，何気ないものから大々的な組織化を前提とするものまで，多様に存在した．しかし，いずれの「協働」であっても，それを実現するためには，「相手の立場を知った上で，相手にとって動きやすくなるような繋がりを作ること」が不可欠であると実感している．

　ある学会で，「協働」について示す際に，「クライエントを含めた他の専門性を含む『人』との繋がりを紡ぎ出すこと」と表現した．専門家といえども「人」の繋がりがもっとも重要であり，そこで生じた協働の一つが，本書の成立に関わるものであったと考える．いわば，編者が「他の専門性を持つ人との繋がり」を作ってきたからこそ，多数の著者の協働によって，本書が紡ぎ出されたのだと考える．28 名の著者には，日頃のご負担をおかけするにとどまらず，本書の編集に多大なご理解とご協力をいただいたことに心からお礼申し上げたい．

　最後に，注文の多い無礼な編者と，最後まで編集の労をおとりいただいた高島徹也氏に心よりお礼申し上げる．

　わずかながらも，「援助組織の協働」が定着し，広がることを念じて．

平成 21 年 7 月　　編者　吉川　悟

◉ 執筆者一覧

- 第1部
  - 第1章　吉川　悟（龍谷大学文学部）
  - 第2章　吉川　悟
  - 第3章　唐津尚子（システムズアプローチ研究所／コミュニケーション・ケアセンター）
- 第2部
  - 第1章　三輪健一（湖南病院）
  - 第2章　中野善行（なかのクリニック）
  - 第3章　町田英世（まちだクリニック／関西医科大学心療内科学講座）
  - 第4章　渡辺俊之（高崎健康福祉大学）
  - 第5章　藤本直規（藤本クリニック）
  - 　　　　奥村典子（藤本クリニック）
  - 第6章　志村浩二（亀山市こども総合支援室）
  - 第7章　井上博晶（社会福祉法人公徳会　児童養護施設公徳学園）
  - 第8章　辻　　亨（こころとからだの療育センター　さざなみ学園）
  - 第9章　衣斐哲臣（和歌山県子ども・女性・障害者相談センター）
  - 第10章　冨岡拓身（元青森県立精神保健福祉センター）
  - 第11章　大西　勝（岡山大学保健管理センター）
  - 　　　　兒山志保美（岡山大学保健管理センター）
  - 第12章　小正浩徳（龍谷大学大学院臨床心理相談室）
  - 第13章　岡本吉生（日本女子大学）
  - 第14章　生島　浩（福島大学人間発達文化学類）
  - 　　　　岩﨑陽子（神奈川医療少年院）
  - 第15章　和田憲明（三菱重工業株式会社長崎造船所メンタルヘルスサービス室）
- 第3部
  - 第1章　伊東秀章（龍谷大学大学院文学研究科）
  - 第2章　赤津玲子（龍谷大学大学院文学研究科）
  - 第3章　村田武司（大阪府立東淀川高等学校）
  - 第4章　川畑　隆（京都学園大学人間文化学部）
  - 第5章　本田　徹（ほんだクリニック）
  - 第6章　渡辺裕子（家族ケア研究所）
- 第4部
  - 第1章　児島達美（長崎純心大学人文学部人間心理学科）
  - 第2章　滋野井一博（龍谷大学文学部）
  - 第3章　吉川　悟
  - 第4章　吉川　悟

● **編者略歴**

吉川　悟（よしかわ　さとる）

1958 年　滋賀県生まれ。
1984 年　和光大学人文学部卒業。
1986 年　大手前ファミリールーム職員。
1988 年　システムズアプローチ研究所を設立し，所長を務める。
1992 年　湖南クリニック，思春期外来担当。
1997 年　コミュニケーション・ケアセンターを設立し，所長を兼任。
2005 年～現在　龍谷大学文学部教授

● **主な著訳書**

『家族療法─システムズアプローチの〈ものの見方〉』（著，ミネルヴァ書房，1993 年）
『システム論からみた学校臨床』（編著，金剛出版，1999 年）
『システムズアプローチによる家族療法のすすめ方』（東豊との共著，ミネルヴァ書房，1999 年）
『システム論からみた思春期・青年期の困難事例』（編著，金剛出版，2001 年）
『ナラティヴ・セラピー入門』（高橋規子との共著，金剛出版，2001 年）
『家族はこんなふうに変わる：新日本家族十景』（共著，昭和堂，2001 年）
『セラピーをスリムにする！：ブリーフセラピー入門』（著，金剛出版，2004 年）
ハーレーン・アンダーソン『会話・言語・そして可能性：コラボレイティヴとは？　セラピーとは？』（共訳，金剛出版，2001 年）

日本家族研究・家族療法学会評議員，日本家族心理学会理事，日本ブリーフサイコセラピー学会元会長，臨床心理士・家族心理士・医療心理士

システム論からみた 援助組織の協働

組織のメタ・アセスメント

2009 年 9 月 20 日　発行
2020 年 9 月 25 日　二刷

編　者　吉川　悟
発行者　立石正信

発行所　株式会社 金剛出版　〒112-0005 東京都文京区水道 1-5-16
　　　　電話 03-3815-6661　振替 00120-6-34848　https://www.kongoshuppan.co.jp/
印刷・製本　株式会社デジタルパブリッシングサービス

ISBN978-4-7724-1094-6　C3011　Printed in Japan　©2009

システムズアプローチによる
スクールカウンセリング
システム論からみた学校臨床［第2版］

［編］＝吉川 悟　赤津 玲子　伊東 秀章

●A5判　●並製　●276頁　●定価3,600円＋税
●ISBN978-4-7724-1707-5 C3011

「チーム学校」の時代に，SCを連携重視にバージョンアップする
システムズアプローチ。

メディカルファミリーセラピー
患者・家族・医療チームをつなぐ統合的ケア

［編］＝S・H・マクダニエル　W・J・ドアティ　J・ヘプワース
［監訳］＝渡辺 俊之

●A5判　●並製　●450頁　●本体6,800円＋税
●ISBN978-4-7724-1515-6 C3047

医療現場の新たな「セラピスト」の役割。ロチェスター発，
バイオサイコソーシャルアプローチの原典。

触法障害者の地域生活支援
その実践と課題

［編著］＝生島 浩

●A5判　●上製　●240頁　●定価3,600円＋税
●ISBN 978-4-7724-1551-4 C3011

地域になじめず再犯を繰り返してしまう触法障害者の
処遇をめぐる支援者・機関のコラボレーション。